感谢中山大学学科建设经费对本书出版的资助

中山大学中文系（珠海）
学　术　丛　书

# 新国标标点符号
# 用法问答例析

吕娜　著

上海三联书店

# 中山大学中文系（珠海）学术丛书 出版前言

简称为“中文系”的“中国语言文学系”的称谓与实质到了新的世纪，尤其是21世纪以来似乎也有了新的指涉，如果我们不能及时更新中文系的更宏阔边界与崭新内涵认知，似乎也就变成了冬烘。这里的“中国”显然已经不是单纯的政治、地理限宥，而更该是文化涵容；而语言显然也不是单纯靠纯粹性作为唯一的指标，正如中国性（Chineseness）的载体与呈现不单纯是中文一样，我们既关注普通话、方言，同时也关涉可能的混杂及其历史语境中的文化演绎；而“文学”的边界也在日益拓展，从传统的文体研读到经典的流行歌词介入，从对文字书写的文本细读到图文并茂的视觉转向，其间的变异令人耳目一新也呼唤新的解读与研究。

创建于2015年10月的中文系（珠海）的现实依据是因应中山大学建设世界一流大学的战略目标，珠海市提升其城市“软实力”、参与“一带一路”倡议实施的需要；而从学理上看，“中文系”的当代包含日益扩大，也日新月异，因此一个国际化、现代化、特色化、跨学科的中文系也势在必行：我们既要建设一个传统意义上完整丰厚的中文系，同时又要特色鲜明引领可能的新传统。

我们朝气蓬勃却又秉承丰厚传统，我们锐意创新却也兼容并蓄，我们“迈步从头越”却也互补融合、错位承接。我们努力打造中山大学珠海校区的人文旗舰系，假以时日必然特色明显、教研俱佳，我们持之以恒开拓奋斗，期冀无愧于中山大学的光荣历史，也助益学校的辉煌未来！

不必多说，我们必须从方方面面建设好我们的新平台，而学术发展与学科建设自然是题中应有之义，中文系（珠海）学术丛书就是基于此目的应运而生，我们期冀经由此道，一方面可以助益我们（年青）同事的学术成长，另一方面也可以向社会汇报我们的逐步壮大和感恩各种各样的关爱。

朱崇科

2018 年盛夏

# 序言

由于书面语交际的单向性和无声性，为了能在“视觉”上“看”出停顿、语气和某些词语的特殊作用，就必须在文字上增加各种具有特定含义的符号，以明确句子的意义，增强书面语的表达效果，标点符号应运而生。《标点符号用法》（GB/T 15834－2011）更是明确指出，文字和标点符号都是书面语的组成部分，可见标点符号对书面语不可或缺的重要作用。

《标点符号用法》（GB/T 15834－2011）于 2011 年 12 月发布，相较 1995 年版本称之为新国标。但时至今日，新国标也已逾十载。随着时代的发展与科技的进步，人们的交流方式发生了巨大的变化，作为书面交流辅助工具的标点符号，也随之出现了许多新的使用模式。

《新国标标点符号用法问答例析》首先追踪并说明了新国标中包含的 7 个点号和 10 个标号的各类用法，不但重点关注二者在其各自功能领域的常规作用，即点号多表示停顿和语气，标号多标明某些成分（主要是词语）的特定性质和作用，更详细例举了点号的标号用法，如问号在句首表示存疑之标记，以及标号的点号用法，如破折号表示声音的延长或中断。

其次，新国标的特色之一，是在文件末尾加入了“易混标点符号用法比较”和“两个标点符号连用的说明”作为资料性附录，而《新国标标点符号用法问答例析》对该部分进行了大量补充，指出了更多标点混用、连用的情况，并以正反例并举的形式，形象说明了复杂的标点使用环境。

最后，本书的最后一章“特殊情况时标点符号的使用”从历时的角度考察标点在新旧书面语语境中的使用。在全球化进程加速的背景下，汉英双语文本的撰写与编辑出版工作在我国语言生活中所占比例大幅度增长，标点符号在中英混排时的使用环境和方式也随之出现了新的变化，2011 年底鉴定通过的《夹用英文的中文文本的标点符号用法》（草案）已经远远不能满足使用者的实际需求。有鉴于此，《新国标标点符号用法问答例析》以 17 种规范标点为纲，有条有理、逻辑清晰地说明了中英混排时的标点使用情况，为该草案的进一步完善提供了详实的材料和充分的论证。另外，“读图时代”的到来使得多模态信息传递形式在书面语篇中的占比大大增加，《新国标标点符号用法问答例析》敏感地捕捉到了这种新变化，聚焦于图文并用时的标点使用情况，探讨标点、文字、图像三种点、线、面不同维度符号的协同使用。该部分的最后还兼顾了我国古籍和传统文化语境中的竖排文本中的标点使用情况，最终使标点符号使用的特殊情况得以贯通古今、联结中外。

总之，为了顺应时代发展需要，解决新形势下汉语言标点符号在书面使用过程中出现的新问题，《新国标标点符号用法问答例析》重新梳理和审视国家标准《标点符号用法》（GB/T 15834－2011），并在此基础上提供了更加丰富详实的例证，有着十分重要的材料价值和学术价值，同时为《标点符号用法》国家标准的进一步完善打下了坚实的基础。

本书作者吕娜于 2012 年跟我读语言学及应用语言学专业的硕士，她功底好，也有对语言事实抽象、概括的认识能力，加上勤奋和努力，拿到硕士学位后，直接考取了南京大学的博士生，博士毕业后又去中山大学做博士后，她的成功是天资加汗水成就的。在她的著作即将出版之际，写上以上的话，特此表示祝贺。是为序。

2021 年 11 月 16 日于东北师范大学

# 前言

国家标准《标点符号用法》（GB/T 15834－2011）于 2011 年发布，并于 2012 年 6 月起正式实施，本书又称之为新国标。新国标不但规范了点号与标号的基础用法，还特别设立了两则附录：附录 A 为标准性附录，注明了标点符号用法的补充规则，如句号用法的补充规则等；附录 B 为资料性附录，注明了标点符号若干用法的说明，特别是易混标点符号用法比较和标点符号连用的说明。本书即以新国标附录体现的“新规范”为切入点，补充说明更多、更复杂的标点运用规则，为读者提供准确的信息与便利的查找方式，在一定程度上为下一次《标点符号用法》国家标准的修订提供材料基础和理论实践。

# 目录

# 一、点号

## （一）句号用法

**1. 句号的形式包括小圆点“.”吗？**

答：国家标准《标点符号用法》（GB/T 15834－2011，以下简称新国标）4.1.2将句号的形式统一为小圆圈“。”，小圆点不再作为句号的表现形式。《〈标点符号用法〉解读》（2012）指出，“小圆点句号其实只在西文（或以西文为主要内容的科技文体的文本）中使用，在中文行文中通常并不使用；同时，小圆点在西文中功能很多，如小数点、缩略词标志等，采用小圆点作为句号会给文本的自动处理带来极大不便。因此无论从功能还是效率考虑，都应取消句号的小圆点形式。”

虽然小圆点不再是句号的表现形式，但是它还有很多其他用处。小圆点一般用在数字、字母等非汉字字符后面，起间隔、标示作用。这里的小圆点并不表示停顿和语气，因此与句号没有关系。小圆点符号的用法主要有以下几种：

（1）用作小数点。例如：

① 3.15467

(2) 用作缩略词标志。例如:

② e. g.（for example 的缩写）

(3) 用在学术论文、学术著作等参考文献的列举中。例如:

③ [1] 中国社会科学院语言研究所词典编辑室编．现代汉语词典（修订本）[Z]．北京：商务印书馆,1996.

[2] 周国平．永恒之女性——周国平谈女人与爱情 [Z]．北京中国华侨出版社,2009.

(4) 用于阿拉伯数字或者英文字母作顺序号时。例如:

④ 文化载体通常有三种：

1. 物质载体，如工具、建筑等；

2. 精神载体，如语言、文字、意识形态等；

3. 人的载体，如个人所拥有的知识、道德等。

⑤《1787 美国宪法》（费城制宪会议）：

A. 采取联邦制

B. 以联邦政府为中央政府

C. 联邦政府由国会、总统、最高法院组成

**2. 使用句号的主要根据是什么？与句子的长短、结构有没有关系？**

答：新国标规定句号用于句子末尾，表示陈述语气。使用句号的主要根据

是语段前后有较大停顿、带有陈述语气和语调，并不取决于句子的长短。一个语言片段不论长短，只要能够独立地表达一个相对完整的意思，就是一个句子；如果带有陈述语气和语调，在句末就可以用句号。下面示例①虽然很短，但是独立陈述“他走了”这个事实，表达一个相对完整的意思，所以要使用句号。下面示例②虽然很长，但是都是对一个主题的陈述，前后意思连贯，是一个独立的句子，因而结尾要用句号。例如：

① 他走了。

② 国内的自由贸易保证来自埃及的小麦、纸莎草纸和玻璃制品，来自叙利亚的亚麻布、毛织品和各种水果，来自小亚细亚的羊毛、木材和小地毯，来自意大利的酒、油和各种制成品，来自高卢的谷物、肉类和羊毛，以及来自西班牙和不列颠的各种矿物，能够畅通无阻地销往各地。

句号的使用和句子结构也没有关系，无论是单句还是复句，主谓句还是非主谓句，只要独立表达一个相对完整的意思并带有陈述语气和语调，就可以使用句号。下面示例③是非主谓句，示例④是主谓句，示例⑤是单句，示例⑥是复句。例如：

③ 下雨了。

④ 他是梁子的工友韩三明。

⑤ 游牧民的入侵所造成的影响因地而异。

⑥ 正像皇帝们采纳基督教是为了促进社会统一那样，他们采用华丽盛大的东方宫廷礼仪也基于同一原因。

**3. 句号除了用在表示陈述语气的句子末尾，还可以用于表示其他语气的句子末尾吗？**

答：句号可以用于语气舒缓的祈使句、感叹句和反问句末尾。虽然下面示例①—③是祈使句，示例④—⑥是感叹句，示例⑦—⑨是反问句，但是各句的语气都比较舒缓，因此句末用句号更合适。例如：

① 如果你有时间的话就来吧。

② 让我们为了基督施与他人爱心吧。

③ 乘客们，请不要在车厢里吸烟。

④ 管宁却对这于伏罗一瞪眼睛，喝道："原来你自己请不到龙女，却还要主上帮忙，真是不像话。"

⑤ 如此言简意赅的看法，看来我不给四颗星都不行啊。

⑥ 更何况与他相比，我们自己还差得很远呢。

⑦ 岛上出门就见海，不在海边玩能去哪里呢。

⑧ 一直被她视为掌上明珠的软盘，怎能一下子就被无情地抛弃。

⑨ 一味俗固然会俗不可耐，一味雅又何尝不会雅不可耐。

**4. 如果一个句子中出现"哪里、谁、为什么、怎么"等疑问词，句末是否一定要用问号而不能用句号？**

答：有疑问词的句子大部分都是疑问句，句末要用问号，不过有些句子虽然有疑问词，但是表示的是陈述语气，句末应该用句号。

判断一个句子是陈述句还是疑问句，应该根据句子的语气，而不是句中的疑问词，因为疑问词也可以出现在非疑问句中。如果这个非疑问句表示陈述语气，那么句末就要用句号。下面示例①—⑩都是含有疑问词的句子，但是示例①③⑤⑦⑨表示疑问语气或反问语气，句末用问号，而示例②④⑥⑧⑩虽然含有疑问词，但是表示的是陈述语气，句末要用句号。例如：

① 我紧接着问："六十一本书，六十一个同学换给谁？"

② 你看看你的态度，我们付人家薪水请人家为我们做事，这是彼此互惠，谁都不需要看谁的脸色。

③ 外资究竟往哪里流？一定是往投资环境最好、最能赚钱的地方流。

④ 没有尸体，没有铁，裤子没沾土，手上没起茧——当然挖一个埋人的坑也不至于起茧，也不记得埋在哪里。

⑤ 渡船上的人和年轻妈妈素不相识，他们为什么也这么高兴呢？

⑥ 有关集合比较的任务分析也表明，儿童缺乏这类活动的经验有可能解释儿童为什么不自发地运用数数来比较集合。

⑦ 陈先生问得好："可是我们再换个角度想想，如果人人都这样唯唯诺诺，窝窝囊囊，遇事不敢出头，做事害怕承担责任，社会还怎么前进？"

⑧ 福州话里类化和连诵音很多，要说明某音在某条件下怎么变法，也非依赖音素字母不可。

⑨ 所谓意大利作为"民主的、爱好自由的国际社会平等的一员的地位"的具体内容是什么呢？

⑩ 任何一个人，无论他处在什么岗位，无论他做什么工作，假如他想把工作做好，做得极有成效，那么他就必须对自己工作的内容和环境有一个正确的认识。

**5. 如果一个句子中出现"呢、啊、呀"等语气词，句末是否一定要用叹号而不能用句号？**

答：虽然大部分使用叹号的句子中都会出现语气词，但是语气词并不是使用叹号的唯一条件。使用叹号的主要根据是语段前后有较大停顿、带有感叹语气和语调，或者带有强烈的祈使、反问等语气和语调。也就是说，是否使用叹号，主要根据句子的语气是否强烈。如果一个句子表达的感叹、祈使和反问语气都较舒缓，那么不管有没有语气词出现，句末都应该使用句号。所以，下面示例①③⑤表示的是较强烈的反问、感叹和祈使语气，句末用叹号，而示例②④⑥表示的语气较舒缓，句末用句号。例如：

① 然而居家过日子的小户人家，谁又敢要这些是非之物呢！

② 最初的教会只有这种学校，因为他们相信耶稣即将再来，世界末日快到，何必徒费光阴去求学问呢。

③ 一天，他把全厂干部、工人集合起来，沉痛地说："职工的汗水……国家的财产……我们领导者肩上的责任该有多大啊！"

④ 他说百姓们已经统统跑散啦，他说日本兵只有百十来个人啊。

⑤ 她看到在风雨中叫卖的伙伴，看到一滴滴汗水操持起来的货摊，仿佛听到伙伴们诚心诚意地呼喊："占英，你回来吧！"

⑥ 让我们就从胡适所提出的那些"问题"出发，比较一下两种不同的对待法吧。

**6. 如何看待"一逗到底"和"句号多用"?**

答："一逗到底"和"句号多用"是两种常见的句号误用情况。

"一逗到底"是指在应当使用句号的地方使用了逗号，将几个独立的句子合成了一句，导致语段结构层次混乱，语义不清。只要语段前后有较大停顿、带有陈述语气和语调，且表达独立完整的意思，就应在末尾使用句号。示例①a的语段有四个层次，第一个层次是对"合作"的定性，引起下文的具体阐述；第二个层次是概述"合作"产生的"冲击"；第三个层次是具体阐述"冲击"；

第四个层次总结“合作”的意义。因此，第二个、第五个、第九个逗号都应改为句号，它们是相对独立完整的句子。例如：

① a. ＊詹瑞文导演与滑稽剧团的合作既是探索和冒险，又是创新和学习，在排练的初期，詹瑞文导演对演员的概念冲击很大，需要与演员一起突破表演的障碍，他要求演员不背台词，不用刻意地表现，这与他们以往中规中矩的表演方式有很大的差别，但是演员们深得要领后又有了新的感悟和体会，这种合作对于詹瑞文导演来说是一种新鲜的体验，对于观众来说也是新的刺激。(误)

b. 詹瑞文导演与滑稽剧团的合作既是探索和冒险，又是创新和学习。在排练的初期，詹瑞文导演对演员的概念冲击很大，需要与演员一起突破表演的障碍。他要求演员不背台词，不用刻意地表现，这与他们以往中规中矩的表演方式有很大的差别，但是演员们深得要领后又有了新的感悟和体会。这种合作对于詹瑞文导演来说是一种新鲜的体验，对于观众来说也是新的刺激。(正)

“句号多用”是指不恰当地分割一个独立完整的句子，在应当使用逗号的地方使用句号，将一个句子分裂成为几个结构和意义都不完整的句子。示例②的第二、三、四、五个句号都应改为逗号，因为这一整句都是叙述“开场”表现，意义联系紧密，不可分割。第八和第九个句号也应该改为逗号，因为这一整句都是叙述“天津队”赶超比分，意义联系紧密。例如：

② a. ＊天津队在同解放军队的比赛中，开场打得沉闷。快攻不

够顺手。阵地战射门不果断。防守上漏洞较多。被对方8号孟优胜、11号金百炼的内线偷袭和外围强打连连得手。开场8分钟，天津队以1.5比5落后。14分钟以4.5比11.5落后。其后，天津队加强了射门的力量。靠13号曹久利和15号王鹏杰的几次突破。在上半时结束时，将比分追成9比14.5。(误)

b. 天津队在同解放军队的比赛中，开场打得沉闷，快攻不够顺手，阵地战射门不果断，防守上漏洞较多，被对方8号孟优胜、11号金百炼的内线偷袭和外围强打连连得手。开场8分钟，天津队以1.5比5落后。14分钟以4.5比11.5落后。其后，天津队加强了射门的力量，靠13号曹久利和15号王鹏杰的几次突破，在上半时结束时，将比分追成9比14.5。(正)

但是，在文学创作中，“句号多用”能够达到一种特殊的修辞效果。在词语和词语之间、分句和分句之间不该用句号的地方都用上句号，拉长语音停顿，使词语或分句成为独立的表意单元，从而营造出一种特殊的艺术效果。例如：

③电影《霸王别姬》开场时有这样的一幕——现代。两个穿古装的人。射灯。空洞的巨响。寂寞。寂寞。——一份难以排遣的寂寞感觉。(《作家文摘》)

④ 提起望远镜看看，三辆乌龟似的汽车正在路上爬呢。方向是从潞城来的。不慌，让它过去吧。要沉着应战。大家先捺一把干粮。(吴伯箫《神头岭》)

⑤ 第二天，我除掉因为取纸烟，取盥洗具之类的必要而回舱一次

以外，几乎把所有的时间都花费在甲板上。我在甲板上抽烟。我在甲板上看书。我在甲板上散步。（许地山《浮海杂缀》）

⑥ 敌兵往外扯她。她挣扎。又进来一个敌兵。将她抱了走。（老舍《四世同堂》）

**7.“但是”等关联词之前是否能用句号？**

答：关联词语的出现不是句号使用的标志，在关联词之前是否使用句号取决于关联词连接的是分句还是独立的句子。当关联词成对使用的时候，如“只要……就……”“不但……而且……”“因为……所以……”等，关联词连接的分句之间语义相关，联系紧密，关联词之前不能使用句号，否则就割裂了分句前后的语义联系，破坏了复句的内部结构。以下六个例句中的关联词所连接的两个分句之间分别是因果关系、转折关系和递进关系，联系紧密，关联词之前不应使用句号。因此，示例②④⑥中的关联词之前的句号应该改为逗号。例如：

① 因为事物的质有相对的稳定性，不是任意变化的，所以事物内在矛盾的发展，事物质的转变，必须先有一定的物质或运动的量的变化，才能实现。

② *因为食糖的一半以上卖给苏联。所以古巴的经济命脉实际上控制在苏联手里。（误）

③ 虽然我国法律规定，病态人格者作出严重危害社会和人民的事是要负一定的刑事责任，但是它与真正的罪犯还是有所区别的。

④ *李赫曼工程师这一伙人，经过许多曲折的过程，虽然把许多重要机密拿到手了。但是还有许多关键问题，尚待进一步弄清楚呢。（误）

⑤ 斯大林在这里不但给语言学指出了一条新路，而且对马克思主

义基本问题也有了进一步的发挥。

⑥ *在这以后的数千年中，它不但没有因人类认识的发展而被淘汰。而且还随着人类认识的发展而不断有所进步。(误)

但是，当关联词单用的时候，如果连接的是两个独立的句子，则关联词之前应使用句号。例如：

⑦ 在英语教学中，培养学生的语言素质是英语素质教育的一部分，但不是全部。所以，不但要训练学生的语言水平，而且还要特别注重学生其他方面的素质，例如智力品质，以及跨文化交流的能力，等等。

⑧ 人如果没有了呼吸，则生命就会终结。但是，就是这样一个简简单单的常识，在平时却很少有人关注，很少有人进行深入研究。

⑨“义”的本质是“利”，这决不意味“义”就是“利”。而且“义”“利”之间还存在着矛盾，正因为如此，伦理才有存在的根据。

⑩ 70 年代至今，“119”的适应网络不断扩大，汇接方式不断创新，极大地方便了人们报火警的需要。然而，30 多年过去了，有人对“119”仍然一知半解，搔扰 119 指挥中心的电话仍接连不断。

**8. 引语后句末出现“某某说”之类的词语，使用冒号还是句号？**

答：“某某说”之类的词语在引语后面时，代表所引话语结束，“某某说”之后不能用冒号，只能用句号。下面示例中，①—③是正确用法，④—⑥是不正确的，应该把冒号改为句号。例如：

①“你不用再鼓励我了，我知道自己的水平，你还是走吧，我这里找不到幸福。”我悲哀地说。

②“幸福是什么？”吴琼问我。

③“爸爸来信了，说二姐要与孙中山结婚。”宋子文道。

④ *“俺叫邹永芳，今年十岁。”孩子回答道：（误）

⑤ *“杨宇霆又是怎样回答的呢？”张群追问：（误）

⑥ *“后来发现做画家很难，所以放弃了？”我猜测着说：（误）

**9. 括号中的内容是否要使用句号？**

答：括号中的文字是否使用句号，要视具体情况而定。具体可以分为句外括号和句内括号两种情况。

首先看句外括号中的内容。当句外括号中的内容为单个词或者多个词或短语时，括号内不使用句号，如示例①②。当括号内的内容是句子或者是大于句子的单位时，括号内需要使用句号，如示例③④。例如：

① 现在并不是所有日常工作都管了，她2008年一年把财务、人力资源都交给我管了，又去中央党校学习了半年，她这半年确实轻松。（笑）

② 涉嫌制造东京地铁沙林毒气杀人案的日本奥姆真理教头目麻原彰晃于5月16日被日本警方逮捕。（见下图，后右为麻原，新华社发）

③ 孢子丝发育到一定阶段可形成孢子。（孢子丝和孢子的形态、颜色等是放线菌的分类鉴定依据。）

④ 原始人类从用火之时开始，由野蛮进入文明，同时也就开始了用化学方法认识和改造天然物质。燃烧就是一种化学现象。(火的发现和利用，改善了人类生存的条件，并使人类变得聪明而强大。)

其次看句内括号。句内括号不管行文内容是词、短语还是句子，末尾都不用句号，但可使用问号、叹号和省略号。例如：

⑤ 此一计遭我识破后，便拉拢医生提醒我倘不割除即会转为癌症，而癌症是必死无疑的，我自然为钻石的安全宁可得癌（还有哪里会比自己的胆囊里更安全呢?)。

⑥ 当然，作者与我想的不一样，他还是给了这个故事一个光明的尾巴：李高成及其他好领导先为中纺选出了一个好班子（“郭中姚们”当初不也是好班子吗?)，省市委干部捐出了一个月工资（是否属于强迫集资?)，中纺职工自己集资 4256.8 万元（十几个月未发工资尚能集资?)，银行又准备贷款 3000 万（已欠近 6 亿债务，哪个行长还敢贷款?)，再引进真正合资者（真巧啊!）。

⑦ 但是，不妨反问一句：为了追求这一软件上的现代化，就要把一切古典（传统、历史、风习、民俗……）都掀翻在地，再踏上一只脚么?

但是，如果括号内的句子较长，不建议使用括号随文标注，可以采用尾注或脚注的形式。比如，示例⑧这种情况改为尾注或者脚注形式更好。例如：

⑧ 而我们过去往往较多地关注城乡、区域的差异，相对忽视受教

育层次和类型的差异，结果必然是以偏概全，导致在工作中只抓热点而忽视整体、只抓要素而忽视系统（如只在普通教育中提倡全面发展，导致“全知化”的误区；只在城乡教育、区域教育之间推行教育公平，导致普通教育和职业教育之间的不公平被掩饰等）。

**10. 括号外的内容是否要使用句号？**

答：无论是句内括号还是句外括号，在括号外都不使用句号。

首先，句内括号外不使用句号。因为当句内括号位于句子中时，在括号外使用句号则会使一句话割裂为两句话，破坏句子内部结构关系，造成语义不清。如果要表示括号位于句子停顿处，应当在括号外使用逗号，如示例①②是正确用法，示例③应把括号外的句号改为逗号。当句内括号位于句子末尾时，括号外使用句号则会与原来句子的句号重复，如示例④⑤是正确用法，示例⑥应把括号外的第二个句号删掉。例如：

① 一定的文化（当作观念形态的文化）是一定社会的政治经济的反映，又给予伟大的影响和作用于一定社会的政治经济，而经济是基础，政治则是经济的集中表现。

② 一门教学科目常可根据内容分解为一系列相对独立、完整的单元（或称为组件），每个单元突出一个中心内容或专门主题。

③ *新生个体的身心发展水平很低，与周围环境（特别是社会环境）。对他的要求很不适应。（误）

④ 学生小学毕业后，便可分配到公费的初中学校，在官立、资助和私立买位中学就读（接受政府分配学生而向政府收取学费的私校称为买位中学）。

⑤ 要让学生能根据自身行动的反馈信息来形成对客观事物的认识和解决实际问题的方案（实现自我反馈）。

⑥ *我们认为，更重要的是学习者必须先具备极初步的语言能力才能记汉字，也就是说他们头脑中必须有词（当然，这个词也可能是单音节的）。（误）

其次，句子外面的括号外也不使用句号，且不仅不使用句号，其他任何标点符号也都不再使用。例如：

⑦ 口述史只能解决某些问题，在文献失载的普通民众的历史领域作用最大。（但朱元石主编的《共和国要事口述史》好像有点不同）

⑧ *口述史只能解决某些问题，在文献失载的普通民众的历史领域作用最大。（但朱元石主编的《共和国要事口述史》，好像有点不同。）（误）

**11. 当引用完整的一句话时，引文的句号是否保留？**

答：引文句号是否保留，要视情况而定。当引文内容不独立，作句子的成分时，引文的句号不保留，如示例①②。当然，如果引文位于句子停顿处，引号外要使用逗号、句号等点号，如示例③。当引文内容独立时，句号要保留，此时引号外不再使用任何点号，如示例④⑤。例如：

① 党的“一个中心、两个基本点”的基本路线，凝聚人心，催人奋进，是胜利推进改革开放和社会主义现代化建设的伟大法宝。

② 他们忘记了或不知道“知之为知之，不知为不知，是知也”，

以为自己总是比别人高明。

③ 案例教学是“从实践中来，在实践中练，到实践中干”。

④ 俗话说：“墙头一根草，风吹两边倒。”用这句话来形容此辈，是再恰当也没有了。

⑤ 人们对有秩序的和平生活的共同要求是一切法律的根源，也是自然法存在的依据，“人的这种本性是自然法之母。”

**12. 破折号前如果是一个句子，该句子是否需要使用句号？**

答：一般来说，破折号的前面是不用标点的，因为破折号本身有语音停顿的作用。《语法修辞讲话》也说过，破折号的作用是“断”。当我们读到破折号时，语音上自然停顿，所以省略它前面的点号不会影响意义的理解，如示例①②。但是，破折号在标示话题转换或者是在总结上文时，前面可以加上句内点号或句末点号，其中以句末点号更常见。因为在上述两种情况下，破折号前面大多是完整的句子，加上句末点号，更能显示出前面句子的独立性和完整性，如示例③④。例如：

① 北京话中和 an 有组合关系的有 b，p，m，f，d，t，n，l，z，c，s……由于这些音能在相同的语音结构位置上出现，所以构成一个聚合——声母。

② 人类祖先为了猎取食物，群体成员的目标必须一致——获取动物的肉和皮，但各人执行的活动任务却不同。

③ 我没一个钱。——有钱也不给他！只管叫他告去。

④ 让全中国人民都过上好日子，彻底摆脱饥饿和贫困。——这就是我的人生理想。

## 13. 省略号前和省略号后可以使用句号吗？

答：省略号前后通常不用各种点号，当然包括句号，如示例①。但当句子与句子之间有内容被省略时，省略号前的一句话需要使用句号，如示例②③。当省略号后还有其他句子，或者省略的文字和后面的句子不连续且有停顿时，省略号后需要使用句号，如示例④⑤。例如：

① 我们去年去过很多国家：日本、美国、新加坡……

② 毛泽东同志曾说："我们党内的主观主义有两种：一种是教条主义，一种是经验主义。……但是在这两种主观主义中，现在在我们党内还是教条主义更为严重。"

③ 德克·布德教授（Derk Bodde）有篇文章，《中国文化形成中的主导观念》，其中说："中国人不以宗教观念和宗教活动为生活中最重要、最迷人的部分。……中国文化的精神基础是伦理（特别是儒家伦理）不是宗教（至少不是正规的、有组织的那一类宗教）。"

④ 在日常工作中，领导人物难免会遇到各种精神刺激。面对这些，有的人泰然、从容；有的人则变得抑郁、苦闷；有的人虽然工作较为艰苦，挫折较多，却能保持良好的心理状态；而有的人虽然在成长和仕途中一帆风顺，但却常常郁郁寡欢，闷闷不乐……。事实表明，人的心理需要多方面的锻炼，哈佛经理的情绪更要积极地调节和恰当地控制。

⑤ 究其原因，要么，是个人素质没有在竞聘会上显示出来；要么，表达不清或表达时间过长；要么，就是说了让老板不中听的话……。而有些幸运的应聘者，却在很短的瞬间，显示出自己的"亮点"，当即被老板敲定。

**14. 文章标题如果是陈述句，末尾是否要加句号？**

答：不管是文章的题目还是文章内部的小标题都不使用句号，因为标题特有的书写或排印格式已经表示其末尾的停顿，无需句号标示。如示例①②是文章的标题，示例③是文章内部的小标题，二者虽然是陈述语气，但是都不能用句号。例如：

① 习近平在南非媒体发表署名文章（新华网）

② 保持定力，增强发展自信心

——四论学习贯彻习近平总书记吉林调研重要讲话精神（《人民日报》）

③ 一、语音概说

二、语音的性质

但是，如果文章标题有表达疑问、感叹的需要时，标题末尾可以使用问号、叹号。

**15. 段首相当于小标题的词语后是否要使用句号？**

答：段首相当于小标题的词语后需要使用句号。例如：

① 高考文科综合卷按科目划分应注意以下几点：

第一，历史。……

第二，地理。……

第三，政治。……

② 下面按一般认可的词类分别谈谈存在的问题，最后谈谈兼类即跨类的问题。

名词。……

方位词。……

量词。……

③ 导言：一首音乐——逻辑的奉献。……

第一章：WU 谜题。……

第二章：数学中的意义与形式。……

**16. 调查问卷及考试题目等的选项末尾要不要加句号？**

在调查问卷和试卷中，如果选项是一个独立完整的句子，末尾要加句号，如示例①；如果选项是词或词组，末尾不需要加句号，如示例②③。例如：

① 下列对信守承诺、勇担过错这一观点理解不正确的是（　　）。

A. 我们许下诺言，也就意味着自己要承担相应的责任。

B. 失信于人就会给自己带来好处。

C. 我们信守承诺，也就会为自己赢得信任。

D. 慎重许诺，坚决履行诺言，是我们负责任的表现。

② 公司的分配是公开透明的（　）。

A. 非常不同意

B. 比较不同意

C. 不确定

D. 比较同意

E. 非常同意

③ 为了使一切创造财富的源泉充分涌流，国家大力提倡“四个尊重”，这四个尊重是（　）。

A. 尊重资本、尊重知识、尊重人才、尊重历史

B. 尊重劳动、尊重知识、尊重人才、尊重妇女

C. 尊重劳动、尊重知识、尊重人才、尊重创造

D. 尊重劳动、尊重他人、尊重教师、尊重创造

**17. 文章末尾标注时间、地点、署名等的文字后面是否一定要用句号?**

答：在文章末尾的作者署名后使用句号的情况，在20世纪上半叶的白话文中出现较多，现在极为少见。一般来说，文末注明的时间、地点、署名等文字后面不用句号。例如：

① …………

恩格斯 1894 年 10 月 4 日于伦敦

② …………

2011 年 12 月，博微斋

**18. 电影和电视剧的字幕要不要加句号?**

答：需要。现在中国官方出品的电视剧、电影里，字幕标点使用没有统一规范，比较混乱。有的字幕只使用句内点号，有的在疑问句、感叹句这类有一定感情色彩的句子末尾也使用相应的句末点号，但在陈述句末尾一般就没有任何标点符号了。例如：

① ——哎，袁四爷今儿个来看戏

——没听见我盖着唢呐唱吗？把血都挣出来了（《霸王别姬》）

句号和叹号、问号在地位上是等同的，没有理由只使用其中的一两种。既然疑问句可以使用问号，那么就应该统一使用句末点号。因此，电视剧和电影

的字幕应该统一规范使用标点符号。

大多数字幕的句内和句末都不加标点符号，只以空格代替标点，表示句子的停顿处，例如：

② 看QQ星《爸爸去哪儿》 赢取QQ星旅游大奖 各位老爸们精气神都不错 “穿越”回来了（湖南卫视《爸爸去哪儿》第三季）

③ 姐 你要派我吗 我非常强壮 放心吧 足球我特别厉害（浙江卫视《挑战者联盟》）

④ 大王 大王 我 我看到了（《芈月传》第一集）

像示例②③④这样没有任何标点符号，只以空格间断句子，显然是不对的。因为其一，没有标点符号，观众需要去猜测句与句之间的关系，极易造成理解障碍；其二，缺乏问号、感叹号这类的点号也不利于角色感情的传达，破坏观众的观影感受。

## （二）问号用法

**1. 问号的表现形式是什么？中英文输入都可以吗？**

答：GB4.2.2指出，“问号的形式是‘？’。”GB5.1.2指出，横排文稿中，问号“置于相应文字之后，占一个字位置，居左，不出现在一行之首。两个问号叠用时，占一个字位置；三个问号叠用时，占两个字位置；问号和叹号连用时，占一个字位置”，即问号在自身连用或与其他标点符号连用时，应采用英文输入法输入，如示例①—③。GB5.2.1又指出，竖排文稿中，问号“置于相应文字之下偏右”，如示例④。例如：

① 他是谁?

② 你不想结婚啦???

③ 他出车祸啦?!

④ 不<br>亦<br>君<br>子<br>乎<br>?

**2. 问号是点号还是标号?**

答:"'问号'主要用来表示句末停顿和语气,是点号。但当问号加括号插入句中表示对所指事物的怀疑、否定、不详或感叹、惊异等意义时,既不表示停顿也不表示语气,仅起标号作用而没有点号作用。"示例①②中的问号是点号,示例③④中的问号是标号。例如:

① 你吃过晚饭了吗?

② 这样做到底合不合适呢?

③ 张仪(?—前309年),魏国安邑(今山西万荣)张仪村人,魏国贵族后裔,战国时期著名的纵横家、外交家和谋略家。

④ 19+59=?

**3. 问号作标号时,占几个字节?**

答:问号一般是用作点号,但是问号有时候也用作标号,表示不确定、不清楚、存疑等。用作点号时,问号是全角字符,占两个字节。但是当问号用作标号时,多是作为插入成分,占太多的位置可能影响整体阅读和排版的美观。

故而建议，当问号用作标号时是半角字符，占一个字节。下面三组示例中，第一句示例中的问号是全角问号，第二句示例中的问号是半角问号。例如：

① a. 秦商：孔子弟子。姓秦，名商，字子丕，春秋末（公元前547—？）人。唐代开元年间封“上洛伯”，宋封“冯翊侯”。(全角问号)

b. 秦商：孔子弟子。姓秦，名商，字子丕，春秋末（公元前547—?）人。唐代开元年间封“上洛伯”，宋封“冯翊侯”。(半角问号)

② a. 可以这样说，在无知的山谷里，人们过着没有“？”的生活。(全角问号)

b. 可以这样说，在无知的山谷里，人们过着没有“?”的生活。(半角问号)

③ a. ？那只大碗喝醉了我了。(全角问号)

b. ?那只大碗喝醉了我了。(半角问号)

**4. 问号用作点号主要有哪些情况?**

答：GB4. 2. 1 指出，问号“作为句末点号的一种，主要表示句子的疑问语气。”从结构上看，疑问句可分为四种类型，即是非问句、特指问句、选择问句和反复问句。此外，设问句和反问句也是疑问句，只不过它们都是特殊的疑问句。问号用作点号主要有以下几种情况：

(1) 用于是非问句句末

是非问句是说话人提出一种看法或判断，希望对方做出肯定或否定的回答的疑问句。兰宾汉（2014）指出，“是非问句可以有问有答，也可以只问不答，还可以猜想而问，希望证实所问内容。”例如：

① ——你想去我们单位看看吗?

——当然!

② 他陪着小心问道:“晚上能不能赏光一起吃个饭呀?”

(2) 用于特指问句句末

特指问句是用疑问代词提出疑问点，希望对方针对疑问点做出回答的疑问句。疑问点一般由疑问代词“谁、什么、怎么样、哪儿、如何、多少、几”等表示。有疑问代词的句子大多是疑问句，但是有些有疑问代词的句子并不是疑问句。示例③④是疑问句，而示例⑤⑥虽然有疑问代词，但是整个句子并没有疑问语气，不是疑问句，因此句末不能用问号。例如:

③ 今天星期几?

④ 如何才能成为有创新力的人?

⑤ 我一直不知道谁是孩子的班主任。

⑥ 我知道北大附中在哪儿。

(3) 用于选择问句句末

选择问句是说话人提出几种可能的情况，希望对方加以选择并做出回答的疑问句。选择问句可以是单句，也可以是由分句构成的复句，一般用“……，还是……”“是……还是……”连接。例如:

⑦ 苹果和梨你想吃哪一个?

⑧ 你喜欢北京还是上海?

⑨ 是他不愿实行呢?还是感觉实行的困难而不愿试呢?(CCL 语料库)

(4) 用于反复问句句末

反复问句也叫正反问句，是说话人用肯定和否定重叠的方式提出问题进行询问，希望对方做出回答的疑问句。例如：

⑩ 实际情况是不是这样呢？(CCL 语料库)

⑪ 明天的春游你去不去？

⑫ 你知不知道他家在哪儿？

(5) 用于设问句句末

设问句是一种特殊的疑问句，无疑而问，是说话人为了突出、强调自己所要表达的意思而自设的一种自问自答形式，设问句的末尾需要用问号。例如：

⑬ 信念值多少钱？信念是不值钱的，它有时甚至是一个善意的欺骗。然而，你一旦坚持下去，它就会迅速升值。(中国青年网)

⑭ 什么叫自律？自律就是自己管束自己的行为。

(6) 用于反问句句末

反问句也是一种特殊的疑问句。反问句是明知故问，只问不答，是说话人为了抒发本意或表达情绪而采用的疑问形式。反问句有时形式否定，意义肯定；有时形式肯定，意义否定；有时肯定与否定要靠语境来判断。无论哪种情况，反问句句末一般用问号。反问句经常借助“怎么、难道、岂非”等词语来表示反问语气。例如：

⑮ 这么简陋的地方，怎么能住人呢？

⑯ 现在我想问一下，事情难道不是这样吗？(CCL 语料库)

⑰ 可见仁不是个知识的概念，不是科学上的观念。这不是很深刻吗？(CCL 语料库)

不过，反问句如果语气强烈，也可用叹号。这个问题在叹号部分会具体说明。

除了以上六种问句外，独词句句末有时也要用问号。独词句就是由一个词带上特定的语调构成的句子。如果独词句带有疑问语气，则后面要加问号。例如：

⑱ 家？我都好几天没回家了。

⑲ 谁？

甚至可以独用问号表疑问，以示并没有语言，只有疑惑或惊讶的表情与动作。例如：

⑳ A：你是今年特别奖的获得者吗？

B：？

A：我问，你是今年特别奖的获得者吗？

B：是啊，有什么问题吗？

**5. 问号可以用在特指问句末尾，是不是意味着句中出现疑问词，句末就要用问号？**

答：判断一个句子是不是疑问句，主要是根据句子语气，而非句子中是否包含疑问词。也就是说，疑问词不是使用问号的指示标记，有疑问词的句子不一定要用问号，因为疑问词也可以出现在非疑问句中。有些句子虽有疑问词，但没有疑问语气，不是疑问句，所以不能用问号。不能单凭有无“什么”“谁”等疑问代词或者“吗”“呢”等疑问语气词来判断一个句子是不是疑问句，以及该不该用问号。例如：

① 为什么要这样做？你问问老板去。

② 缺衣少食的，这日子可怎么熬啊！

通常，含有疑问代词的疑问形式独立成句时，有疑问语气；而当含有疑问代词的疑问形式充当某种句子成分时，并没有疑问语气。例如：

③ 天气预报说连下三天大雨，明天怎么能去郊游呢？

④ 你最好问问老板为什么要这样做。

另一方面，没有疑问代词的句子若有疑问语气，也需要用问号。例如：

⑤ 天气不太好？

⑥ 她做的饭更好吃？

⑦ 这种事不可能发生？

“呢”是典型的疑问语气词。出现“呢”时，一般需要加问号。但需要注意的是，表示疑问语气并非“呢”的唯一作用，它也可用于陈述语气、感叹语气等。例如：

⑧ 我看书呢。

⑨ 你急什么，要学的东西多着呢！

另外，“吧”既可用于疑问句，也可用于祈使句等。应体会句子的整体语气，以选择相应的标点符号。例如：

⑩ 这儿大多数是临时工吧？(CCL 语料库)

⑪ 老憋在病房里挺闷的，出去兜兜风吧！(CCL 语料库)

**6. 选择问句中的各项之后都要加问号吗？**

答：GB4. 2. 3. 2 指出，“选择问句中，通常只在最后一个选项的末尾用问号，各个选项之间一般用逗号隔开。……当选项较短且选项之间几乎没有停顿时，选项之间可不用逗号。”因此，选择问句不是在各个选项后都加问号，只需要在句子最后一个选项末尾加问号即可。例如：

① 你那个时候是吃米饭呢，还是吃面呢？(CCL 语料库)

② 信息真实准则：是真实，还是有真有假，还是全部是假？(CCL 语料库)

③ 你打算学英语还是法语？

④ 你今天晚上吃食堂还是自己回去做？

GB4. 2. 3. 2 指出，“当选项较多或较长，或着意突出每个选项的独立性时，也可每个选项之后都用问号。”具体来说：

(1) 选择项很多时，疑问语气持续的时间较长，这时如果只在最后使用一个问号就会削弱疑问语气的表达，若要强调句子的疑问语气，可以在每个选项之后都用问号。例如：

⑤ 我们是谁？生活在哪里？要往哪儿去？(CCL 语料库)

⑥ 为什么他们不能还手？是白痴呢？还是文盲？（CCL 语料库）

⑦ 逃跑吗？是逃避自己？还是逃避什么？（CCL 语料库）

（2）选择问句的选项长度较长时，选项内部已经使用了逗号等点号，选项之间再使用逗号就不能显示出层次，这时就必须用问号。例如：

⑧ 有些管理学院的老师特牛，但他凭什么牛呢？因为他是管理大师？他传经送宝，搞定过大型企业？还有，因为他的学生通通是著名企业家？还是因为学校特有钱、学校特有名？（CCL 语料库）

⑨ 第二个问题，牛市的根本内在原因是什么，是上市公司的业绩好转吗？牛市在 2006 年上市以后，到明年——2007 年春天的时候上市公司就一定会比今年大幅增长吗？还是因为流动性的原因，热钱的原因导致这拨牛市？目前我一直在思考这个问题，牛市的根本前提是热钱推动起来的，还是上市公司业绩支撑起来的？（CCL 语料库）

（3）有时候为了表达效果，有意突出选择疑问句的每一个选择项的独立性时，可以在每一个选项之后都使用问号。例如：

⑩ 那这一次要拍得很血性吗？还是说你还会坚持自己的风格？（CCL 语料库）

⑪ 她在施舍我？还是吃饱饭没事干拿我找乐子？我懒得想。（CCL 语料库）

总之，有多个选择项，且各选项内部没有其他点号时，若要强调每个选项的独立性，可在每个选择项之后都加问号；若只是对各选项做陈述，则可只在最后一个选择项后加问号，各选项之间加逗号。

**7. 问号和叹号可以连用吗？**

答：GB4. 3. 3. 4 指出，“当句子包含疑问、感叹两种语气且都比较强烈时（如带有强烈感情的反问句和带有惊愕语气的疑问句），可在问号后再加叹号（问号、叹号各一）。”问号、叹号连用的规范形式为问号、叹号各一个，且采用英文输入法，只占一个字的位置。问号和叹号连用多是在疑问的同时，突出表现愤慨、吃惊或谴责。这样的句子仍是疑问句，只是语气强烈，故问号和叹号的连用应统一为“问号在前，叹号在后”。

问号和叹号连用可以分为两种情况：

（1）用在带有强烈感情的反问句末尾。例如：

① 你想证明你是真功夫，敢不敢跟我比试?!（CCL 语料库）

② 孔子居然将这三者集成于一身，集合在他的文化体系，岂不伟大?!（CCL 语料库）

③ 努力追求与时代同步的生活方式，难道不是文明的体现?!（CCL 语料库）

④ 这样的负担，农民怎能忍受?!（CCL 语料库）

（2）带有惊愕语气的疑问句末尾。例如：

⑤ 那个好好阿婆回来一看“哇，这个鸡怎么瘟掉了?!”（CCL 语料库）

⑥ 佛法之妙有如是乎！此情此景岂笔墨所能形容?!（CCL 语料库）

⑦ 哎呀！你怎么用便桶盛东西给人吃啊?!（CCL 语料库）

⑧ 北京人颇为惊讶：这个时候你们还冲?!（CCL 语料库）

这种问号和叹号连用的形式不能滥用，因为疑问和感叹是两种不同的语气，真正需要连用的情况并不多，只有句中包含的两种语气都比较强时才能使用。一般情况下，应根据句子着重表达的语气，考虑选用问号和叹号中的一种。

**8. 问号可以叠用吗？**

答：可以叠用。GB4.2.3.3 指出，问号用作点号时，"在多个问句连用或表达疑问语气加重时，可叠用问号。通常先单用，再叠用，最多叠用三个问号"。单个问句也可叠用问号，但"在没有异常强烈的情感表达时不宜叠用问号"。例如：

① 为什么要三年丧呢？三年的时间太久了，短一点行不行呢？一年行不行呢??（CCL 语料库）

② 出征的 4 员将士均是第一次参加亚运接力的新手，中国队还能否卫冕??（CCL 语料库）

③ "站住！找谁？证件?? 听见没有???"……高个子的门卫向我走来。（梁贵《十七八岁的人生》）

④ 我连合同都没签，他管我要违约金???（CCL 语料库）

在没有异常强烈的情感表达需要时，不能叠用问号。例如：

⑤ ＊来真的呀??? (误)

⑥ ＊老板派你来了呀??? (误)

这两个句子只是一般的疑问，并没有异常强烈的情感表达，叠用的问号都应该改为单个问号。

问号用作标号时，可连用问号（此时问号之间多有空格），以造成强烈的视觉冲击，使语气与情感更为强烈。这里的问号并不表示停顿，而是以问号这种特殊的形式作为表达感情的视觉符号。例如：

⑦ !!! ——张海迪的事迹令人惊叹。

??? ——张海迪的事迹教人沉思。(兰宾汉［2014］的例子)

此例中，三个问号叠用，问号表示对张海迪事迹的诸多疑问和思索。这样的用法使得读者体会到沉思内容的广泛与深刻，语气与感情都给人以很强的冲击力，有助于吸引读者的注意力，引起读者的思考。

⑧ 1949 年 4 月 1 日，南京大专院校的学生在反饥饿、反内战的游行示威中，被国民党的特务打死 5 人，伤多人。一时各界震怒。追悼会上，惊现了一副只有标点的挽联：

?　??　???

!　!!　!!!

上联的三组问号，表达了对反动派的诘问和愤慨；下联的三组叹号，表现了永不妥协、继续战斗的决心。标点符号的叠用造成了强烈的视觉冲击，使得语气与情感更为强烈。

**9. 间接引语中的问句要用问号吗？**

答：这要视具体情况而定。一般若前面出现冒号，后面要用问号，因为不管是不是引语，它本身都是一个问句；若前面没有冒号，后面的句子要使用逗号或句号，因为这时的问句已经是句子的一部分，不再有疑问语气。例如：

① 闲聊之中，我忍不住问她：为什么还要回到这曾让她伤心流泪的地方？她摇摇头，无奈地笑了。

② 有一天，她遇到一个人问她，姓什么叫什么，要到哪里去，什么人介绍她来的。(CCL 语料库)

③ 我问她什么时候从哪里获得了这么多关于汽车的知识。(CCL 语料库)

下面几个示例中，句末的问号应改为句号。例如：

④ *有一次，我问她，你这个照片怎么拍得颜色那么黑啊？(误)

⑤ *有一次，面试的主考人问她，从事那么多的工作，又能够保持优秀的学习成绩的窍门在哪里？(误)

⑥ *我一看分数是 98 分，马上就把脸板起来，高声质问她，为什么没有考 100 分？(误)

**10. 括号中句子末尾的问号要保留吗？**

答：要保留。GB-B. 2. 2 指出，“括号内行文末尾需要时可用问号、叹号和省略号。”例如：

① 她一个人比较孤寂，家里操心的事也比较多，(有抱怨过吗?) 她是个很大气的人，她选择了我和我这样的职业，就知道会有怎样的……(《今晚报》)

② 虽然猪鬃厂听起来似乎不怎么“高雅”(“猪鬃”不就是“猪毛”吗?)，很多人也不明白猪鬃厂干的是什么行当。(《今晚报》)

③ 阕忽作悲声，是有意激励，当然也有写作上求古意(“慷慨有余哀”?)的雕琢。(《今晚报》)

④ 对比发现，两方法的结果差异不大。(为什么?) (CCL 语料库)

**11. 破折号前后可以出现问号吗?**

答: 破折号前后可以出现问号。

GB-B.2.3 指出，“破折号之前通常不用点号；但根据句子结构和行文需要，有时也可分别使用句内点号或句末点号。”破折号在标示话题转换或者总结上文时，前面的问句可以加上问号。因为在上述两种情况下，破折号前面大多是完整的问句，加上句末问号，更能显示出前面句子的独立性和完整性。例如:

① 碰到的阻碍用什么方法克服?——这是发音方法。(CCL 语料库)

②“明天? 还有明天么? ——俺要你讲! 你让纪升去京城干什么的?”(CCL 语料库)

③ 回首春秋看到了什么? ——读韩静霆的长篇小说《孙武》(CCL 语料库)

④……耀眼的霓虹灯光、街头重重叠叠的海报……我们感受最多的是什么？——广告！我们的世界已被广告包围。（CCL 语料库）

GB－B. 2. 3 还指出，“当破折号表示语音的停顿或延长时，根据语气表达的需要，其后可紧接问号。”例如：

⑤ 胡雪岩试探着问：“大人的意思是——？”（CCL 语料库）

⑥“咦——？”梁大牙睁大了双眼，怒视参谋长马西平。（CCL 语料库）

⑦ 一个粗哑的声音在喊叫：“师傅——丁师傅——你在哪里——？”（CCL 语料库）

⑧“你爹他——？”（CCL 语料库）

**12. 省略号前后可以出现问号吗？**

答：省略号前后都可以出现问号。

根据 GB－B. 2. 4，省略号之前通常不用点号，但是省略号前句子的句末可以使用问号。例如：

①“怎么？你挨打了？伤着没有？……”

②“真的？……你之前……没有去过？……”她红着脸小心翼翼地问。

③“这事怎么办？如何向部落里的人交代？……”林喇梅在屋子里来回走着，想着。

根据 GB－B. 2. 4，省略号之后通常也不用点号，但当句末表达强烈的语气或感情时，可在省略号后用问号或叹号，如示例④⑤；当省略号后还有别的话、省略的文字和后面的话不连续且有停顿时，应在省略号后用点号，如示例⑥⑦；当表示特定格式的成分虚缺时，省略号后可用点号，如示例⑧⑨。例如：

④ 你家……？（CCL语料库）

⑤ 他并不知“大毒枭”跟他有什么关系吧……？（CCL语料库）

⑥ 你们是不是已经……？难道小吴说的是真的？（CCL语料库）

⑦ 随口问道：“是贼人放的火，还是内部……？”（CCL语料库）

⑧“这位先生，请问您是……？”原来是一个青年人，身材也与李嘉诚酷肖。（CCL语料库）

⑨ 读者来函中，常有“什么是……?”“为什么……?”“怎么样?”等问题。（CCL语料库）

**13. 分隔号前可以出现问号吗？**

答：分隔号前后可以出现标号，一般不能用点号。但是，有时为了不影响语义及特殊语气、情感的表达，可以在分隔号前使用冒号、问号和叹号。例如：

① 但人类的地球呢？/一海的星沙，却向哪里找去/不好，他的归路迷了！/夜呀，你在哪里？/光明，你又在哪里？（徐志摩《夜》）

② 半亩方塘一鉴开/天光云影共徘徊/问渠那得清如许？/为有源头活水来。（朱熹《活水亭观书有感二首·其一》）

③ 人生若只如初见，何事秋风悲画扇？/等闲变却故人心，却道故人心易变/骊山语罢清宵半，泪雨霖铃终不怨/何如薄幸锦衣

郎，比翼连枝当日愿。（纳兰性德《木兰词·拟古决绝词柬友》）

**14. 书名、篇名、文章标题中可以有问号吗？**

答：可以。GB－B.4 指出，“文章标题的末尾通常不用标点符号，但有时根据需要可用问号、叹号或省略号。”高传龙在《标题加不加问号有学问》中也指出，“本着标题力求简洁的原则，特指问句、选择问句和反复问句作标题，问号可以不用；是非问句作标题，要具体分析，多数可以不用，只有少数不带语气词的是非问句（由陈述句和疑问语气构成）作标题，必须加问号。”

文章各级标题中均可使用问号，以突出疑问语气，使标题更为醒目。如果文章标题有疑问语气，且疑问点比较明确，疑问语气比较强，建议保留问号。例如：

① 柴米油盐酱醋茶，你吃对了吗？（于康《你吃对了吗？》）

② 米，你吃对了吗？——主食是能量的底座（于康《你吃对了吗？》）

③ 美剧为何被下架了？（郎咸平《财经郎眼 10：我们离幸福还有多远》）

④ 缘何出版界明星集体转战电影业？（郎咸平《财经郎眼 10：我们离幸福还有多远》）

以上示例是文章内标题名使用问号。书名、篇章名更多的是会成为书或文章的标记性符号，疑问语气削减，建议不保留问号。例如：

⑤《万“码”奔腾谁主沉浮》（《光明日报》）

⑥《谁是最可爱的人》（魏巍《人民日报》）

⑦《郎咸平说：谁在谋杀中国经济》（郎咸平，东方出版社，2009）

当然，如果疑问语气较强或强调疑问不解等语气时，有时可以保留问号。例如：

⑧《幸福了吗？》（白岩松，长江文艺出版社，2010）

⑨《中国教育怎么了？》（徐九庆，广西师范大学出版社，2009）

⑩《你吃对了吗？》（于康，四川科学技术出版社，2013）

**15. 在倒装问句中，问号怎么用？**

答：在倒装问句中，问号用在哪里要视具体情况而定。在一般倒装问句中，问号不能用在前半句，只能放在倒装成分之后，即只能放在句尾，而不能放在句中。例如：

① 会下雨吗，今天？

② 马上就走吗，我们？

③ 去哪儿了呢，都？

④ 被打伤了呀，他俩？

但是，在口语易位句中，句子被拆分，前后部分之间有插入语。前置部分本身带有疑问语气，需加问号。后置部分多作为补充成分出现，若没有疑问语气，则句末应加句号；若有疑问语气，则句末应加问号。例如：

⑤“对得起爸妈吗？”教导主任生气地骂到，“你们这群混小子。”

⑥ 他刚走进办公室就问："安排工作了吗？"看小王一脸疑惑，他又补充说："这些新来的同志。"

⑦"板上钉钉？"小李一脚踹飞了身旁的凳子，"就凭目前这点证据？"

⑧"真的无可挽回了？"他转身端起茶杯，"这件事就？"

有的呼语不是跟问句一体的，而是另一个询问或提醒的句子，这时需要每个句子都加问号，因为它们都有疑问语气。例如：

⑨"你是怎么想的？"他等了一会儿，看小华一点反应都没有，不禁有些紧张，"小华？"，他弱弱地提醒道。

**16. 问号可否只表疑问语气，不表句末停顿？**

答：可以。问号用作标号时，只表疑问语气，不表句末停顿。问号用作点号时，也可以只表疑问语气，不表句末停顿。不独立的引文末尾及句内括号中内容末尾的问号表示疑问语气，不表示句末停顿。例如：

① 你遇到过北京人用"吃了吗？"跟你打招呼吗？

② 和至亲至爱的人多守一会儿是一会儿，谁知道以后（还有多少个以后？）乃至明天，还有没有这样的相守的时机……（CCL 语料库）

③ 市长白天看着像那么回事，（好莱坞般的微笑？）可是他多累啊！大连有这么个市长，真是大连人的福气。（CCL 语料库）

不独立的引文有时处于句子停顿处，因引号内有问号出现，为简洁与美观，引号后不再加点号，此时的问号本身只表疑问语气，不表句末停顿，但句子借用了问号表示句末停顿的作用。例如：

④……牺牲都如此重大，那么别人“数天涯，依然骨肉，几家能够？”如今，你陈水扁在国民党的暴政之下，勇敢的争取民主自由……（CCL 语料库）

⑤“马上出发”的中心语是“出发”，但如果回答“什么时候出发？”可以只说“马上”。（CCL 语料库）

**17. 问号作标号时，主要有哪些用法？**

答：GB4.2.3.4 指出，问号用作标号时，“表示存疑或不详”。具体来说，问号作标号时的用法主要有以下几种：

（1）表示人物生卒年月不详或有疑问

人物生卒年月不详或有疑问的，一般用问号表示。例如：

① 黄舜申（1224～?）为宋末元初清微派主要传人。（CCL 语料库）

② 陈致虚（1290～?）为元代著名内丹家。字观吾，号上阳子。（CCL 语料库）

③ 王惟一（？～1326），号景阳子，括苍（今浙江丽水）人。（CCL 语料库）

④ 杨家将的第一代忠良是杨继业（？～986 年），太原（今属山西）人。（CCL 语料库）

（2）以加括号的形式出现在句中，表示怀疑或不确定这是一种特殊用法，既不表示停顿，也不表示全句的疑问语气，而是表示对之前词语的怀疑或不确定。有的括号中只有问号。例如：

⑤ 钢琴又摆在巴黎街头，一个宏观的铺满白地毯（?）的广场上；又摆在空中，摆在飞机翅膀上。(CCL 语料库)

⑥ 他是在用同时爱着别人又在热恋（?）着我的方法！（CCL 语料库)

⑦ 单位买小轿车、盖“培训班”（?）大楼，个人就拿奖金，完成一项征收任务自己得个两千……（CCL 语料库)

⑧ 据鲁阿夫人告，罗曼·罗兰夫人于 1984 年（?）去世前，将罗兰及她本人的全部手稿赠送给法国国家图书馆。（CCL 语料库)

有时，括号中除问号外还有别的内容，表示对括号之前词语的其他猜测。例如：

⑨ 而赫鲁晓夫则是在 1964（63?）年由勃列日涅夫一伙通过苏共中央政治局会议赶下台的。(CCL 语料库)

⑩ 东汉时班超的一位部将甘英，曾想从条支渡海到大秦（东罗马?)，但大海茫茫似栖息着死神，而打断了他的念头……(CCL 语料库)

⑪ 博卡萨 1921 年 2 月 22 日出生在布班吉一个村长（酋长?）家里。(CCL 语料库)

括号内的问句也可以表示补充性说明。例如：

⑫ 电视又移情相声，孕育出电视相声（唤作什么 TV?）等等。(CCL 语料库)

⑬ 在中国，女性主义一方面要面对西方思想（东方主义?），一方面要面对中国传统（封建落后?）。(CCL 语料库)

⑭ 力大无比的恶汉驱使着奴隶们劳动，魔鬼要夺走主人公所要的圣石（或者是约柜？我也许把两个电影混淆了?）。（朱建军《让心做主》）

也有的是编辑在编校过程中认为原文有错误，通过句中括号表达自己的疑惑，并给出自己对本来表达的尝试性校正。此种用法是在不确定或需附加说明的词语后加括号，在括号内写明可能的情况，不能乱用括号。例如：

⑮ 也在顷刻间把王继芳之类的灵魂剥个清（精?）光。（CCL 语料库）

⑯ 把“两头冒尖”紧紧（仅仅?）归结为战争的残酷，是难以使人接受的。但谁又能说与此无关呢？(CCL 语料库)

(3) 问号用作疑问的代号

问号在特定情况下可以用作疑问的代号，代替词语表示特定的含义。它可代表“多少”“什么”“问号”“问句”等，使得表达更为生动活泼、具体形象。例如：

⑰ 3 + 5 = ?

⑱ 高考结束，孩子的命运如何，家长心里都悬着一个硕大的“?”。(CCL 语料库)

⑲“领悟”之一是哲学工作者的头脑中没有“?”，等于他从事的哲学只能是死路。(CCL 语料库)

(4) 问号可以用来质疑句子的合法性

问号有时可以放在句子前，且增加一个字节的空间，表示质疑该句子的合法性，多用在语言学讲解语法时的例句前。例如：

⑳ ? 那只大碗喝醉了我了。

㉑ ? 他拖地干净了。

㉒ ? 我最近比较不太想吃饭。

**18. 中文句子中夹用英文句子时，问号怎么使用?**

答：在中英文混排时，中文问号的形式为“?”，占两个字节；英文问号的形式为“?”，占一个字节。

在中文陈述句中，如果所夹用的英文疑问句不在中文陈述句尾部，那么该英文疑问句要置于中文双引号内，句末的英文问号也要保留。例如：

① 一句“Can I help you?”在心里念叨了好多遍，就是没敢说出口。

② 你怎么能跟她说“Are you a pig?”这样的话呢?

在中文陈述句中，如果所夹用的英文疑问句处于中文陈述句尾部，则该英文疑问句加中文双引号，句末的英文问号也要保留，双引号外不加句号。例如：

③ 这话应该这样说："Do you want to be good friends with me?"

④ 改了半天还是改回最初写的那句："Have you ever heard the bad things about my cousin?"

⑤ 他陶醉地望着眼前金发碧眼的姑娘，小声说："Can I have your number?"

在中文疑问句尾部出现的英文句子要加双引号，双引号外用中文问号。例如：

⑥ 这话的正确答案真的是"Yes, I did"？

⑦ "He is going to finish it "可以转换成"He will finish it soon"？

中文句子中如果夹用英文书籍、诗歌、歌曲等作品的标题，则该英文标题中所包含的英文问号必须保留；如果夹用的是英文书籍、诗歌等作品的引文，则引文中所包含的英文问号也必须保留。例如：

⑧ "A short life and a merry one?"是值得一读的一篇文章。

⑨ 最打动人的是那句"what really goes on behind closed doors?"

## （三）叹号用法

**1. 什么是叹号？叹号的表现形式是什么？**

答：GB4. 3. 1 指出，叹号是句末点号的一种，主要表示句子的感叹语气。例如：

① 小兰芳也低声说道："这算什么，你就照办吧！"（张恨水《秦淮世家》）

② 早哇！这时候就出来了。(张恨水《纸醉金迷》)

③ 哈哈！老陶老李来！干他一杯。(张恨水《纸醉金迷》)

**2. 使用叹号的主要根据是什么？叹号的使用与句子的长短和结构有无关系？**

答：GB4.3.3.1 指出，使用叹号的主要根据是语段前后有较大停顿、带有感叹语气和语调，或者带有强烈的祈使、反问等语气和语调，并不取决于句子的长短。叹号的使用不仅与句子的长短无关，与句子的结构也无关。下面的示例①是带有感叹语气的一般感叹句；示例②是祈使句，带有强烈的祈使语气；示例③是反问句，带有强烈的反问语气。它们的长短和结构各不相同，但是末尾都使用了叹号。由此可见，叹号的使用与句子的长短和结构都没有关系。例如：

① 爱情，一个多么撩人心扉的字眼啊！（《宋氏家族全传》）

② 张福龙连忙恳求道："我和我的家里都急需用钱，请帮个忙吧！"（《人民日报》1996)

③ 文学作品的翻译，难道不也是一种艰苦的劳动，一种再创作吗！（《读书》）

**3. 哪些句子的末尾常使用叹号？**

答：表示感叹语气的一般是感叹句，在感叹句末尾使用叹号是最主要的用法。常见的使用感叹号的情况如下：

(1) 带有"多（么)""真"等语气副词和"啊""呀"等语气词的一般感叹句末尾通常使用叹号。例如：

① 这是多么惨痛的教训！

② 这需要花费多少时间和付出多么巨大的劳动啊！

③ 这一招真高明！

(2) 带有强烈感情色彩的标语或口号末尾常使用叹号。例如：

④ 他一上任，就向全校提出一个响亮的口号：“给青年人更多的机会！”（《人民日报》）

⑤ 热烈庆祝中国航天工业总公司（国家航天局）成立！（《报刊精选》）

⑥ 大会堂东大厅悬挂着横幅标语：“向人民群众学习！向抗洪抢险英模代表致敬！（《人民日报》）

(3) 由表肯定或否定、同意或反对等的简短应答语构成的感叹句末尾常使用叹号。例如：

⑦ 六个小女孩子答应一声：“是！”一边鞠躬一边退出去。（刘绍棠《狼烟》）

⑧ 我们问黄太建：“年轻轻白了头，不后悔吗？”他摇摇头说：“不！”（《人民日报》）

⑨ 郭沫若也悲怆地应和着：“好！我们喝酒去。”（《作家文摘》）

(4) 由斥责语或詈骂语构成的感叹句末尾常使用叹号。例如：

⑩ 宋小爱把脸一变，照着他的屁股就是一脚，恨恨地道：“你个

没良心的!”(月关《回到明朝当王爷》)

⑪ 江丽看了直气得两手发抖，脸色青白，咬牙大骂一声：“这个该死的叛徒!”(雪克《战斗的青春》)

⑫ 高强爸忽然抽了高强一个嘴巴子：“你这个不争气的混蛋!”(石康《奋斗》)

⑬ 畜牲！你爹都不敢对我如此，你却渎师犯上，不想活了？(李凉《公孙小刀》)

(5) 由祝愿语构成的感叹句末尾常使用叹号。例如：

⑭ 谨向您们致贺，向一切劳动人民致敬，并祝新年之禧!

⑮ 预祝第四届中国艺术节顺利进行，圆满成功!

⑯ 正值中国科学院45年大庆之际，谨祝中国科学院的事业在新时期再创辉煌!(《报刊精选》)

⑰ 张先生，看到您身体这么好，我们很高兴。祝福您老健康长寿!(《报刊精选》)

(6) 由致谢语或致歉语构成的感叹句末尾常使用叹号。例如：

⑱ 我感谢他的赞赏，笑笑说：“谢谢!”说得很由衷。(《读者》)

⑲ 凡尔纳先生，我的技术要为本公司服务，谢谢您的好意!(《报刊精选》)

⑳ 她彬彬有礼地点头致歉：“先生，对不起!”(《读者》)

㉑ 很抱歉！你知道艺术家记性都不太好，你今天不来，我们还真想不起来。(朱邦复《东尼！东尼!》)

(7) 由寒暄语、呼唤语、称呼语等构成的感叹句末尾也常使用叹号。例如：

㉒ 总理向群众不断挥手："乡亲们好！大家好！"(《报刊精选》)

㉓ 我曾看到过他在早上跑步，我总会向他喊："早上好！"(《心灵鸡汤》)

㉔ 近日到商场，见一名顾客正向收款的营业员喊："喂！把这种皮鞋拿来看一下。"(《人民日报》)

㉕ 同志！我们失去了亲爱的战友，是悲痛的，可是我们要把悲痛化为力量。(知侠《铁道游击队》)

(8) 叹词独词句末尾常使用叹号。例如：

㉖ 每当此时，爷爷都似乎很痛苦地叹息道："唉！你们这些孩子呀，跟你们说什么好。"(《人民日报》)

㉗ 哎呀！没想到你的心这么恶毒，竟然想杀死我。(《林清玄散文》)

㉘ 咳！多好的孩子，偏生在咱这人家。(梁斌《红旗谱》)

㉙ 哎哟！这可是一大笔钱呐，梅格翰。最好让我来替你照看着这笔钱。(《荆棘鸟》)

**4. 叹号只能用在感叹句末尾来表示感叹语气吗?**

答：不是。用在感叹句末尾表示感叹语气是叹号的最主要用法。此外，当陈述句带有强烈的思想感情或感叹语气，以及祈使句和反问句带有强烈的祈使和反问语气时，其末尾也应该使用叹号。

陈述句有时带有强烈的思想感情或感叹语气。下面的示例①在陈述事件的同时，也带有强烈的警示读者的情感意味；示例②带有说话人强调其所述内容真实可信的强烈情感；示例③④带有惊讶、赞叹的思想感情；示例⑤带有信心满怀的豪情。它们的末尾都使用了叹号。例如：

① 正在访问的网页已被黑客篡改过，网页上的信息是虚假的！

② 是我！是您的女儿！被录取的是我！我骗您呢，和您开玩笑呢，妈妈。（《从普通女孩到银行家》）

③ 后来我妈妈技术革新了，她改用两个拖鞋打我！（《鲁豫有约·开心果》）

④ 他的这种金融创新今天看，当然简单，但这么简单的想法，执行之后，使该公司到1876年时，共销售了26万多台缝纫机，远超过所有其他缝纫机公司的总和！

⑤ 现在我被选中了，我有信心成为国际金融界大有作为的投资银行家！（《从普通女孩到银行家》）

祈使句有时带有强烈的祈使语气。下面的示例⑥是强烈的建议，示例⑦是语重心长的嘱咐，示例⑧是严肃的命令，示例⑨是强硬的禁止，示例⑩是诚恳的请求。各句末尾都使用了叹号。例如：

⑥ 你也别开这个店了，咱们一块去打日本鬼子吧！（梁斌《红旗谱》）

⑦ 英子，你要好好干啊！你是汗王家的长子，将来要继承王位的。（李文澄《努尔哈赤》）

⑧ 公司领导立即作了批示："要认真查究，严肃办理！"（《报刊精选》）

⑨ 别说不吉利的话！你还没有去，就认为办不成，信心呢？（李文澄《努尔哈赤》）

⑩ 您老人家有这样好的武功，请收下我这个徒弟吧！（李文澄《努尔哈赤》）

反问句带有强烈的反问语气时，末尾也应该使用叹号。例如：

⑪ 如此实用的产品，怎能不赢得市场的青睐！（《报刊精选》）

⑫ 东厢是下人的房间，怎么可以接待贵客呢！（陈建功《皇城根》）

⑬ 这一身傲骨，一生寂寞的英雄，难道竟要落得个这样的下场！（古龙《小李飞刀》）

⑭ 表面上他平静如水，心里何尝不牵肠挂肚！（《报刊精选》）

⑮ 中国队如此的实力却仍没有一丝的松懈，怎会不比别人高出一筹呢！（《人民日报》）

**5. 独立成句的拟声词并非表示感叹语气，其后也可以使用叹号吗？**

答：可以。GB4.3.3.2 规定，叹号可以用于拟声词后，表示声音短促或突然。下面的示例①②中的拟声词模拟敲击门窗的声音，示例③模拟被拳头击中的声音，都具有短促的特点。示例④模拟突然出现的爆炸声，示例⑤模拟人突然蹿出时的声响。各句都使用叹号来表示声音短促或突然。例如：

① 嘭！嘭嘭！嘭！窗户棂子有节奏地连响了几遍。（冯志《敌后武工队》）

②“咚咚咚！”一阵急促的敲门声将小蒋从睡梦中惊醒。（《作家

文摘》）

③“咣！”青年乘客、大连商场电工刘伟重重的一拳击到孙的脸上。（《人民日报》）

④轰！骤然传来一声巨大的爆炸声，把屋子都震动了，墙上的土沙沙往下掉。（冯德英《苦菜花》）

⑤嗖！一个人从街南的胡同口里蹿出来。（冯志《敌后特工队》）

拟声词有时在句中充当修饰成分，不独立成句，标点的使用有三种情况。下面示例中的拟声词都在句中充当定语成分，修饰后面的名词。示例⑥的拟声词未使用任何标点；示例⑦的拟声词使用了引号；示例⑧的拟声词使用了叹号和引号，叹号位于引号内。例如：

⑥石头飞快地落向水面，他听见了深沉的咚的一声。（张承志《黑骏马》）

⑦捡起一块小石子，投入井中，良久才听到“咚”的一声巨响，隐隐约约还有波澜泛起。

⑧“咚！”地一声，有人捶了一下炕。那是一直躺在那儿的疯七爷。（《鬼子来了》）

因此，拟声词在句中充当句法成分，不独立成句时，可以使用叹号和引号，叹号置于引号内。此时的叹号不表示句末停顿，只表示声音短促或突然。

**6. 叹号可以连用吗？**

答：可以。GB4.3.3.3 规定：“表示声音巨大或声音不断加大时，可叠用叹号；表达强烈语气时，也可叠用叹号，最多叠用三个叹号。在没有异常强烈的情感表达需要时不宜叠用叹号。”

叹号可以直接叠用，表示声音巨大或极其强烈的情感和语气。下面的示例①—④表示声音巨大，示例⑤⑥表示极度愤怒的情感，示例⑦表示昂扬的激情，示例⑧表示极其强烈的感叹语气。例如：

① 轰隆隆!!! 一声怒雷炸响，阴沉的天际，墨黑的乌云翻滚聚合。(《战国奇缘》)

② 啪!!! 就这大巴掌打的，俩眼当时就封上了。(郭德纲《相声集》)

③“咚!!!”重重的一声，司马啸砸到了地上，溅起一地的粉尘。(《超凡至圣》)

④“嘭!!”随着一声爆响，那钢制路灯被紫色的闪电轰中。(《仙墓中走出的强者》)

⑤ 让人觉得无限可耻和愤怒的是，阻止国际社会救援自己的灾民的竟然是那个缅甸军政府!!

⑥ 妈妈说着，叭，一掌拍到了桌子上，“谁给他的这个权利!!”气得眼圈都红了。(《新结婚时代》)

⑦ 风之守护神永远守护着我们，弗雷姆的勇者们，尽情地战吧!!(《罗德岛战记》)

⑧ 如果校园爱情能够白头到老，那该是多美好的事啊!!

叹号也可以先单用，再叠用，表示声音不断加大或反映语气的加强和递进。例如：

⑨ 轰！轰!! 轰!!! 一阵炮声震醒了他。(《厦门日报》)

⑩ 幼小的我只是一个劲地哭喊：“我要上学！我要上学!!”(《人

民日报》)

⑪ 那一阵更比一阵狂热的掌声，送给我的是嘲笑！是耻辱！！是鞭笞！！！(李存葆《高山下的花环》)

需要注意的是，叠用叹号须慎重，应避免滥用。语气强烈与否并不单纯取决于标点符号的使用方式，而主要由文章的内容决定。通常情况下，使用一个叹号足以表达感叹语气，连用两到三个叹号的例子并不多见，只有需要突出声音巨大或者表达异常强烈的情感或语气时才偶尔用之。滥用叹号往往给人以声嘶力竭的感觉，反而失去了叹号应有的作用。

**7. 问号和叹号可以连用吗？**

答：可以。GB4. 3. 3. 4 规定："当句子包含疑问、感叹两种语气且都比较强烈时（如带有强烈感情的反问句和带有惊愕语气的疑问句），可在问号后再加叹号（问号、叹号各一）。"当各种问句带有强烈感情或感叹语气时，末尾可以使用问号和叹号的连用形式。由于这些句子以疑问语气多于感叹语气为常，因此连用形式以"问号在前，叹号在后"为宜。

下面一组示例中的是非问句既包含疑问语气，又带有强烈感情。示例①②带有责怨的情感，示例③带有愤怒的情感，示例④带有深切的爱恋，示例⑤带有失意怅惘的情感。由于句子同时包含强烈的疑问和感叹两种语气，因此末尾都使用了问号和叹号的连用形式。例如：

① 科里出这么大事，造成的影响后果，你想过吗?!(《报刊精选》)

② 你知道书是怎么印出来的吗？你知道造纸要花费多少时间和工序吗?!(《人民日报》)

③ 父亲气呼呼地横了母亲一眼：你是这样教育孩子的吗?!(《人

民日报》）

④ 玛丽亚，我生命中的玛丽亚，你在哪儿啊？你听见我的声音了吗?!（《作家文摘》）

⑤ 在回家的路上，忽然清醒过来似的，连连不断地盘问自己："这就是你的职业吗?!"（《人民日报》）

下面一组示例中的特殊问句除包含疑问语气外，还带有强烈感情或感叹语气。示例⑥带有怨愤的情感，示例⑦带有诘责的语气，示例⑧带有哀怨与无奈的情感，示例⑨带有赞叹之情，示例⑩带有惊疑的语气。它们的末尾也都使用了问号和叹号的连用形式。例如：

⑥ 我就是要个说法：我什么时候能装上电话?!（《报刊精选》）

⑦ 这么重的罪名随意加在中国留学生头上，试问：有什么根据?!（《报刊精选》）

⑧ 历史啊历史，你为什么总是捉弄人?!（《报刊精选》）

⑨ 做一百一十六个孩子的母亲，该有着怎样的爱心和胸怀?!（《人民日报》）

⑩ 贺龙是元帅，副总理，怎么一下成了大土匪?!（《作家文摘》）

下面一组示例中的选择问句也包含强烈的情感。示例⑪带有自我嘲讽的情感，示例⑫—⑮带有愤怒的情感。各句的末尾都使用了问号和叹号的连用形式。例如：

⑪ 其中蕴藏的深刻含义，活到四十几岁才真正体会，该算幸运还是愚钝呢?!（《报刊精选》）

⑫ 可馨，你是装傻还是真傻?!（张欣《爱又如何》）

⑬ 文浩火道："你到底是来工作还是来吃饭的?!"（《作家文摘》）

⑭ 她愤慨地夺过拖把，狠狠地扔在一边，吼道："这是在对病人还是在对犯人?!"（《人民日报》）

⑮ 四婶张口大骂："你要把门扇踢坏呀，你是兵痞还是土匪?!"（贾平凹《秦腔》）

下面一组示例是带有强烈感情的反问句，末尾也都使用问号和叹号的连用形式。例如：

⑯ 难道我们辛辛苦苦干出来的产品是为了砸自己的饭碗?!（《报刊精选》）

⑰ 改革肯定会有不同意见，甚至有冲击波，但没有阵痛哪有新生?!（《报刊精选》）

⑱ 不懈拼搏的三房巷人，努力追求与时代同步的生活方式，难道不是文明的体现?!（《报刊精选》）

⑲ 领导深有感触地说，演员有这般积极性，怎能不出好作品啊?!（《报刊精选》）

⑳ 一个连厕所的卫生都管不好的人，怎么可能管好一个企业呢?!（《人民日报》）

需要注意的是，问号和叹号的连用形式不可滥用，因为疑问和感叹是两种不同的语气，真正需要连用的情况并不多，只有当句子同时包含这两种语气且两种语气都较为强烈时才能使用。一般情况下，应根据句子着重表达的语气，考虑选用问号和叹号中的一种。

**8. 叹号是否可以独立使用？“（!）”放在文中某些词语后起什么作用？**

答：可以。在特定的修辞条件下，“!”可单独作为惊叹的代号。例如：

①“!”他被3D电影中突然扑过来的猴子吓了一跳。

②!!——沉香岛的沉思之二

叹号外加括号放在某些需要强调的词语或说法之后，对其意义表示惊异、感叹，常带有否定意味。这种用法的叹号出现于句中，不表示语气和句末停顿。下面示例③中的“把劳动资料提高为社会的公共财产”是《哥达纲领》的原文，马克思认为措辞不妥，用叹号表示对此有异议，并提出修改意见；示例④的叹号表示前面的语段“可理解的”这一说法十分荒谬；示例⑤的叹号表示对“十块钱一份”的昂贵价格的惊叹；示例⑥的叹号表示对前面的语段“填错了”的否定。例如：

③“把劳动资料提高为社会的公共财产”（!），应当说把它们“变为社会的公共财产”。这不过是顺便提一句罢了。（马克思《哥达纲领批判》）

④ 见人受难而不伸出援助之手，被看作是可理解的（!）举动，这个社会真的生病了。

⑤ 接下来是一位相当时髦的小姐带我去“看看深圳”，先是在公司附近步行，告诉我附近的商场、餐馆、电影院和其他有名的建筑，然后带我乘一辆黑牌车去“游车河”，在请我吃了十块钱一份（!）的梅菜扣肉饭后又回到了公司。我的顶头上司对我说：你马上出差到北京！于是我又创下了十二小时内乘两次

飞机的个人记录——我，一个不满十九周岁的学生，在一九九一年的中国，似乎走进了童话里的一个梦。(《特工到军旅》)

⑥ 我的第一志愿是更著名的B大学，而且也达到了B大学的一本线，但居然录取了我的第二志愿——那时就已经有一种神秘的力量在改变我的生活轨道吗？这只是我现在的想法，也许永远无法证实，只是B大学高官子弟相对多一些，N大学在这方面不大起眼，还有一个原因是N大学在港澳台比B大学名头响，也更受欢迎。而我根本没有多想就相信是我自己填错了(!)志愿，当时我处于极度兴奋之中，因为连地区报纸都报道了“山村少年高分考入重点大学”的消息。(《特工到军旅》)

**9. 叹号可否只表示感叹语气或声音短促、突然，而不表示句末停顿？**

答：可以。叹号有一种特殊用法，即语言片段上带叹号并不独立成句，而是作为句子成分。此时的叹号只表示感叹语气或声音短促、突然，不表示句末停顿。下面示例中带叹号的语言片段都不独立成句，而是在句中充当定语成分。示例①②中的叹号用在由口号和标语内容构成的语言片段后面，表示感叹语气；示例③的叹号用在由一般感叹句构成的语言片段后面，表示感叹语气；示例④—⑥的叹号用在拟声词后面，表示声音的短促、突然。各例中所使用的叹号都不表示句末停顿。例如：

① 顿时，“祖国万岁!”“列宁格勒万岁!”的口号声风起云涌，和音乐响成了一片。(《读者》)

② 在墨西哥一侧的钢墙上，只见有许多用各色油漆书写的“墨西哥万岁!”的大标语。(《人民日报》)

③ 人们用特制的镜片或眼镜仰望天空，发出了“太美了!”“太奇

妙了！”的赞叹。(《人民日报》)

④ 门口突然传来“汪！汪！”的叫声，把我们的兴致打断了。(《读者》)

⑤ 军霞和孩子刚刚睡下，突然听到“嘭！嘭！”的敲门声，母子俩紧张极了。(《人民日报》)

⑥“砰！”的一声枪响，子弹击中凶犯的大腿，黄桂雄的腿上也划出了一道黑色的弹痕。(《人民日报》)

**10. 文章、作品等的标题末尾可否使用叹号？**

答：可以。下面的示例①是影片标题，示例②是报纸新闻标题，它们的末尾都使用了叹号。不过，比较而言，标题末尾不用叹号的居多。有的时候，标题末尾不用叹号，但标题内部使用了叹号，如示例③—⑤。这种用法多见于网络或报纸新闻的标题。例如：

① 南京！南京！

② 火车站封闭了？这种鬼话千万别信！(《南方都市报》)

③ 赢了！北京获2022年冬奥会举办权（新浪网）

④ 惊奇！快递成慢递（《江南时报》）

⑤ 如此暴行！美白警枪击黑人视频曝光（新华网）

## （四）逗号用法

**1. 逗号的主要作用是什么？**

答：根据GB4.4.1，逗号是句内点号的一种，它的主要作用是表示句子或语段内部的一般性停顿。例如：

① 回顾自己几十年来的文字，既有变化又有一以贯之的不变。(资中筠《感时忧世》)

② 乱世的人，得过且过，没有真的家。(张爱玲《流言》)

③ 我看见一家纸店，宣纸一捆一捆的，大大小小的毛笔悬挂，黑色的笔杆，白色的毛，像含蓄未开的白荷花，一个美的展览。(龙应台《首尔》)

④ 后来我从上面撕了一条纸，卷了一根烟，就替他锁上门，回家来了。(王小波《黄金时代》)

**2. 逗号定义中的“一般性停顿”怎么理解？**

答：句内点号共有逗号、顿号、分号和冒号四种。其中，顿号表示语段中并列词语之间的停顿，分号表示复句内部并列关系分句之间的停顿及非并列关系的多重复句中第一层分句之间的停顿，冒号表示语段中提示下文或总结上文的停顿。如果句子内部的停顿不适于使用上述三种点号，就可以使用逗号。所以，“一般性停顿”是针对表示句子内部停顿的其他三种点号而言的。它存在于句中是为了服从整体意义的表达，同时又是有相对独立性的停顿，这也是为什么有些位置是用不用逗号皆可的。例如：

① 鼓、小提琴、钢琴、吉他，一个清丽的女歌手正在唱英文歌，歌声低迷幽怨。(龙应台《首尔》)

② 家里人讨人嫌，自己看惯了不觉得；家里人可爱，可器重，往往也要等外人告诉我们，方才知道。(张爱玲《道路以目》)

③ 我们由衷地感到自豪，感到庆幸：我们的建设成为上海历史的又一次见证，并注入这座城市的辉煌记忆。（陈丹青《退步集》）

**3. 逗号的基本用法有哪些?**

答：根据GB4.4.3，逗号的基本用法有以下几种：

(1) 复句内各分句之间的停顿，除了有时用分号（即表示复句内部并列关系的分句之间的停顿），一般都用逗号。例如：

① 今天再次来到这里，既感到亲切熟悉，又感到耳目一新。(《都市快报》)

② 这表情既不是发怒，也不是惊讶，也不是赞成，也不是恐惧，不是她预料中的任何表情。(欧·亨利《麦琪的礼物》)

③ 如果你不做永远做不出来，如果想太多就没法做。（《新快报》)

(2) 用于下列各种语法位置：

A. 较长的主语之后。例如：

④ 构建网络空间命运共同体，是国际社会的共同责任。(《都市快报》)

B. 句首的状语之后。例如：

⑤ 黑沉沉的海上，满缀着灯火的船缓缓行驶，灯火的倒影随着水光荡漾。(龙应台《幸福》)

C. 较长的宾语之前。例如：

⑥ 为此我们也同样认为，必须在学校教学中要求青少年“好好说话”，也要在媒体宣传上限制这种“卖弄噱头”。（沈阳《全社会都应关注语言文字规范问题》）

D. 带句内语气词的主语（或其他成分）之后，或带句内语气词的并列成分之间。例如：

⑦ 我呢，穿着大口布鞋，粗布衣衫，一身地道的农民打扮来到了学校。（CCL 语料库）

⑧ 关于他的种种传说在科学界就像经久不息的传奇故事，流传得越来越广越来越玄：说他 6 岁就能心算 8 位数乘法啦，8 岁就懂得微积分啦，12 岁就精通泛函分析啦。（BCC 语料库）

E. 较长的主语中间、谓语中间或宾语中间。例如：

⑨ 广义上讲，凡是增进人们的知识和技能、影响人们的思想品德的活动，都是教育。（人民网）

⑩ 太阳从大玻璃窗透进来，照到大白纸糊的墙上，照到三屉桌上，照到我的小床上来了。（林海音《城南旧事》）

⑪ 他要做的，则是造出怪句子和古字，回到更为纯粹的古文形式中来，借以批判宋以降而形成的政治文化传统。（黄涌《鲁迅，纠葛在新与旧之间》）

F. 前置的谓语之后或后置的状语、定语之前。例如：

⑫ 起来，不愿做奴隶的人们！（田汉《义勇军进行曲》）

⑬ 外边有口哨声，远远地。（曹禺《雷雨》）

⑭ 我知道这是戏，假的。（郑渊洁《舒克和贝塔全传》）

（3）用于下列各种停顿处：

A. 复指成分或插说成分前后。例如：

⑮ 孟泰，鞍山钢铁公司的老英雄，讲他一生的经历和工作的经验。（《汉语知识》）

⑯ 夏日的早上起来，只要听到蝉鸣，不用说，今儿个准是大热天。（吴志实《听蝉》）

B. 语气缓和的感叹语、称谓语或呼唤语之后。例如：

⑰ 哎呦，你要不提，我还忘了。（冯至《敌后武工队》）

⑱ 妈，你知道我不戴首饰的。（龙应台《你来看此花时》）

⑲ 然后便听到小蝉在楼上朝他喊："嗨，你的书！"（安宁《爱之伤》）

C. 某些序次语（"第"字头、"其"字头及"首先"类序次语）之后。例如：

⑳ 我们党中央的老同志都很熟悉你、尊敬你，原因有三：第一，你是国际共产主义运动中的一位著名的忠诚战士；第二，你是印度民族解放事业和人民进步事业的一位不屈不挠的活动家；

第三，你是中印两大民族、两国人民伟大友谊的坚定捍卫者。（柴世宽《希望中印友好关系不断发展》）

㉑ 心理危机形成有几大因素：其一，当事人对事件的认知和主观感受，在个体的应对性质和程度中起着重要作用；其二，社会心理支持；其三，应对机制的形成；其四，个体的人格特征。（《深圳特区报》）

㉒ 首先，比试者必须是求亲者本人；其次，文试她不管，由皇帝陛下裁断，但武试的优胜者要跟她亲自比试，输了才嫁。（海宴《琅琊榜》）

需要注意的是，“首先是”“其次是”中的“首先”“其次”之后不加标点。例如：

㉓《捉妖记》票房一路高歌，接连打破多项纪录，这其中的原因分析下来有三：首先是来自好莱坞的国际化品质保证，其次是这个片子够热闹够欢乐的合家欢定位，再者则是一大票大腕助阵。（凤凰娱乐）

㉔ 约谈最主要的原因可以归结为三类：首先是群众举报，其次就是年度考核没有通过，另外一种情况是环保部门在专项或者综合执法过程当中发现问题。（央广网）

**4.“和、与、以及（及）”等表示并列关系的连词前能否加逗号？**

答：“以及”前可以加逗号，“和、与、及”等不可以。GB－A.3规定，较复杂的并列成分之间的停顿，最后一个成分前可用“以及（及）”进行连接，“以及（及）”之前应用逗号。由于“以及”所连接的并列成分在意义上往往有主次之分，位于“以及”后面的内容往往是比较次要的，因此若“以及”后面的词语较长，就可以在“以及”前面用逗号。但是，“和、与、及”等所连接的并列成分之间往往没有主次之分，所以不需要加逗号。然而，有些文本会为了便于阅读，在“和”之前加逗号，这属于误用。例如：

① 来自领区政府、议会、政党等各界代表，以及外国驻约堡领团、领区中资机构、侨界等代表共约300人出席招待会。(中国新闻网)

② 在新的一年里保持密切高层交往势头，加大相互支持，巩固政治和战略互信，开展两国发展战略对接和“一带一路”建设同欧亚经济联盟建设对接合作……(环球网)

③ *刘俐俐虽小有个性，甚至有些针锋相对，但那多半出于一个涉世未深的女孩，在面对偌大平台时的不适应，和面对众人围攻时一种本能的保护性反弹。(新华网)(误)

**5. 在表示省略的“等、等等”前要加逗号吗？**

答：GB－B. 1. 2 规定：“并列成分之间用顿号，末尾的并列成分之后用‘等’‘等等’之类词语时，‘等’类词前不用顿号或其他点号；并列成分之间用逗号，末尾的并列成分之后用‘等’类词时，‘等’类词前应用逗号。”

“等”前是否加逗号，只要看“等”前的并列成分之间是顿号还是逗号即可。如果“等”前的并列成分之间是顿号，那么“等”前不加任何标点；如果“等”前的各并列成分之间是逗号，那么“等”前也要有逗号。至于“等等”前加不加逗号，需要分类讨论。

(1) 并列成分之间用逗号，末尾用“等等”时，“等等”前应用逗号。

例如：

① 这个班里有没有特别学生啦，成绩特别不好啦，品行特别不好啦，等等。（川端康成《肩扛恩师的灵柩》）

② 这要看具体情况，比如说，是不是在我的管辖范围内，罪行严重不严重，等等。（希区柯克《海滩之夜》）

③ 考试涉及公平，希望这些部门能尽快调查，核对疑似试卷，追查出售作弊工具者、发送信息者，等等。（《人民日报》）

（2）“等等”可以重复运用，两个“等等”之间要有语气停顿，需用逗号隔开。例如：

④ 他们不会让于连·索莱尔走的，他们会找出种种巧妙的借口，他们会跟我说他病了，邮局也会把信弄丢，等等，等等。（司汤达《红与黑》）

⑤ 我们要给他们提供治疗，防疫，吃，喝，拉，撒，等等，等等。（池莉《午夜起舞》）

⑥ 说他是老根据地的贫农，过去是送子参军的模范，如今是农业生产合作社出色的饲养员，工作认真，关心别人疾苦，受群众爱戴，等等，等等。（《厦门日报》）

（3）并列成分之间用顿号，“等等”前不可以加逗号。例如：

⑦ 如果我们将两个相同“部件”并列或上下的字称作“双胞胎”，那么目前常见的就有：林、比、从、双、竹、羽、朋、赫、

兢、咫、昌、炎、哥、吕、出、圭、多、回等等。（《厦门晚报》）

⑧ 此书涉及的范围，不仅是印第安人，还包括了阿兹特克人、希腊人、罗马人，以及苏格兰人、爱尔兰人、日耳曼人、希伯来人、中国人、斐济人等等。(CCL 语料库)

(4)“等等”前有句末点号，“等等”前不可以加逗号。例如：

⑨ 然后问我，对船上生活是否满意？饭菜是否合我的胃口？要不要他去向黑鬼恩迪科特定几个照他的烹调法做的菜？等等。(儒勒·凡尔纳《冰岛怪兽》)

⑩ 再或者是我自己的原因，嫌这嫌那的：工资太低！环境不好！工作时间太长！太辛苦了！等等。(《北京晚报》)

⑪ 国家统计局统计的是 1000 多万人（仅 1960 年）；有些专家统计的数据是 1850 万；还有一位美国人口学专家统计的数字是 2000 万。等等。(《南方周末》)

(5) 表列举的词语之间未用任何点号，“等等”前不可以加逗号。例如：

⑫ 中国的哲学经典有《论语》《孟子》《老子》《庄子》等等。

⑬ 一般这样提问的人，心中预期的回答大概是“工业题材”“农业题材”“军事题材”等等——真不知这话是谁发明的，根本不像话！(《史铁生致北大附中高一 3 班学生信》)

(6) 列举项只有一个，“等等”前不可以加逗号。例如：

⑭ 例如画一个人靠在树上表示“休（息）”等等。（CCL 语料库）

⑮ 敌军打了一个或几个败仗，这时的有利于我不利于敌的条件，就不仅敌军疲劳等等，而是增加了敌军打败仗这个新的条件了。(《毛泽东选集》)

(7)“等等”后带有表示概括的复指成分，“等等”前不可以加逗号。例如：

⑯ 经济影响又是在它的政治等等外衣下起作用。(教师网)

**6. 插入语之后都要加逗号吗？**

答：是的。插入语属于独立语，不作为句子成分，其作用是使句子表意严密化，补足句意（包括说话者对话语的态度）或引起听话者的注意，因此必须用逗号隔开。例如：

① 虎姑娘一向，他晓得，不这样打扮。(老舍《骆驼祥子》)

② 如果你看到街上那一张张脸都充满了自信与乐观，不用说，这个经济肯定是繁荣的，有希望的。(梁小民《黑板上的经济学》)

③ 由于这种目睹，我们就成了永恒生命的，也就是，时间外生命的参与者。(托马斯·阿奎那《西方哲学史》)

④ 听了半天，只听到乱喊乱响，不客气的说，我对猫戏不能欣赏。(老舍《猫城记》)

此外，拟声词若在句中既不是前一个语段的补充，又不是后一个语段的状语，其前后都需要用逗号隔开。这类情况与插入语属于同一个范畴。例如：

⑤ 狼把尾巴使劲摇了几下，扑扑扑，把陷阱里的尘土都扫了起来。（严文井《会摇尾巴的狼》）

⑥ 裴紫竟然二话没说，哗哗哗，一笔签了。（葛红兵《纱床》）

⑦ 大部分人们活得像钟面上的指针，滴答滴答，日复一日，跑都跑不掉。（朱德庸《敲石头与摸鱼打混》）

与之相类似的，《标点符号用法解读》（2012）中提到，由“特别是、尤其是、无论、乃至、甚至、也、而且、包括、或者”等构成的短语插在句子当中，表示补充、修正、限制、转折、递进、举证、扩展、润饰、阐发等作用的，这些成分之前应加逗号。例如：

⑧ 我相信，它将有助于广大读者开阔眼界，加深对科学的认识，特别是，在实施科教兴国战略的今天，激发青年读者献身科学的热情。（吴国盛《科学的历程》）

⑨ 他们绝不吃由异教徒宰杀的任何动物，无论“洁净”与否。（石康《失落的柜约》）

⑩ 任何一种新的学术思潮形成，乃至新的学术体系出现，本质上都是社会现实需要的产物。（蒋廷黻《中国近代史》）

**7. 关联词语与其后语段之间要加逗号吗？**

答：部分可以加逗号。汉语的绝大多数关联词语与其后语段的联系较为紧密，一般不需要加逗号。因此，我们只要明确哪些关联词在哪些情况下需要加逗号即可。可以加逗号的包括有时/有时候、一方面/另一方面、而且、因此、所以、否则、虽然、但是、然而、然后、如果、况且、于是等。以上这些关联词可添加逗号，以突出关联词语的意义。一般可按照其后语段的长短和语义上是否有停顿关系来判断。例如：

① 但是，突然有一天，他毅然决然地辞去工作，做了一名自愿“流放”西部的IT人。(张丽钧《这个星球有你》)

② 因此，“纯文学”一直处于一种“未完成”的巨大的焦虑之中。(张颐武《新新中国的形象》)

③ 所以，在如此僻远的村庄，能够看到高超神奇的虹桥技术。(安妮宝贝《春宴》)

④ 而且，名人的名望不是随成就呈正比上升的，而是加速度上升。(潘国本《被放大和夸张的名人》)

⑤ 为此，维奥莱特能在集中营里幸存下来，本身已经表现出了和罗塞小姐的高贵具有同等价值的另一种人类精神——顽强。(李小林《被音乐拯救》)

⑥ 于是，越加兴奋，逢桥便要上去站一站，哪怕是在雨中。(舒乙《最好的江南小镇——荻港村》)

⑦ 有时候，时代太残酷，你闭上眼，不忍注视。(龙应台《四千三百年》)

**8. 话题句的话题后需要加逗号吗？**

答：若在话题成分之后加逗号，可以起到突出话题的作用；若不加逗号，则是一般性的描述。汉语的主语后有一个潜在的停顿，这正好符合说汉语的人关于“顿”的语感，使得任何所谓的主语都有可能成为一个话题。话题与其后的评述部分的关系相对比较松散，形式表现是话题后可以停顿或者附接语气词。因此，使用者可以根据是否需要强调话题成分来选择是否加逗号。例如：

① 这节课的内容你们一定要记牢。

② 这节课的内容，你们一定要记牢。

③ 人，一个一个走掉，通常走得很远，很久。（龙应台《寒色》）

④ 我的心，立刻像那娇羞的莲花，无限温柔下去。（安宁《少女的唇彩》）

⑤ 河，在对面山下，没有名字。（马德《洗净一段旧时光》）

⑥ 爱，原来可以这样简单，这样美丽。（罗西《爱情是遇见的》）

**9. 多个称谓语并列使用时，用什么标点符号？**

答：多个称谓语并列使用时，可以用逗号，也可以用顿号，要看具体使用情况。

一般在致辞、演讲等公开场合中，开始的多个并列称谓语之间的停顿是比较长的，故用逗号比较恰当。在其他场合，多个称谓语并列最好用顿号。例如：

①校长先生，同学们，老师们：

首先，感谢奥岛康校长的邀请，使我有机会来到你们这座久负盛名的大学。（江泽民《以史为鉴开创未来——在日本早稻田大学的演讲》）

② 尊敬的奥朗德总统，尊敬的各位同事，女士们，先生们，朋友们：

今天，我们齐聚巴黎，出席联合国气候变化巴黎大会开幕式。（《人民日报》）

**10. 句子中出现几个连续递增或递减数量词的情况要用逗号吗？**

答：当表数量递增或递减变化的语段不充当句法成分时，可以用逗号；但当其是独立语段，充当句法成分时，则要用顿号。对于前者是否一定要用逗号，还需要分情况对待。例如：

① ……一条，两条，三条，短短半小时，居然钓上十五条鱼！(CCL 语料库)

② 一只，两只，三只，百只，千只，美丽的蝴蝶带着萤光，犹如月亮的使者一般在空中盘旋。(BCC 语料库)

③ 一条，两条，三条，庞宁喃喃地数着，念到四条的时候，旁边一个兴奋地水手往东边一指，喊道："殿下，那里还有一条!"(BCC 语料库)

④ 忽然间，原本平静了许多的吐信声，现在越来越强，群蛇蠢蠢欲动，一条两条三条，试探性的穿过烟草，开始偷袭。(BCC 语料库)

示例①—③是在不停地数，由于数数是一个时间顺序很强的事件，因此会有停顿。而且，它们在句中不充当句法成分，所以可用于"一般性停顿"的逗号是最佳选择。比较而言，示例④中的"群蛇蠢蠢欲动、穿过烟草"这些动作是几乎同时发生的，"三条"不是指具体的数量，若用逗号作停顿，则无法体现当时危急的情境。

**11. 像"鲁迅，绍兴人"这类句子，逗号是必须的吗？**

答：是必须的。这类句子是名词谓语句的一种，其间的停顿是必然的。虽然这类句子通常前后两部分都不是很长，但是句法结构的特殊性使得没有逗号就不能成文，或者说有无逗号的意义差别很大。例如：

① 诺姆·乔姆斯基，麻省理工学院语言学荣誉退休教授，是被文献引用数最多的健在学者。

② 宇文所安，美国著名汉学家，生于美国密苏里州圣路易斯市。

**12. 论文中转述或引用他人观点时，可以在行文末尾用括号标出原作者和年份。此时，原作者和年份之间要加逗号吗？**

答：要加逗号。且如果转述或引用的内容来自不同的作者，则需要用分号隔开。例如：

① 强制性标记（吴福祥,2005），很多用例中的“了”即使删除也不影响句子的合格性和真值条件。（刘丹青《论语言库藏的物尽其用原则》）

② Heine和Kuteva（Heine，2007、2008；Heine & Kuteva，2003、2005、2006、2007、2008）的“语法复制”（Grammatical Replication）是近年来历史语言学的一项重要的理论创获。（吴福祥《结构重组与构式拷贝——语法结构复制的两种机制》）

② 近年来“实在”复杂的语义背景引起汉语界尤其是对外汉语界一些学者的兴趣（肖奚强,2007；李劲荣,2007；王叶萍,2008）。（张则顺《“实在”句的语义格局和对外教学探讨》）

**13. 科技论文的文后参考文献列表之著录格式，在期刊的出版年与其后标明期号的括号之间是否需用逗号隔开？**

答：不可以。这个问题在《文后参考文献著录规则》（GB/T 7714－2005）

中有所提及，但并未详细说明。该标准所给出的具体范例“［张旭，张通和，易钟珍，等．采用磁过滤 MEVVA 源制备类金刚石膜的研究［J］．北京师范大学学报：自然科学版,2002,38（4）：478－481.］”可视为具体用法的注释，即出版年与卷之间用逗号隔开，卷与标示期号的括号之间不加逗号。

如果没有卷号，出版年与标示期号的括号之间也不加逗号。GB/T 7714－2005《文后参考文献著录规则》“文献著录中应注意的若干问题”之“3.8 正确著录期刊文献的年、卷、期、页”部分专门举例说明了这一点，其原文为“示例 3：年（期）：页 2005（1）：90—94”。

**14. 标题中是否可以用逗号？**

答：标题内部可以用逗号，但是标题末尾不可以。标题中的逗号可以用来标明层次或关系。例如：

①《别了，司徒雷登》

②《面朝大海，春暖花开》

③《祖国啊，我亲爱的祖国》

④《一样的生灵，不同的面目》

**15. 辞书中用来分隔同一义项的不同释义时，应该用逗号还是分号？**

答：从目前辞书对这一问题的使用情况来看，现代汉语的辞书基本上是用分号来分隔同一义项的不同释义的，而涉及古代汉语的辞书则是用逗号来分隔。我们建议用分号，不用逗号，因为 GB4.6.3.3 规定，分号可以“用于分项列举的各项之间”。例如：

① 周 ❺普遍；全。❻完备；周到。（《现代汉语词典》（第 6 版））

② 好 ❶美；善。与“坏”相对。❷相善；友爱。❸完毕；完成。（《辞海》（第六版，彩图本））

③ 美 ❶美丽；好看；漂亮（跟“丑”相对）。❸好的；令人满意的。❹好事；美好的事物。（《新华大字典》（第3版，彩色本））

④ 粉 ❶化妆用的粉末，泛指粉末。❸表面上带有粉状物的；白色或粉红色的。❹涂刷；装饰表面。（《中华大字典》）

**16. 以分行形式呈现的诗歌中可以用逗号吗？**

答：可以。目前，诗歌的记录方式基本上都是分行的。诗歌每行的末尾没有特别需要就不用任何点号，因为诗歌的分行与句子完结与否无关。在分行后的每句诗中，如有一般性停顿的需要且处于非行尾位置，则可以用逗号。例如：

① 你如今把大海装进衣袋
它在银幕上摇摆
你若想听，它就咆哮
像在水杯里晃荡
它想流向地板，但没成功（亚历山大·库什涅尔《想象生命的不朽》）

② 冷冷山巅，下来了贝伦
迷失徘徊林下
精灵河水滔滔
水之涯，他踯躅郁郁（托尔金《贝伦与露西恩之歌》）

③ 一滴泪珠坠落，打湿书页的一角

一个头发飘下来，又轻轻拂走

如果你这时来访，我会对你说

记住吧，老朋友

唯有旧日子带给我们幸福（柏桦《唯有旧日子带给我们幸福》）

④ 你总有一天将爱我，我能等

你的爱情慢慢地生长

像你手里的这把花，经历了

四月的播种和六月的滋养（罗伯特·勃朗宁《你总有一天将爱我》）

**17. 破折号后面能直接加逗号吗？**

答：可以，但是这时的破折号只用于表示声音或话语的中断、间隔或延长以及话题转换。例如：

① 晓岚急忙把她揽在怀里，口中唤着：“明，明——，”两行苦泪潸然而下。（公木《纪晓岚全传》）

② 奶妈你的爱说得倒像个有身份的君子人，漂亮、和气、有礼貌并且我敢讲他很有德性——，（忽然）咦，你的母亲到哪儿去啦？（曹禺《争强》）

③ 达启一听，什么“那天的事”，难道她——，达启心里敲起了小鼓，一边察颜观色，一边在想着对策。（CCL 语料库）

④ 有人长叹一声：“唉——，好可怜啊！”（《人民日报》）

**18. 逗号与顿号在表示并列成分之间的停顿时有什么区别？**

答：GB－B. 1. 1 的解释为：“逗号和顿号都表示停顿，逗号表示的停顿长，顿号表示的停顿短。并列词语之间的停顿一般用顿号，但当并列词语较长或其后有语气词时，为了表示稍长一点的停顿，也可用逗号。”此外，顿号只能表示并列词语之间的停顿，不能表示并列分句之间的停顿；逗号既可以表示并列词语之间的停顿，也可以表示并列分句之间的停顿。

一般来说，并列词语作主语和宾语时，中间用顿号和逗号的情况都很常见；作定语时，中间用顿号的情况多一些；作状语时，中间用顿号，很少用逗号；作谓语或补语时，中间用逗号，不用顿号。如果并列短语是多层次的，就要用顿号表示较低层次的停顿，用逗号表示较高层次的停顿。例如：

① 最近几十年来，随着全球经济的发展，城市的扩大，人口的猛增，生活质量的变化、提高，城市和乡村的垃圾不断增加，垃圾处理成为困扰全球的严重问题之一。(CCL 语料库)

② 上海的越剧、沪剧、淮剧，安徽的黄梅戏，河南的豫剧，她都能来上几段。(CCL 语料库)

③ 他有太多事情要做，去修襄渝铁路，他会打铁，会码石墙，这两样都算是技术活儿。(南在南方《此人不用抒情》)

④ 一时间，箭矢乱飞，人马相撞声、石斧砍杀声处处可闻，沙漠被流淌的鲜血染红了。(铃木光司《极乐园》)

⑤ *商业世界中，最强大的力量不是贪婪、不是恐惧、也不是激烈竞争所引燃的旺盛的战斗能量。(CCL 语料库)(误)

⑥ *念书之外的慢慢时光，她和佝偻的老人一起在公园里晒太阳、想家乡。(廖玉蕙《陪你一起找罗马》)(误)

示例⑤和⑥中，“不是贪婪”等三项与“晒太阳”“想家乡”虽然是并列关系的短语，但是在句中都是充当谓语的，因而不可以用顿号，都应改为逗号。

**19. 逗号和分号在复句中的用法该如何区别？**

答：依据意义标准，逗号表一般停顿，分号表并列和非并列的多重复句的停顿。并列和非并列这个概念在逻辑上是个全集，它意味着分号可以表所有种类的停顿。故在复杂的复句中，逗号和分号容易用错。GB－B. 1. 3 规定：“当复句的表述不复杂、层次不多，相连的分句语气比较紧凑、分句内部也没有使用逗号表示停顿时，分句间的停顿多用逗号。在用逗号不易分清多重复句内部的层次（如分句内部已有逗号），而用句号又可能割裂前后关系的地方，应用分号表示停顿。”例如：

① 这支队伍成分复杂，有的是亲族关系应召而来，有的是贺龙在旧军队中的部下。（人民网）

② 此后陆续又得了许多花，玫瑰也有，水仙也有，我都不忍留住。（冰心《往事》）

③ 哪怕只有一个活着的也行，谁都可以，即使是刚出生的婴儿也好。（铃木光司《极乐园》）

④ 如果可以这样爱你，妈妈，让我做一回母亲，你做女儿，让我的付出天经地义，而你，可以坦然地接受。（丁立梅《如果可以这样爱你》）

⑤ 大部分的消费者在挑选商品时，都懂得会去追求衣服、皮包、汽车等物品的质感，因为美的东西其价值是有共同性的，没有人不喜欢美的东西。（方文山《做有质感的民族》）

⑥ 太疼的伤口，你不敢去碰触；太深的忧伤，你不敢去安慰；太残酷的残酷，有时候，你不敢去注视。（龙应台《四千三百年》）

⑦ 在白色区域，可以因为仅仅一个消息的走漏而使尔后的战斗失败；在红色区域，则走漏消息的问题常常不是最重要的。(《毛泽东选集》)

⑧ 作为校长，他要有坚定的人格操守，有所为，有所不为；他应当清楚自己的指责是培养人，因而他首先能捍卫职业理想；他敬重知识，敬重人才；他具有知识分子的气质，有思想者的禀赋。(王栋升《关于校长的教育使命》)

示例①—④的各分句内部没有逗号，且表述简单，故用逗号即可；示例⑤—⑧则因分句中出现逗号，故需要用分号来标明不同的层次。

再细分来看：

(1) 在多重复句的第一层分句之间只能用分号，不能用逗号。例如：

⑨ 掌柜是一副凶脸孔，主顾也没有好声气，教人活泼不得；只有孔乙己到店，才可以笑几声，所以至今还记得。(鲁迅《孔乙己》)

⑩ 白杨树是不平凡的树，它在西北极普遍，不被人重视，就跟北方的农民相似；它有极强的生命力，磨折不了，压迫不倒，也跟北方的农民相似。(茅盾《白杨礼赞》)

⑪ 内容有分量，尽管文章短小，也是有分量的；如果内容没有分量，尽管写得多么长，愈长愈没有分量。(郭沫若《关于文风问题》)

(2) 在总分复句、解说复句中，总句之后如果用了冒号、破折号，后面各分句间也需用分号隔开，不可用逗号。例如：

⑫ 当前调整的主要任务是：第一，决定退够，留有余地；第二，重点调整，打歼灭战；第三，全面安排，综合平衡。（金冲及《周恩来传》）

⑬ 我想讲三点：第一，无边消费主义；第二，历史虚无主义；第三，狭隘民族主义。（夏忠义《新时代学校的文化使命及其价值观》）

⑭ 这时月亮和山的阴影，对比的异常明显——山是墨一般的黑，陡立着，倾向江心，仿佛就要扑跌下来；而月光，从山顶上，顺着深深的、直立的谷壑，把清光泻到江面。（方纪《三峡之秋》）

⑮ 小划子远远地出现了，像一只小小的黑甲虫，急匆匆地、慌里慌张地贴着江边爬过来——说它急匆匆，是因为它速度极快；说它慌里慌张，是因为它走得毫无规律，一忽儿左一忽儿右。（赵丽宏《三峡船夫曲》）

(3) 在两个或几个并列成分中，如果至少有一个分句内部用了逗号，那么这些分句之间就应当用分号；如果没有任何一个分句内部用过逗号，那么这些并列分句之间一般应当用逗号。如：

⑯ 他身材很高大；青白脸色，皱纹间时常夹些伤痕；一部乱蓬蓬的花白的胡子。（鲁迅《孔乙己》）

⑰ 任弼时同志一生有“三怕”：一怕工作少，二怕用钱多，三怕麻烦人。（CCL 语料库）

⑱ 还有一种意见认为，爱国主义有四种特点：时代性，阶级性，民族性，包容性。（CCL 语料库）

**20. 逗号与冒号在哪些地方最容易混淆?**

答:逗号与冒号最容易混淆的地方有二:一是在句中总说性或提示性的词语前后,二是用于“说”“道”之类的词语之后。

GB-A.6.1 规定:“冒号用在提示性话语之后引起下文。表面上类似但实际不是提示性话语的,其后用逗号。”例如:

① 郦道元《水经注》记载:“沼西际山枕水,有唐叔虞祠。”(提示性话语)

② 据《苏州府志》,苏州城内大小园林约有150多座,可算名副其实的园林之城。(非提示性话语)

但是,“提示”“总括”似乎可以理解为,它所标示的前后语段在意义上是延伸的、不能中断的,在逻辑上又具有前后相继性,所以有些句子使用逗号或冒号均可。以下几种情况一般可以使用逗号:

(1) 如果不需要强调宾语的独立性或总说语的提示性,那么动词之后可以用逗号。例如:

③ 科学家指出,臭氧层变得稀薄,会给人类带来灾祸。(CCL语料库)

④ 研究表明,能见度与PM2.5、PM10、湿度、温度等因素有关系。(CCL语料库)

⑤ 有预测数据显示,2012年日元汇率将在1美元兑73至85日元之间浮动。(《人民日报》)

⑥ 这说明,教育结构有多重维度,而每一个维度都有相应的要素。(CCL语料库)

需要注意的是，当提示性词语后的提示内容为并列复句且复句中的各分句间用分号时，提示性词语后最好用冒号，否则会导致层次关系混乱。如示例⑦，若把冒号改为逗号，则易将宾语看成是该逗号后至分号前的内容，从而漏掉分号后的内容，并将分号前后误认为两个并列分句，即将该句误认为并列复句。例如：

⑦ 从图中可以看出：价格的降低导致需求的增加；反之，价格上升则导致需求减少。

(2) 提示性词语“即”后一般不用点号，提示性词语“也就是说”后一般用逗号，不用冒号。例如：

⑧ 这里我主要讲两个问题，即晚自习的纪律管理和安全教育的问题。(CCL 语料库)

⑨ *当前最应该形成四大共识，即：改革开放共识、社会和谐共识、科学发展共识和中国特色共识。(误)

⑩ ……还要注意教材的各个不同组成部分，即文字、插图、实验、练习等的作用，使之相互配合，形成教科书的特殊体系。(天津教师网)

⑪ 掌握语言需要有发达的大脑和灵活的发音器官，也就是说，要有抽象思维的能力和发音的能力。(CCL 语料库)

(3)“我说”“你说”“我想”“我明白”“我认为”等这类表示思维和感觉的提示性词语，其后若有停顿的必要，则可以用逗号。需要注意的是，这里所说的“我说”“你说”是指位于句首的话语标记，起到凸显说话人的交际意图、引起听话人的注意等作用。例如：

⑫ 我说，今年好收成呵。

⑬ 你说，这种满足他人快乐自己的事，何乐而不为呢？(人民网)

⑭ 我明白，这就是大地的本色，这是陕西人在黄土高坡上艰苦奋斗的回报啊！(阿莹《陕北的绿》)

⑮ 那你想，那么大一个屋子，那么高的一个灯泡，每天抱这些书读，就把眼睛看坏了。(陈鲁豫《沉浮——鲁豫有约说出你的故事》)

⑯ 很多人都喜欢问成功人士：你成功的经验是什么？我看到答案里“能力”“努力”之类的词语很多，但我觉得，成功和人体内的生命密码有关。只是这种密码的修整和完善，与后天修为的结果有关。(星云大师、刘长乐《包容的智慧》)

另外，停顿长短的情况也可以对判断应该使用逗号还是冒号有一定的帮助，即顿号的停顿比逗号的要长。作者可以根据具体语境，较为灵活地使用逗号与冒号。

再看用于“说”“道”之类词语后的情况。GB-B.1.5规定：“位于引文之前的‘说’‘道’后用冒号。位于引文之后的‘说’‘道’分两种情况：处于句末时，其后用句号；‘说’‘道’后还有其他成分时，其后用逗号。插在话语中间的‘说’‘道’类词语后，只能用逗号表示停顿。”例如：

⑰ 他伸开臂膀，心虚地说：“怎么啦？雷雷，我是爸爸呀！”(池莉《不谈爱情》)

⑱“晚安。”小王子想碰碰运气，说道。(安托万·德·圣·埃克

苏佩里《小王子》）

⑲“你是手雷啊，一碰就爆炸！”他高声道，有点生气，仍默默地从挎包里掏出一个漂亮的礼品袋。（陈麒凌《402的胡子》）

⑳“我也这么觉得，”言豫津美美地道，“你们都晓得，郡主一向喜欢我……”（海宴《琅琊榜》）

**21. “一逗到底”的情况该如何避免？**

答：“一逗到底”是最常见的逗号误用情况之一，指的是句号少用，把几个句子合为一个句子，在应当使用句号的地方用了逗号。缺少句号的原因一般是整个语言片段前后意思连贯，使用者怕句号阻断了前后意义的联系，于是一律使用逗号直到句末。事实上，这是不必要的，句群中的句子本来意义就相互联系，在联系较松的地方就应该使用句号。例如：

① *现代都市人常常渴望逃出钢筋水泥的城堡，去体验乡间的淳朴生活，乡村旅游顺应了现代人追求自然的渴望，所以刚刚兴起便迅速走俏，相信随着现代生活水平的提高，城市节奏的加快，会有越来越多的人加入这项旅游活动中来。（误）

② *与第一批发回的黑白照片相比，火星的彩色照片更清晰，更迷人，当然也更珍贵，正因为这些照片太珍贵了，哪些可以公开，美国宇航局的官员和科学家们肯定要研究一番，毕竟发射火星探测器不是好莱坞拍电影，哪些部分精彩就公开哪些部分。（误）

③ *夜晚再次站在同样的位置，这才明白，城市登峰造极的妖娆要夜色来成全，眺望香港岛绵延至海天朦胧处的璀璨灯火，正对着海岸边直指苍穹的高楼霓虹，一瞥也足以震慑人心。（误）

④ *因为朋友的盛情难却，卡罗尔勉为其难参加了一个快速交友活动，然而那些乏味的老先生无论如何都引不起她的兴趣，出门时，她竟然再次碰到了偶然路过的卡尔。(误)

以上几个例子都是犯了“一逗到底”的错误。示例①这段话表述了三个意思。从开头到“生活”，是说都市人有了新渴望。从“乡村”到“走俏”，是说兴起了一种新的旅游方式。从“相信”到末尾，是写作者对前面所述情况的评估。因此，应当在每一个意思表述完了的地方用句号断句。该例一逗到底，显得臃肿牵连。应把“生活”后、“走俏”后的逗号改成句号，以体现前后共是三个句子，表述了三个意思。(注：关于示例①的分析来源于《实用语文规范知识小词典》）示例②中“更珍贵”后面的逗号应改为句号。后半部分是在说明这些照片太珍贵了所产生的结果和影响，所以“与第一批……更珍贵”表达了一个完整的意思，应用句号点断。示例③中“要夜色来成全”的逗号应改为句号。这段话是一个总分的结构，“眺望……震慑人心”是用来说明香港的“妖娆要夜色来成全”。故总起句之后应该用句号，以说明它与后一句之间的总分关系。示例④中“兴趣”后面的逗号应改为句号，因为这句话的意义已表达完整，即卡罗尔对交友活动中的老先生不感兴趣。“出门时……”虽与前句在时间顺序上是紧接着的，但所叙述的事件不同了，所以应另为一句。

**22. 逗号、句号的使用与句子长短有关吗?**

答：没有关系。人们常常有这样的误解：句子短就用逗号，句子长才能用句号。其实，只要表达了完整的意思就可以用句号，即使只是一个词，如“好。”“晚安。”“再见。”此外，也不是说只要读起来感觉句内可以有停顿的地方都能用逗号点断。一个地方该不该用逗号点断，除了要看说话的时候有没有停顿，还要看结构上是不是能切断。例如：

① 今天天晴，明天下雨。

② 今天天晴。明天下雨。

③ 新的政治协商会议，是中国共产党在一九四八年五月一日向全国人民提议召开的。（毛泽东《在新政治协商会议筹备会上的讲话》）

④ 中华人民共和国的权力机关是各级人民代表大会及其选出的各级政府。（毛泽东《关于目前党的政策中的几个重要问题》）

示例①和②中点号的用法都是正确的。示例①把它们当作两个分句，用逗号表示并列关系；而示例②则把它们当作两个表义完整的句子，用句号表示所陈述事件的时间先后。示例③在主谓成分之间用了逗号点断，这是逗号的基本用法之一。但是，不加逗号也不是不可以，只是加了逗号之后，更能突出主语的地位，有着重的意味。示例④就没有使用逗号，只是对事实的描述，语气上则是一般性的陈述。

**23. 如何理解逗号的灵活性？**

答：逗号的使用情况与结构和语义都存在着密切的关系。在逗号的使用中，存在必须使用、必须不用和不一定要用三种情况：当用与不用影响到句子的结构或句义时，逗号的使用与否是硬性规定的；当用与不用不会改变句子的结构或引起歧义时，逗号的使用就存在一定的灵活性，会体现出不同的语用价值。前者体现了逗号的基本功能，后者体现了逗号的辅助功能（修辞功能、审美功能）。

在用文字记录语言的过程中，难免会因为由多维立体转变为二维静态而失去一些言语原型中的内容。这时，巧用标点符号就可以起到一定的弥补作用。就逗号而言，它可以起到舒缓语气的作用，使语义突出，情感更饱满有深度，可以表达出顿号、叹号等无法表达的情感。例如：

① 我没有亲见；听说，她，刘和珍君，那时是欣然前往的。（鲁迅《记念刘和珍君》）

② 他，是口的巨人。他，是行的高标。（臧克家《闻一多先生的说和做》）

③ ……但却绝对反对他所说的“宁可让病驴去拉木头，也不要累垮自己”的话。这，未免太残忍了！（徐鲁《风雨》）

示例①本只需要在“听说”后加一个逗号即可，但原文却多处点断，这使得这一句话断断续续、沉郁顿挫、如人哽咽，表达出了作者的悲痛和对当时政府的痛诉。示例②的主语和谓语都很短，本可不加逗号，但是加上逗号后凸显了作者对所描述之人的崇敬之情。示例③在“这”后面加了停顿，用以强调上文那句话的残忍。从这三个例子中我们可以发现，逗号在简单的主语后点断，可以起到一定的强调作用，使句子的情感更加饱满。例如：

④ 但也并不是因为你是中国的特产，我才特别的喜欢，是因为你美，你真，你善。（郭沫若《银杏》）

⑤ 抬头一看，鲜红的木棉花，一朵一朵像歌剧里的蝴蝶夫人，盛装坐在苍老的枝头，矜持，艳美，一言不发。（龙应台《金黄》）

⑥ 母亲把饭煮了，还要种田，种菜，喂猪，养蚕，纺棉花。（朱德《母亲的回忆》）

示例④在“真善美”前都加上“你”字后，就只能用逗号点断，不能用顿号。逗号的停顿时间要长于顿号，从而使得作者对银杏的赞美之情能够体现得更加饱满，不急不慢，徐徐道来。示例⑤的“矜持”“艳美”“一言不发”之间也本可以用顿号，作用和示例④相似。示例⑥则在本可以用顿号的地方都用了逗号，放缓了语速，体现出母亲繁重的劳作。从这三个例子中我们可以发现，在原本可以不用停顿或可以用顿号的地方巧妙地使用逗号，可以起到放缓语速、增强情感的作用，一般都出现在散文中。例如：

⑦“周老师开会还没回来，”赵家林拼命地嚷，生怕对方听不见，“喂！还，没，回，来！懂吗？”（张天翼《他们和我们》）

⑧有的半天才上来一个水泡，大，扁一点，慢慢的，有姿态的，摇动上来，碎了……（老舍《趵突泉的欣赏》）

示例⑦中的“还没回来”四个字中间都加了逗号，以此来辅助读者理解说话人一字一顿，嚷嚷着说话的状态，非常生动形象。示例⑧频繁的停顿恰好与汩汩上冒的水泡在速度和节奏上趋于一致，使文章更有韵律美。以上两例加大了逗号的使用密度，不但没有使行文看起来支离破碎，反而以最小的改变，凸显了简洁精微的风格。

## （五）顿号用法

**1. 顿号的主要作用是什么？**

答：根据GB4.5.1的规定，顿号作为句内点号的一种，主要表示语段中并列词语之间或某些序次语之后的停顿。例如：

①《大纲》中这样的语气副词有“不料、好容易、好在、或许、简直、势必、万一、依然、只好、只有”等。

②中国的直辖市有北京、上海、天津和重庆。

**2. 顿号的位置和书写形式是什么？**

答：GB4.5.2 指出，顿号的形式是“、”。

关于顿号的位置，可以从横行文稿和竖行文稿两个方面来看。GB5.1.1 规定，在横行文稿中，句号、逗号、顿号、分号、冒号均置于相应文字之后，占一个字位置，居左下，不出现在一行之首。例如：

① 还有些副词，像“白白、必、必定、必须、并、并非、不定、不至于、大大、到底、倒（是）、的确、反而、非、还、何必、居然、偏、恰恰、恰巧、仍旧、尚、无从、只能、总算、足以”等只能位于主语的后面。

② 她喜欢玫瑰、百合、风信子和玉兰。

根据 GB5.1.10 的规点，标点符号排在一行末尾时，若为全角字符，则应占半角字符的宽度（即半个字位置），以使视觉效果更美观。GB5.1.1 又提到，在实际的编辑出版工作中，为排版美观、方便阅读等需要，或为避免某一小节的最后一个汉字转行或出现在另外一页开头等情况（浪费版面及视觉效果差），可适当压缩标点符号所占用的空间。

在竖排文稿中，根据 GB5.2.1 的规点，句号、问号、叹号、逗号、顿号、分号和冒号均置于相应文字之下偏右。根据 GB5.2.6 的规定，横行文稿中的关于某些标点不能居行首或行末之要求，同样适用于竖排文稿。

**3. 在中英文混排文本中，并列成分之间应用逗号还是顿号表示停顿？**

答：由于英文中没有顿号，一律使用逗号来表示并列成分之间的停顿，故在中英文混排文本中，应根据语境，在汉字后遵从汉语标点符号的使用规则，即用顿号来表示并列成分之间的停顿；在英文后则应遵从英文标点符号的使用规则，即用逗号来表示并列成分之间的停顿。例如：

① 物理学中通常用 v，t 来表示时间、速度。

② 未知数常被用 x，y，z 代替。

**4. 并列的词语之间是否一定要使用顿号？**

答：不一定。GB4.5.3.1 规定，顿号用于并列词语之间。因此，并列的词语之间应使用顿号。但如果并列词语之间没有停顿，尤其是当并列的词语已经逐渐凝固化作为一个缩略语使用时，中间可以不加任何点号。例如：

① 华中一认为，教材所需的科普范文不同于一般意义的科普读物，如果说后者的基本要求是信、达、雅，那么前者还需考虑非常严格的读者对象，其中包括他们的年龄层次和知识结构。（《文汇报》）

② 南部聚居的是福建人、当地生番、葡萄牙人、还有少量倭国海盗的后裔，最近两年又移居了不少西班牙人，台湾北部淡水港一带则是荷兰人的天下。（历史穿越《铁器时代》）

③ 野战军自备 1200 余辆汽车，以保障短途和不通火车路段的交通运输。（《风卷残云·解放战争全记录》第四卷）

**5. 需要停顿的重复词语之间是否要使用顿号？**

答：根据 GB4.5.3.2 的规定，顿号用于需要停顿的重复词语之间。因此，需要停顿的重复词语之间应使用顿号。例如：

① 只是两个人，一个失常，另一个用绳牵着她，来来回回、来来

回回地走。(《厦门日报》)

② 遵守课堂纪律是每一个学生都应该自觉做到的，不应该让任课老师翻来覆去、翻来覆去地强调。

**6. 序次语后的标点应怎样使用?**

答：序次语后的标点有三种情况：

(1) GB4.5.3.3 和 GB-B.3.2 都提到，顿号用于某些序次语（不带括号的汉字数字或“天干地支”类序次语）之后。GB-B.3.2 明确指出，不带括号的汉字数字或“天干地支”作为序次语时，后用顿号（见 GB4.5.3.2）。例如：

① 现将 12398 电力监管投诉举报热线开通公告如下：一、12398 热线开通时间：2006 年 8 月 1 日。二、受理事项：任何单位和个人对违反《电力监管条例》《信访条例》和国家有关电力监管规定的行为，均可向 12398 热线投诉举报。(国家电力监管委员会华东监管局福州监管办公室公告，《福建日报》)

② 我接受毒气训练的时间与场所：甲、1941 年，在广岛第五师团一一联队后备队第六中队开办的第一期新兵训练期间受训三日。时任步兵射手，二等兵。乙、1941 年 9 月，在湖北省江陵县沙市的第 39 师团 231 联队开办的后备军官集中训练期间，受训六日，时任第二内务班一等兵。丙、1942 年 3 月，在江苏省南景后备军官训练队受训三日，时任第三内务班上等兵。(BCC 语料库)

(2) GB-B.3.3 提到，不带括号的阿拉伯数字、拉丁字母或罗马数字作为序次语时，后面用下脚点（该符号属于外文的标点符号）。例如：

③ 我自己的测试结果，不妨全文公布：1. 各项分值在正常范围。2. 性格外向。（阿正《企鹅的请柬》）

④ Ⅰ. 恒星天层；Ⅱ. 土星，三十年一转；Ⅲ. 木星，十二年一转；Ⅴ. 地球带着月球，一年一转；Ⅵ. 金星，九月一转；Ⅶ. 水星，八十天。（BCC 语料库）

(3) GB－B. 3. 1 提到，“第”“其”字头序次语，或“首先”“其次”“最后”等作为序次语时，后用逗号（见 GB4. 4. 3. 3）。例如：

⑤ 体育，在他们的社会需求中至少有这样三个层次：第一，喜欢；第二，参与；第三，享受。（《文汇报》）

⑥ 张玉美教练认为关英楠的成功缘于两点，其一，1 米 76 的关英楠具备了优秀跳远运动员的身体条件（身材高、腿长、协调性好），同时练七项全能的经历对她专事跳远起到很好的促进作用。（《人民日报》）

⑦ 首先，13 个城市每个城市都应该向其他 12 个城市开放旅游市场，即允许这些城市的旅行社直接组团前来旅游，而不是像以前那样必须由当地旅行社接待。其次，要逐步形成联合促销的机制。（《厦门日报》）

(4) GB－B. 3. 4 提到，加括号的序次语后面不用任何点号。例如：

⑧ ……“波里斯”衍生出几个重要名词：（一）Polites（波里德斯），为属于城邦的人，即“公民”。（二）Politela（波里德亚）：（甲）公民和城邦间的关系；（乙）由这种关系形成全邦

的“政治生活”；（丙）把这种关系和生活厘定为全邦的政治制度，即“宪法”；（丁）有时就径指该邦的“政府”。（顾准《希腊城邦制度》）

(5) GB-B. 3. 7 提到，序次简单、叙述性较强的序次语后不用标点符号。例如：

⑨ 在韩羽没被怀疑的前提下，就剩下两种可能性：一是他还没发现新的目标，二是他有目标。

**7. 行文中若有多层序次语，标点符号应如何使用？**

答：GB-B. 3. 8 提到，序次语的使用层次如下：带括号的序次语通常位于不带括号序次语的下一层。通常，第一层是带有顿号的汉字数字；第二层是带括号的汉字数字；第三层是带下脚点的阿拉伯数字；第四层是带括号的阿拉伯数字；第五层是大写拉丁字母；再往下可以是带圈的阿拉伯数字或小写拉丁字母。一般可根据文章特点来选择从某一层序次语开始行文，选定之后应顺着序次语的层次向下行文，但使用层次较低的序次语之后，不宜反过来再使用层次更高的序次语。

因此，第一层序次语后应使用顿号；第二层带括号的序次语后不宜再用任何点号；阿拉伯数字作为第三层序次语时，由于阿拉伯数字、拉丁字母等与汉语的顿号不相配，其后不用顿号而是用小圆点（即下脚点）来表示停顿；带括号的阿拉伯数字作为第四层序次语时，其后不宜再用任何点号；大写拉丁字母作为第五层序次语时，由于阿拉伯数字、拉丁字母等与汉语的顿号不相配，其后不用顿号而是用小圆点（即下脚点）来表示停顿；更往下的层次如果用带圈的阿拉伯数字作为序次语，其后不宜再用任何点号，而若用小写拉丁字母作为序次语，其后不用顿号而是用小圆点（即下脚点）来表示停顿。例如：

① 一、中国小说

（一）白话文小说

1. 现当代小说

(1) 现代小说

A. 鲁迅小说

① /a. 鲁迅早期小说

② 一、“副的”状语的类别

（一）评注性副词状语

（二）限制性副词状语

（三）描摹性副词状语

**8. 并列的数字之间是否应使用顿号？**

答：并列的数字之间是否需要用顿号，可以分下面几种情况：

(1) 汉字数字的并列宜用顿号。例如：

① 汉字数字通常是指“一、二、三、四、五、六，七、八、九、十”及其大写“壹、贰、叁、肆、伍、陆、柒、捌、玖、拾”等数字。

② 这便是道生一，一生二，二生三，三生万物，紧紧抓住“一”，“二、三”自会明白。(《神鬼演义》)

(2) 由于汉语的顿号与阿拉伯数字、拉丁字母等不相配，故并列的阿拉伯数字之间宜用逗号，不应用顿号。例如：

③ 阿拉伯数字主要指“0,1,2,3,4,5,6,7,8,9”十个数字。

④ 坐标里就要有3个数字，比如（1,2,3），这3个数字分别代表该点在3个互相垂直的维度方向的投影。(《上帝掷骰子吗?》)

(3) 如果并列的数字带有括号，那么无论是汉字数字还是阿拉伯数字，其间都不宜再用点号。例如：

⑤《荷塘月色》的（1）（2）句都是对荷叶的集中描写。

**9. 相邻或相近两个数字连用，其后是否应使用顿号?**

答：根据 GB4. 5. 3. 4 的规定，相邻或相近两数字连用表示概数，通常不用顿号。但是，有两种情况需要使用顿号：

(1) 若与两位数连读表年份或者与整十数相混淆，则虽然表概数，也需使用顿号加以区分。例如：

① 参加那样的一次正规演出，乔祺每次最多可分得三四十元演出费。(梁晓声《伊人，伊人》)

② 七、八年来，村里发生了翻天覆地的变化。

此类句子中，“七、八”连用表示约数，按通常使用规则不应加顿号，但如果不加顿号，则易与表示年份的（一九）七八年相混淆，且二者单凭单句语境不易做出明确区分，所以应加顿号以示区分。又如：

③ 这篇文章大概有九、十页。

句中的“九、十”连用表示约数，按通常使用规则不应加顿号，但如果不加顿号，则易与数字“九十”相混淆，且二者单凭单句语境不易做出明确区分，所以应加顿号以示区分。

(2) 若相邻两个数字连用为缩略形式，宜用顿号。当相邻两个数字连用表示缩略形式时，其实质是两个并列的数量词组的缩略，所以应用顿号表示停顿。例如：

④ 这一次他们来了个反常规突袭，选择在了白天，突袭的阵地也是三班的，不再是一、二班了。(历史军事《狙击手》)

**10. 标有引号或书名号的并列成分之间是否需要使用顿号？**

答：根据 GB4.5.3.5 的规定，标有引号的并列成分之间、标有书名号的并列成分之间通常不用顿号。例如：

① 李自成看到山东镇终于忍不住出动“仁”“义”“礼”三营。(《逐鹿崇祯末年》)

② 曹学佺的《石仓历代诗选》共选陆游诗 105 首，能勉强算得上爱国诗的只有《短歌行》《登诸葛武侯书台》《忆昔》等寥寥五首。

但是，有两种情况需要使用顿号：

(1) 若有其他成分插在并列的引号之间或并列的书名号之间（如引语或书名号之后还有括注），宜用顿号。因此，当标有引号的并列成分之间插入了引语、括注等其他成分，其后应使用顿号。例如：

③ 曹操的“老骥伏枥，志在千里”、王勃的“穷且益坚，不坠青云之志”、李白的“天生我材必有用，千金散尽还复来”都是催人奋进的励志名句。

④ 中国古典小说的四大名著有：《三国演义》（罗贯中）、《水浒传》（施耐庵）、《西游记》（吴承恩）、《红楼梦》（曹雪芹）。

(2) 当最后两个并列的引号和书名号间有“和”“或”“以及”等连词时，前面几个并列成分之间应使用顿号。例如：

⑤《桃花源记》、《归园田居》和《五柳先生传》都是陶渊明的佳作。

⑥ 数字和动物结合含有吉祥寓意的成语有“一马当先”、“双龙戏珠”、“三羊（阳）开泰”，以及“五蝠捧寿”等。

**11. 省略相同语素的词结合成短语，并列语素之间是否应使用顿号？**

答：省略相同语素的词连用时，如果该组合已经凝固成短语，并列语素之间不用顿号；如果只是临时组合，并列语素之间需加顿号。例如：

① 100 多名老中青书画家参加了 25 日的成立大会。（《人民日报》）

② 第 12 届亚运会开赛已三天，纵观三天的战事，给人较深印象是中国代表团的男、女健儿们，意气风发、斗志高昂、勇往直前，已夺得金牌 28 枚，比原来预想的还要好，为中国体育代表团在本届亚运会上蝉联金牌第一，打下了良好的基础，开了个好头，也鼓舞了士气。(1994 年报刊精选)

**12. 若带有引号的词语并不表示同一层次上的并列，其间是否应使用顿号？**

答：若带有引号的词语并不表示同一层次上的并列，为避免歧义，同时遵守标点符号使用规范，可在其中添加文字表述。例如：

> ① *郑颐寿教授说："凡是成功的话语，都与'体裁'、'风格''零距离'。"（金真《从"招聘30岁以下的文秘"说起——读郑颐寿〈辞章体裁风格学〉》）（误）

示例①中的"体裁""风格""零距离"三个词语并不都是并列关系，只有"体裁""风格"是并列关系，因此应该改为：

> ② 郑颐寿教授说："凡是成功的话语，都与'体裁''风格'保持'零距离'。"（正）

**13. 表示年月日的阿拉伯数字之间是否应使用顿号？**

答：GB－A. 4. 2 提到，用阿拉伯数字表示年月日的简写形式时，用短横线连接号，不用顿号。例如：

> ① 2015－10－03
>
> ② 2016－11－20
>
> ③ *2008、08、02（误）

**14. 并列各项间含有顺逆关系时，应用顿号还是逗号表示停顿？**

答：GB－A. 4. 1 提到，表示含有顺序关系的并列各项间的停顿，用顿号，不用逗号。表示含有顺逆关系、递增或递减等逻辑顺序的并列各项间的停顿时，只能用顿号，不能用逗号。例如：

① 这是县委、县政府引导农民正确处理以粮保畜、以畜促粮的关系而产生的积极效果。(《河北日报》)

② 一天、两天、三天、四天、五天过去了，骚扰电话都没再来。(冰凌《幽默小说选》)

**15. 顿号和逗号在标示层次关系和停顿长短时有哪些区别？**

答：GB－B. 1. 4 指出，句内点号中，顿号表示的停顿最短、层次最低，通常只能表示并列词语之间的停顿；逗号既可表示并列词语之间的停顿，也可表示复句中分句之间的停顿。GB－B. 1. 6 指出，逗号表示一句话中间的停顿，又短于分号。顿号用于并列词语之间，停顿最短。

因此，并列的词和词组作为句内成分，其间应使用顿号；并列的短句作为句内成分，其间应使用逗号；如果并列的词和词组是多层次的，则用顿号表示较低层次的停顿，用逗号表示较高层次的停顿。例如：

① 打击敌人、保护人民、忠诚于党是人民警察的责任。

② 投入的部队，除了 2 个警卫师、大量后方警卫警察部队外，还包括从匈牙利步兵第 102 师，德国步兵第 6、7、292、102、707 师，第 4、5、18 装甲师，第 10 摩托化师等众多野战兵团抽调来的兵员，其中包括坦克分队。(历史军事《德意志的荣耀》)

③ 同一派的人，你好，我好，大家都好，有什么缺点错误，都是可以原谅的。(季羡林《季羡林文集》)

**16. 当并列的词和词组较长或后面跟了语气助词时，能否使用顿号？**

答：最好不用顿号，用逗号。GB－B.1.1 指出，逗号和顿号都表示停顿，但逗号表示的停顿长，顿号表示的停顿短。并列词语之间的停顿一般用顿号，但当并列词语较长或其后有语气词时，为了表示稍长一点的停顿，也可用逗号。具体停顿的长短可由行文者根据实际需要自行选择。例如：

① 几年来，清华、北大发动广大师生深入批判修正主义教育路线，坚持“教育必须为无产阶级政治服务，必须同生产劳动相结合”的方针，在开门办学过程中，努力做到师生与工农相结合，教育与生产劳动相结合，理论与实际相结合。(《教育革命的方向不容篡改》)

② 他还说：“你们这班诗人天天专门讲什么爱呀，和平呀，自然的美丽呀，天天歌颂什么造物者的功德呀！”(巴金《灭亡》)

**17. 当多项并列成分的最后一项前有“及”或“以及”等连词时，能否使用顿号？**

答：不能。GB－A.3 提到，用顿号表示较长、较多或较复杂的并列成分之间的停顿时，最后一个成分前可用“以及（及）”进行连接，“以及（及）”之前应用逗号。因此，多个并列词和词组之间应用顿号，“及”或“以及”等连词之前应用逗号。例如：

① 在这次会议上我国政府关于“入关”的目标及原则立场已经明晰化，备忘录的有关条款，包括了透明度、数量限制、进口替代、标准和检验、关税、出口限制、市场准入条件，及 301 条款与关贸总协定等多方面的具体规定及相关的时间表。(《厦门

日报》)

② 讲桌上放着点名簿、讲义，以及他的教课笔记簿、粉笔。(丰子恺《丰子恺文集》)

**18. 当并列词语表示列举省略时，“等”“等等”之类词语前是否要使用顿号?**

答：不能使用顿号。GB－B. 1. 2 提到，并列成分之间用顿号，末尾的并列成分之后用“等”“等等”之类词语时，“等”类词前不用顿号或其他点号；并列成分之间用逗号，末尾的并列成分之后用“等”类词时，“等”类词前应用逗号。例如：

① 车载指挥所其实就是一个智能化的集装箱，可移动安载在汽车、火车、飞机等各种运输载体上，里面密集地嵌着电台、电脑，以及各种先进仪器，还有由多媒体电脑、投影录像机和活动幕布组成的影视设备。(周梅森《开战中国》)

② 不仅正统的弗洛伊德主义者——精神分析学家，精神病医生，心理学者，社会工作者，社会学家，人类学家，等等——仍在阅读弗洛伊德本人的著作，而且他的许多著作对于不一定赞同弗洛伊德的概念和理论，而且在不同程度上对主要的正统学说持有异议的科学家、实践者和社会科学家来说，也是重要的经典和教科书。(科恩《科学中的革命》)

**19. 并列词语在句中充当不同的句法成分时，标点符号应如何使用?**

答：并列词语在句中充当不同的句法成分时，标点符号的使用分为以下几种情况：

(1) 当并列词语在句中充当主语、宾语、定语、状语和插入语等成分时，其间宜使用顿号。例如：

① 那是真正的树，海风、雷电，都不能让它低头。(1994 年报刊精选)

② 这些泉水按照出露形式和汇流路线，分成趵突泉、黑虎泉、珍珠泉和五龙潭四大泉群。(《中国儿童百科全书》)

③ 不对社会进行广泛的调查，就不能取得丰富的、合于实际的感性材料，不用唯物辩证法作指导对感性材料进行思维加工，也就不可能正确地实现由感性认识到理性认识的飞跃。(樊瑞平《毛泽东哲学思想纲要》)

④ 初一黎明，雪止了，迎接戏班子的特派车，倾斜地、迅速地、喜悦地从覆雪的轨道上滚过去，喷出鲜丽的浓烟。(路翎《饥饿的郭素娥》)

(2) 当并列词语在句中充当谓语或补语时，其间宜用逗号，不用顿号。例如：

⑤ 于是向大家作了介绍，人们的兴致火暴起来了：祝酒，猜拳，唱歌，日本人围着煎饼鏊子扭秧歌，虎子跳阿波舞。(邓友梅《别了，濑户内海》)

⑥ 不过他不怕忙，他说："忙点好，忙得愉快，有意思。"(《北京日报》)

## （六）分号用法

**1. 分号是点号还是标号？分号的主要作用是什么？**

答：GB4.6.1 明确规定：“分号是句内点号的一种，表示复句内部并列关系分句之间的停顿，以及非并列关系的多重复句中第一层分句之间的停顿。”

**2. 并列复句的分句之间是否一定要用分号？**

答：并列复句有单重并列复句和多重并列复句之分。是否使用分句有下面三种情况：

（1）一个单重的并列复句，分句内如果用了逗号，分句间一定要用分号，以便分清结构层次。例如：

① 没有实力，信心不过是无源之水；没有信心，拼搏只能是无本之木。（教育部语言文字信息管理司《标点符号用法解读》）

② 草案明确规定，在课程标准范围内开展教育教学活动，不得收费；向学生发放教科书以外的其他书籍、资料，不得收费。（CCL 语料库）

（2）一个单重的并列复句，如果分句内没有任何点号或者只有顿号，分句间可以不用分号，而用停顿稍短的逗号。例如：

③ 有的人强调知识的积累，有的人强调智能的开发，有的人强调品德的完善，……（CCL 语料库）

④ 有的人认为教育目的来自理念、道德，有的人认为教育目的来

自神的启示，……（CCL语料库）

示例③是一个单重并列复句，虽然整个复句包含三个以上分句，但是“有的人强调知识的积累”“有的人强调智能的开发”“有的人强调品德的完善”等各个分句内部没有使用逗号或者顿号，因此这些并列分句之间使用逗号更加自然得体。

（3）在多重并列复句中，并列关系的第一层分句间的停顿一定要用分号，并列关系的第二层分句之间则可以用逗号。例如：

⑤ 有的长于抽象思维，有的长于形象思维；有的喜欢文学，有的爱好音乐；有的具有表演的才能，有的具有组织的才能；有的热情奔放，有的沉着冷静；有的粗疏泼辣，有的细致谨慎。（CCL语料库）

（4）并列分句不在多重复句的第一层次上时，分句间不能使用分号，否则会混淆结构层次，妨碍对句子意思的理解。例如：

⑥ a. *因为流通渠道不畅，江苏的一个农民倒了大量牛奶；四川烂了大批柑橘；广西烂了几十万公斤香蕉。（教育部语言文字信息管理司《标点符号用法解读》）（误）

b. 因为流通渠道不畅，江苏的一个农民倒了大量牛奶，四川烂了大批柑橘，广西烂了几十万公斤香蕉。（教育部语言文字信息管理司《标点符号用法解读》）（正）

示例⑥是个因果复句，“因为流通渠道不畅”是第一个分句，它表示原因；后面三个分句是并列关系，同时表示前一个分句的结果。因此，这三个分句虽然是并列关系复句，但是它们不在整个多重复句的第一层，其间不能用分号，只能改用逗号。

(5) 如果一个单重复句是由几个疑问分句或感叹分句构成的，那么这几个分句之间也不能用分号。例如：

> ⑦ 于是，审计师决定报复：给客户提管理建议书，越长越好！加审计费，越多越好！(CCL 语料库)
>
> ⑧ 近百年的中华民族根本只有一个问题，那就是：中国人能近代化吗？能赶上西洋人吗？能利用科学和机械吗？能废除我们家族和家乡观念而组织一个近代的民族国家吗？(CCL 语料库)

**3. 分号可以用在单句中吗？**

答：一般不可以。分号一般只用在复句中，不用在单句中。在一个复杂单句中，无论并列项有多少，一般都不宜使用分号，否则容易出现逗号中包含分号，分号中又包含逗号的现象。例如：

> ① 应通过举办各种专业技术培训班，有条件地选派专业人员去高校深造，邀请专家学者举办系列讲座，结合设计、研究工作组织出国考察、访问、学习等来对专业技术干部进行继续教育。(教育部语言文字信息管理司《标点符号用法解读》)

但是，当带有分号的复句作为一个整体充当单句的宾语时，复句中原有的分号也就进入了单句。为了分清语句的结构，由复句形式构成的整体要有一个外部标志，而最好的标志就是它前面的冒号。例如：

② 我们的共同经验表明：只有相互尊重，才能和睦相处；只有平等互利，才能发展合作；只有坚持以和平方式解决国家间的分歧与争端，才能找到公正合理的解决问题的有效途径。(CCL语料库)

**4. 哪种非并列关系的多重复句中第一层分句之间的停顿可以用分号？**

答：GB4.6.1 明确提到，分号也表示非并列关系的多重复句中第一层分句之间的停顿，绝大部分非并列关系复句都可以用分号，包括选择关系复句、递进关系复句、承接关系复句、假设关系复句和转折关系复句等。例如：

① 蒋介石逃到台湾后，实施极权统治，有时一句无心批评“执政者”的话，都会引来杀身之祸；或者根本没有议论当权者，只是机关内部的斗争，都可能遭铲除；甚至寻常百姓也会飞来横祸。(CCL 语料库)(递进复句)

② 离开公众搞决策，要么是只凭主观，脱离实际；要么是片面注重事件，忽视根本。这都不会做出科学决策。(CCL 语料库)(选择复句)

③ 名家与诡辩家、逻辑家、辩证家有些相同，这是事实；但是他们并不完全相同，这更是事实。(CCL 语料库)(转折复句)

④ 如果说，论点是解决“需要证明什么”的问题，论据是解决“用什么来证明”的问题；那么，论证就是解决“怎样进行证明”的问题。(CCL 语料库)(假设复句)

**5. 复句中的分号停顿处一定是复句的第一层次吗？**

答：不一定。分号在复句中肩负着明晰第一层次的重任，但这并不意味着复句中的分号停顿处就一定是第一层次。在分析复句的结构层次时，要根据具体语言环境具体分析，不能生搬硬套。在总分式复句、分总式复句中，冒号处是第一层，表示解说关系；分号处是第二层，表示并列关系。例如：

① 为解决失业问题，政界和企业界提出了种种方案，大致有两种意见：一种是缩短工时，以容纳更多的劳动力；另一种认为，只有提高经济增长率，才能根本保障更多的就业岗位。(CCL 语料库)

② 她一手提着竹篮，内中一个破碗，空的；一手拄着一只比她更长的竹竿，下端开了裂：她分明已经纯乎是一个乞丐了。（教育部语言文字信息管理司《标点符号用法解读》）

**6. 分号仅仅表示并列关系吗？**

答：复句中的分号，并非仅仅表示分句间的并列关系，非并列关系的多重复句内也可以用分号，因此分号还可以表示承接、递进、选择、转折、假设、因果、解说等关系。分析复句时，既要看分号，也要看关联词语。例如：

① 先做好一些准备工作，洗水壶，洗茶壶茶杯，拿茶叶；一切就绪，灌水烧水；坐待水开了泡茶喝。(教育部语言文字信息管理司《标点符号用法解读》)

② 这个历史的必然性，站在科学立场是不能了解的；而且光站在材料的收集、编排也是不能了解的。(CCL 语料库)

**7. 分号只能用于分句之间的停顿吗？能不能用于表示并列的词语之间的停顿？**

答：分号主要表示分句之间的停顿，个别情况下可以表示并列词语之间的停顿。但是，分号表示并列词语之间的停顿要受到一定的限制，即并列词语是带有次序词的并列项。例如：

① 但卡波特自称他的“非虚构小说”有三个特点：一、主题的时间无限性；二、故事背景的陌生新奇；三、角色众多，代表多方的观点。(CCL语料库)

② 社会主义民主的主要原则是：（1）人民主权原则；（2）议行合一原则；（3）共产党领导的原则；（4）政治协调原则；（5）人民监督原则；（6）法制原则。(CCL语料库)

**8. 位于总括语和冒号之后的并列成分一定要用冒号吗？**

答：不一定。虽然在一般情况下，总括语和冒号之后的分句经常标示分项列举，但是总括语和冒号之后既可以出现词语，也可以出现分句，甚至还经常出现带小标题的一段话。因此，总括语和冒号之后是否使用分号，要看具体情况。

(1) 若总括语和冒号之后是一组表示分项列举的并列关系复句，则不管是否带有次序词语，每个分句之后都可以使用分号。例如：

① 这里我们至少可以提起三个问题：（一）未成熟的职业兴趣；（二）有职业而无兴趣；（三）有兴趣而无职业。(林汉达《向传统教育挑战——学习心理学讲话》)

② 这一般采用下列几个步骤：确定教学目标；选择方法、手段、内容和组织形式；确定评价标准。(李秉德《教学论》)

特别值得注意的是，总括语和冒号之后进行分项列举时，不少人习惯在各个分项末尾用句号，这是不符合规范的。因为，在同一段落中，冒号的管辖域到第一个句号为止。如果分项列举时，在各项末尾用句号，那么易导致分句间的层次关系混乱。例如：

③ a. *但卡波特自称他的“非虚构小说”有三个特点：一、主题的时间无限性。二、故事背景的陌生新奇。三、角色众多，代表多方的观点。（CCL 语料库）（误）

b. 但卡波特自称他的“非虚构小说”有三个特点：一、主题的时间无限性；二、背景的陌生新奇；三、角色众多，代表多方的观点。（CCL 语料库）（正）

(2) 若总括语和冒号之后，出现的仅仅是两个或两个以上的并列词语，包括词和简单词组，则并列词语之间可以不用分号，而用停顿较短的逗号或顿号。例如：

④ 一般的几何作图题，应有下面几个步骤：已知、求作、作法、证明。（《几何》（初中第一册））

⑤ 企业可以自主支配的财力主要包括 3 个方面：一是利润留成，二是纳税前利用利润归还的贷款，三是企业提取的各种专项基金。（《人民日报》）

(3) 在总括语和冒号之后是两项或两项以上的带有次序号和小标题的几段话，则这时次序号后的小标题后不能用分号，而是用句号。由于在同一段落内，冒号的管辖范围是第一个句号以内所有分句，因此这时总括语和冒号之后的文字一般要另起一段，而且并列的几项要各自为段。例如：

⑥ 护士资格考试要做到以下四点：

1. 通读教材。

2. 熟读重点法条。

3. 做适当的真题训练。

通过做真题，不但可以体味考试重点、难点、常考点，而且能够把握命题风格、题型。这样一来，应考能力得到加强，复习方向就会更加明确，大大节省时间。

4. 学会归纳。

把相近、相反、相同的知识点或者制度进行比较，并找出其中容易遗忘的，或者比较容易引起误解的，把它们圈起来。到最后，该记忆的东西，就会显得越来越少了，并且学会根据时间、空间进行红线串珠归纳总结，把教材由厚变薄！

⑦ 本次话题作文要注意以下几个方面：

1. 主题要鲜明。以“青春”为话题作文。“青春”是一个非常宽泛的话题，不太好把握。在确定主题时，切入口应该小一些，写出自己的独特感受。

2. 选材要精当。我们可以从两个方面进行把握：第一是根据主题的需要进行选材，第二是选取自己熟悉的材料，这是中学生写作成功的基本法则。

3. 想象要合理。对于“青春”，我们可以发挥想象力，从多个角度、多个层面进行写作。从空间角度，可以写在某个特定场合的青春展现；从时间角度，我们可以写不同时期人物的青春亮点；从事件角度，可以写发生在我们青春生活中的一两件令人难忘或有重要意义的事件。

4. 语言要靓丽。在写作过程中，我们可以用生动形象的语言来展示自己的写作能力，“点亮”读者的眼睛。

**9. 没有明显的总括语和冒号，也没有并列项的次序号，如何判断句与句之间是否应该用分号？**

答：在总括语和冒号后面，经常列举并列的两项或几项内容，有时还有标识明显的次序号，这时一般要在并列项之间用分号隔开。但是，在没有总括语和冒号，以及标识明显的次序号时，也可以使用分号，前提是这几个分句是否都是在讲述同一个问题，都是并列关系。比如，下面的示例①②虽然没有明显的总括语和冒号，但是由于后面的内容是从不同方面对前面一句话的详细解释和说明，因此在叙述上，后面的部分自然就处于并列关系之中，要使用分号而不是句号。例如：

① 11 年的美国生活，无论在思想上、生活方式上都使他美国化了。他受到当时正在美国流行的自由主义思潮的影响，向往美国式的自由民主；他从小学到大学都在教会学校读书，把宗教信仰视为健全精神生活的慰藉；他崇尚美国的生活方式，像大多数美国人一样几乎不看纯文学作品；他能讲一口流利而略带乡音的英语，但讲起国语来却满口是浓重的湖南官话，以致后来他做常驻联合国代表时因发言常用英语而遭到时人的批评。(CCL 语料库)

② 中西的关系是特别的。在鸦片战争以前，我们不肯给外国平等待遇；在以后，他们不肯给我们平等待遇。(CCL 语料库)

**10. 除了用于复句中的分句之间，分号还有什么用处？**

答：除了用于并列关系复句的分句之间和非并列关系的多重复句的第一层

分句之间，分号还用于期刊等学术论文的关键词（主题词）之间。这时，除了停顿外，分号还起到分隔词语的作用。例如：

①［关键词］信息结构；焦点；焦点结构（周士宏《从信息结构角度看焦点结构的分类》）

②主题词：信息结构；信息单位；信息状态；信息焦点（赵晶《韩礼德与朗布雷克特信息结构理论对比研究》）

**11. 分号、顿号、逗号、句号在停顿时间上有什么不同？**

答：一般来说，顿号的停顿时间最短，逗号次之，然后是分号，最后是句号。句号用于表述一个相对完整独立的内容，而顿号、逗号和分号都是不能独立表述完整内容的。虽然分号一般是用于分句之间，比顿号和逗号的停顿时间要长，但是它也必须放在更大的语言片段之中，才能表达一个完整的意思。因此，在同一语句中，句号前的内容可以使用分号、顿号和逗号；分号前的内容可以使用逗号和顿号，但是不能用句号；逗号前的内容可以用顿号，但是不能用句号，也不能用分号。例如：

①同样处于逆境，有的人沉沦，有的人奋起；同样处于顺境，有的人玩物丧志，有的人锐意进取，道理就在于此。（CCL语料库）

②谁违反这个义务，谁就要受到法律的规范。家长不送学生上学，家长要承担责任；学校不接受适龄儿童、少年上学，学校要承担责任；学校不提供相应的条件，也要受到法律的规范。（CCL语料库）

## （七）冒号用法

**1. 中文冒号与英文冒号的书写位置和形式有什么不同？**

答：中文冒号在横排文本中的形式为“：”，占两个字节，即一个汉字位置，居左下，不出现在一行之首；在竖排文本中，中文冒号也是占两个字节，居右上，不出现在一列之首。尽管中文冒号占一个汉字的字位，但是它的书写位置只相当于1/4个汉字的位置。英文冒号在横排文本中的正确书写形式为“:”，占一个字节，即一个英文字母的位置，其大小等同于一个小写字母的高度；在竖排文本中，由于英文是直接向右旋转九十度，因此冒号也是随英文直接向右旋转九十度。例如：

① Dear Mr. Brown:

② 许慎：《说文解字》

③ We need six people: three women, two boys, and a girl.

④ 许慎：《说文解字》

**2. 什么是冒号的概括范围？**

答：《标点符号用法解读》（2012）第二章中提到，“冒号的概括范围就是冒号管辖的范围。用来提起下文的冒号，概括范围要和它前面的提示性话语所提示的内容保持一致，通常到一个句子的末尾，但有时也可以大于一个句子，大到几个句子、一个自然段、几个自然段等。”

根据《标点符号用法解读》(2012)，冒号的管辖范围大于等于紧随其后的一个句子。例如：

① 根据波普尔的公式可以推论：证券分析的内容和真实性概率成反比；反之，则反。(CCL语料库)

②“老水牛”这个奇怪的名字，起初使我不解。日子长了，我慢慢知道了这个名字的来历，原来包含着两个意思：

第一，他会凫水，而且凫得特别出色。……

第二，他的脾气很怪，真像水牛一样。……

示例①②中，冒号的管辖范围都越过分号和逗号，直至全句末尾的句号。可见，用分号和逗号来限定冒号的管辖范围似乎并不可行。我们建议使用句号(或其他句末点号)作为明确冒号概括范围的点号，以免所提示的内容与后面的其他内容产生界限不清之情况。例如：

③ a. 中国古典小说四大名著有：《三国演义》《水浒传》《西游记》《红楼梦》。毫无疑问《红楼梦》是其中艺术成就最高的。(正)

b. ＊中国古典小说四大名著有：《三国演义》《水浒传》《西游记》《红楼梦》，毫无疑问《红楼梦》是其中艺术成就最高的。(误)

**3. 冒号后都是句子吗？如果不是，冒号后哪些情况下可以不接句子？**

答：《标点符号用法解读》(2012) 第二章中提到，“冒号后面一般是句子，如果不是句子，那么列举的内容一定是数项并列成分。”例如：

① 打圈的时候，原来的一个字，我再给他配四个字，一共五个

字：“回、留、销、残、醒”。

除此以外，冒号后不接句子的情况一般还有以下几种：

(1) 出现在文章标题中，用于引出对主题词语的说明文字。例如：

② 揭中国留学生现状：有人成网红有人患上抑郁症（手机腾讯网）

(2) 用于需要说明的词语之后，引出解说的内容。此类用法多为公示、会议等相关信息的列举。例如：

③ 第二届南京大学辩论赛

时间：2015年9月30日星期三下午七点

地点：南京大学张心瑜剧场

正方：南京大学文学院

反方：南京大学法学院

(3) 用于说话人与所论话题之间或作者与作品之间。例如：

④ 退役？科比：如果你今天问我那这是最后一季（手机腾讯网）

⑤ 洛夫：《烟之外》

**4. 总说性话语之后用以提示下文一定要使用冒号吗？什么情况下可以不使用冒号？**

答：GB4.7.3.1节中提到，冒号的一个基本用法是用于总说性或提示性词语（如“说、例如、证明”等）之后，以提示下文。例如：

①他为什么不改变一下，让自己舒服地写作？答案是：他需要“让自己痛苦！”

需要“提示下文”时，也可以使用破折号，但其后的内容往往另起一段，此时也可换用冒号。当提示的下文被引号引起时，只能使用冒号，不能用破折号；当出现“证明”“以为”等言语行为动词时，其后最好使用冒号或逗号。例如：

② 奶奶微微笑了笑，开始娓娓道来——

很多年前的一个深夜，……

③ 她由衷地赞叹道：“实在太美了！”

④ 更重要的是，无论是教学理论，还是专家学者所做的多种教学模式的对比研究都无一例外地证明：多种教学模式的综合应用不仅是可行的，而且成效十分显著。

如果不强调总说话语的提示性，那么也可以在总说之后用逗号；但如果表分说的分句之间用了分号，那么总说部分的后面就要用句号而非逗号。例如：

⑤ 我认为夺取世界杯赛冠军的球队应该具备这样几个条件，首先是国内有一个高水平的联赛，其次是有一批球员在欧洲各大联赛效力，只有这样基础深厚的球队才能最终取得好成绩。(CCL 语料库)

⑥ 错误可分两种。一种是由于有先入为主的成见，因而对杜诗作

了歪曲；一种是沿袭错误的旧注。(CCL 语料库)

**5. 新国标规定："冒号用在提示性话语之后引起下文。"哪些情况算是提示性话语呢？**

答：GB4.7.3.1 节提到，冒号用于总说性或提示性词语（如"说""例如""证明"等）之后，以提示下文。

"提示性话语"指的是用来提起下文的词、短语或分句。常见的提示性词语有曰、想、问、说、说道、知道、决定、指出、宣布、告诉、呐喊、吐槽、记载、例如、比如等。例如：

①《说文解字》说："教，上所施，下所效也。"(CCL 语料库)

② 更多情况下，人们通过娱乐表达内心的不满。如最近网友对 4G 网络收费贵"吐槽"："一觉醒来，房子就没了。"有人对空气污染吐槽："世界上最远的距离，不是我坐在你对面你不知道我爱你，而是我站在你对面却看不到你。"(《人民日报》)

③ 大家现在都特别关心 Google 声称要退出中国，我就在想：什么时候能够有一天，我们也跑到某一个国家声称我要退出你这个国家，这个必须要有全球的影响力才能够称得上强大，这一点我对中国有信心。(CCL 语料库)

④ 孙云晓说，《拯救男孩》一书是在发出呐喊："男孩的父母和老师注意了，前面到悬崖边了！"(CCL 语料库)

⑤ 手术后，当病人从麻醉中醒来，医师抱着一只猫告诉他："你肚子里的猫已经取出来了，以后你就不必再担心了！"(CCL 语料库)

⑥ 毛泽东在《新民主主义论》中指出，"一定的文化（当作观念

形态的文化）是一定社会的政治经济的反映，又给予伟大的影响和作用于一定社会的政治经济，而经济是基础，政治则是经济的集中表现。”（CCL语料库）

⑦ 蒋介石十分敏感，立即反问：哪一个省份比中央控制的省份更有行政效率？（CCL语料库）

很多总说性话语具有提示性。例如：

⑧ 接着，总司令又报告了两个好消息：我们已经渡过了最艰难的水草地，而且又有一条牦牛。

有些提示性的短语、分句没有明确的词语标志，但语义上隐含提示性。例如：

⑨ 老师走了之后，留下我一个人不知道该怎么办：我的热血在沸腾，但却没有一个明确的学习目标和方法，感觉浑身有力却使不出来。（考拉小巫《考拉小巫的英语学习日记》）

**6. 分句内有冒号，分句间用什么标点符号？**

答：GB－B.1.6提到，“各种点号表示的停顿由长到短为：句号＝问号＝叹号＞冒号（指涵盖范围为一句话的冒号）＞分号＞逗号＞顿号。”

《标点符号用法解读》（2012）在第二章中提到，“用来提起下文的冒号，概括范围要和它前面的提示性话语所提示的内容保持一致，通常到一个句子的末尾，但有时也可以大于一个句子，大到几个句子、一个自然段、几个自然段等。”

根据新国标和《标点符号用法解读》(2012)，如果冒号的管辖范围是一个句子，那么句内用逗号或分号连接；如果冒号的管辖范围大于一个句子，那么句内可以用逗号、分号、句号或其他句末点号连接。例如：

① 根据波普尔的公式可以推论：证券分析的内容和真实性概率成反比；反之，则反。(CCL 语料库)

②“老水牛”这个奇怪的名字，起初使我不解。日子长了，我慢慢知道了这个名字的来历，原来包含着两个意思：

第一，他会凫水，而且凫得特别出色。……

第二，他的脾气很怪，真像水牛一样。……

如果冒号的涵盖范围是一句话，或者行文中不适宜分段，我们建议分句内避免使用冒号，以免造成冒号管辖范围的混乱。例如：

③ a. *一个“教”字，如《中庸》说：“修道之谓教”；《荀子·修身》说：“以善先人者谓之教”；《学记》说：“教也者，长善而就其失者也”。(误)

b. 一个“教”字，如《中庸》说“修道之谓教”；《荀子·修身》说“以善先人者谓之教”；《学记》说“教也者，长善而就其失者也”。(正)

④ a. *第一种如：虎：虎字头；雨：雨字头；舟：舟字旁……(误)

b. 第一种如：虎，虎字头；雨，雨字头；舟，舟字旁……(正)

若分句内无法避免使用冒号，建议将各分句分段列出，分句间使用句号连接。例如：

⑤ a. 下文中教材和参考资料分别以字母来代替：A：《现代汉语规范词典》中的部首名称。B：《现代汉语词典》中的偏旁名称。C：《新编小学生字典》中的部首名称。（误）

b. 下文中教材和参考资料分别以字母来代替：

A：《现代汉语规范词典》中的部首名称。

B：《现代汉语词典》中的偏旁名称。

C：《新编小学生字典》中的部首名称。

**7. “比如、例如、譬如”等表示列举、举例的词后是否一定要使用冒号？**

答：表示列举的词，如“比如”“例如”“譬如”“如”“又如”等，其后不一定要使用冒号，也可以使用逗号或者不加点号。具体什么情况下使用什么点号，主要根据以下几个准则：

（1）标点选择与停顿长短有关，有较长停顿的一般使用冒号，较短停顿使用逗号，不停顿则不使用标点符号。试比较下面三个例句中“譬如”的用法：

① 譬如：上次世界大战以前，德国的外交失败了，所以战争也失败了，然而因为德国内政健全，战后尚不出二十年，她又恢复她的地位了，这就是自力更生。（CCL 语料库）

② 如果离开了人的实践活动，客观的环境条件没有成为主观的活动对象，那么，再好的客观环境条件，也不会对人的发展起到什么作用。譬如，一个儿童的家里藏有万卷书籍，但他根本不

去接触、阅读这些书籍，这些书籍对于他的发展，是起不到什么作用的。(CCL 语料库)

③ 但在改革开放以前，很少有中学生抱怨应试教育，是因为那时竞争未有现今如此激烈，随着我国城镇化的速度不断加快，传统的低知识含量的一些职业吃不消了，譬如传统农业。(CCL 语料库)

(2) 表示举例的词后一般使用逗号便可，如若其后语句过长、项目过多或另起一行，建议使用冒号连接；如若其后语句简短，或者接的是小于句子的语言单位，则一般不需要使用点号（其后不另起一行的情况下）。例如：

④ 又如，每万名农业人口中，科技人员数量，美国 21 人，日本 9 人，苏联 7 人，我国仅为 4 人。(CCL 语料库)

⑤ 比如：心理语言学在“心理词汇”的研究方面所提出的“激活”理论在语言教学方面就有很高的指导意义，但遗憾的是，心理语言学家们尚无暇顾及对其理论应用价值进行宣传和推广。(CCL 语料库)

⑥ 惯用语在现代汉语中有很多，如：

戴高帽　穿小鞋

背黑锅　开后门

⑦ 如大脑神经系统，当它生长发育到少年期的阶段，它就具有了相当程度的抽象思维的功能。(CCL 语料库)

⑧ 有时候韵母甚至可以完全是辅音，比如广州话“五”读 ng，这个 ng 就是韵母。

(3) 通常，如果表示举例、列举的词后的内容另起一行，建议其后添加冒号。例如：

⑨ 在语料的考察中，发现浪纹线连接号有时被标写为“～”，如：
到 13 时，徐州、宿迁两市的 PM10 瞬时浓度都在 228～417 微克每立方米之间，徐州表现最严重。(《扬子晚报》)

(4) 表示举例的词和冒号如果同时出现，冒号只能用于其后，不能出现在其前。例如：

⑩ a. ＊研究课题涉及广阔的领域：如编辑活动的性质、特征、社会功能及编辑管理、编辑队伍等。(误)
b. 研究课题涉及广阔的领域，如：编辑活动的性质、特征、社会功能及编辑管理、编辑队伍等。(正)
c. 研究课题涉及广阔的领域：编辑活动的性质、特征、社会功能及编辑管理、编辑队伍等。(正)

**8.“说”后面可以不加冒号直接加引号吗？**

答：(1) 如果“说”用来提示下文，其后的内容是直接引语，“说”后需要先加冒号，然后用引号引起直接引语。例如：

① 二婶说：“辈辈人都这么说的。黑社会黑得很！”夏天义说：“多黑？”二婶说：“黑得就像我现在的眼睛，啥也看不着！”(CCL 语料库)

（2）如果直接引语在“说”的两边，“说”后用逗号，两边的引语用引号引起。例如：

②“是啊！真令人不忍目睹。”老二说，“可是我们又有什么办法使它们摆脱死亡呢？”（CCL语料库）

（3）“说”后也可能出现不加冒号或逗号，直接加引号的情况，此时“说”后的内容一般是转述或引用他人的话且一般比较简短，在行文中不需要停顿。例如：

③ 末例问话者说“除此色身之外”，答话者说“色身之外”，两相对比，可以看出后者只是客观地指明在某范围之外，不像前者那样具有强调限定某一范围的作用。（CCL语料库）

④ 恩格斯说“劳动创造了人类本身”。无论在人类身体结构的变化方面，还是人类心理的发生和发展方面，劳动都起着决定性的作用。（CCL语料库）

⑤ 周立波：还真是这样，所以他们每次看到我就说“立波顶住！”希望我天天演最好。（CCL语料库）

（4）“说”后紧接引号的内容，一般有强调的作用。例如：

⑥ 人们常说“做人”，说明人是在“做”中才成就为人的。（CCL语料库）

**9. 前后是同一个人的引语时，中间的“××说”“××道”之后除可使用逗号外，究竟能否在某些情况下使用冒号？**

答：不可以。《标点符号用法解读》（2012）在第二章中提到，“当‘××说’‘××道’插在引语中间，且前后的引语是一个人所说的话时，其前不使用任何标点符号，其后要使用逗号。”

但是，当前后引语在语义上关联不紧密或者说话方式、情态发生变化时，有人也使用冒号。例如：

① ＊“而您自己难道就不写啦？”这时，伊万忽然把头一耷拉，沉思着说：“噢，对呀……还有什么好问的呢，”他说着往地板上斜睨了一眼，眼里露出吃惊的神色。（《大师和玛格丽特》）（误）

② ＊“她多美啊！”伊万的话音里并没有忌妒，但却含着某种忧伤而和善的内心感慨，“看，他们的结果多么圆满！可是我呢，却不然，”他顿了一下，想了想，又沉思着说：“不过，也许，也一样……”（《大师和玛格丽特》）（误）

但这种使用方式会造成冒号和逗号在使用上的混乱，建议不考虑文段中语义、语用因素之影响，严格按照《标点符号用法解读》（2012）的建议使用逗号。上面的示例①②，建议改为：

①“而您自己难道就不写啦？”这时，伊万忽然把头一耷拉，沉思着说，“噢，对呀……还有什么好问的呢，”他说着往地板上斜睨了一眼，眼里露出吃惊的神色。（《大师和玛格丽特》）（正）

②“她多美啊！”伊万的话音里并没有忌妒，但却含着某种忧伤而和善的内心感慨，“看，他们的结果多么圆满！可是我呢，却不然，”他顿了一下，想了想，又沉思着说，“不过，也许，也一样……”（《大师和玛格丽特》）（正）

**10. 冒号的停顿一定大于逗号、分号吗？**

答：一般是这样，但是有例外。GB－B.1.6 提到，“各种点号表示的停顿由长到短为：句号＝问号＝叹号＞冒号（指涵盖范围为一句话的冒号）＞分号＞逗号＞顿号。”一般情况下是这样的。但是，有时候冒号停顿的长短并不一定大于逗号与分号，也不一定小于句号。主要是以下三种情况：

（1）冒号可用于小于逗号的停顿。当逗号用来分隔不同的分句时，被分隔的分句内部使用冒号，这时冒号表示的停顿小于逗号。例如：

① 四位以上的长数字，为便于认读，在国际上通用三位分节法，但分节往往使用不同的符号：英语使用逗号，法语用小圆点，俄语加空，德语用小圆点或加空。（《标点符号学习与应用》）

② 匾曰：“山花野鸟之间”，对联曰：“蝉噪林愈静，鸟鸣山更幽。”（《苏州园林》）

③ 如果我们从人们说出来的话中抽出一些样品来研究，就不难发现，无限的句子中包含着有限的东西：不同的句子中所包含的词是有限的。（《语言学纲要》）

④ 但如果用高清摄像机的镜头去“看”，则如同一场视觉大片：在漆黑的天幕上，雪白的礼花忽然绽放，缓缓聚拢、升腾，又散开，降下无数闪亮的颗粒，如流星一般拖着长长的光迹。（《青年文摘》）

⑤ 这不，前几天舅妈打电话过来，报告她的“喜讯”：“城市真是什么都在变啊，我这超市再不变可快要关门大吉了。”（《中国青年》）

⑥ 现代以来，海州的身影依旧在历史的烟尘中，时隐时现：1905年起动工的陇海铁路，是从海州开始的。（《中国青年》）

示例①中的冒号是用于转折复句的分句“但分节往往使用不同的符号”的内部，具体说明“不同的符号”；示例②中的两个冒号分别用于逗号分隔的两个并列分句内部，标示提示性话语；示例③为假设复句，冒号用于分句内对“包含着有限的东西”的补充说明；示例④中的冒号是用于分句内对“一场视觉大片”的补充说明；示例⑤中的冒号是用于分句内“喜讯”的解释说明；示例⑥中的冒号用于分句内的提示下文。

由此可以看出，当逗号用于几个分句之间的停顿，分句内部需要使用冒号对内容作补充说明或提示下文时，冒号可以表示小于逗号的停顿。

(2) 冒号可以表示大于句号的停顿。新国标规定，当冒号的涵盖范围为一句话时，冒号表示的停顿小于句号；但冒号的概括范围有时可以大于一个句子，甚至大到几个句子。在这种情况下，为了使得说明清晰，冒号后的句子应采用标注数字或者分段的方式。例如：

⑦ 标点依所处位置分四种类型：(1) 超句标点，大于句号的标点，如分段号和篇末号。(2) 句末标点，有句号、问号、叹号等。(3) 句内标点，有逗号、顿号、分号、间隔号、书名号等。(4) 词内标点，主要有……。(《标点符号学习与应用》)

⑧ 具体地说，一个人发出的语音的音质决定于：1. 从肺里呼出的气流通过口腔时受不受到阻碍？如果受到阻碍，在什么部位？

如果未受到阻碍，口腔的形状又是什么样的？——这些都构成不同形状的共鸣腔。2. 碰到的阻碍用什么方法克服？——这是发音方法。3. 声带振动不振动？——发音体。（《语言学纲要》）

⑨ 千年后，新建的博物馆中，陈列着摘星的少年像一座：

左手擎着天狼。

右手擎着织女。（《摘星的少年》鄂教版八下）

(3) 冒号可用于小于分号的停顿。GB4. 7. 3. 5 提到，“一个句子内部一般不应套用冒号。”但是，我们在考察语料时发现，当几个并列的句子用分号分隔时，并列分句的内部常用冒号来表注释说明或提示下文。例如：

⑩ 汉语语素大多数是单音节形式的，即一个字就是一个语素，如：人、笑、好、以、及、了；也有少数语素是双音节和多音节的，主要为连绵字和音译外来词，如：尴尬、吩咐、巧克力、盘尼西林。（《标点符号学习与应用》）

⑪ 那时的灶台上常备灶上三件：油罐、盐罐和米汤罐；灶门前常备灶下三件：火钳、柴刀和吹火筒。（《读者》）

⑫ 如艾青的《我爱这土地》这首诗，诗中的“鸟”表面上说的是自然之鸟，但实际却另有所指，象征那深情热爱祖国这片土地的一代诗人；而诗人所歌唱的对象：土地、河流、风、黎明，我们理解的时候也不能落得太实，而要加以虚化，领会其背后的象征意义。（《怎样读诗》）

这种并列句中的冒号后的语言单位并非一个完整的句子，在这种情况下，冒号可以表示比分号短的停顿。

**11. 是否一旦出现了提示词，提示内容前就一定要使用冒号？**

答：不一定。提示词后是否用冒号，需要根据句意来具体分析。提示的内容过于简短时，一般不用冒号。例如：

① 我明白，我无法取悦每一个人。但问题是，我还是想努力这么做。（CCL 语料库）

② 六十年代以来，一般认为人的短时记忆是以听觉形式表征的，即听觉编码，Posner 等人的实验却证明，它也可以由视觉编码。现在一般认为，先出现视觉编码，它保持一个短暂的瞬间，然后出现听觉编码。（CCL 语料库）

而且，一旦用了"即""也就是说"等词语，提示词后不能再使用冒号。例如：

③ a. *所谓"乡三物"：即"知、仁、圣、义、中、和"六德，"孝、友、睦、姻、任、恤"六行，"礼、乐、射、御、书、数"六艺教育人民。（CCL 语料库）（误）

b. 所谓"乡三物"，即"知、仁、圣、义、中、和"六德，"孝、友、睦、姻、任、恤"六行，"礼、乐、射、御、书、数"六艺教育人民。（CCL 语料库）（正）

**12. 冒号如何跟"是、即"搭配使用？**

答：如果在总说语或需要解释的词语之后用了冒号，冒号之后就不能再用"是、即、就是说、也就是说"等解说性词语，因为这些词语不属于分说或解释的内容。此时，要么保留冒号，去掉“是、即”等解说词；要么保留解说词，将冒号改为逗号。例如：

① a. *广义的社会教育开始逐步地分化为三种独立的教育形态：即学校教育、家庭教育和狭义的社会教育。(CCL 语料库)(误)

b. 广义的社会教育开始逐步地分化为三种独立的教育形态：学校教育、家庭教育和狭义的社会教育。(CCL 语料库)(正)

c. 广义的社会教育开始逐步地分化为三种独立的教育形态，即学校教育、家庭教育和狭义的社会教育。(CCL 语料库)(正)

若要同时保留冒号和“是、即、也就是、也就是说”等表示解说的词语，则这些词语只能出现于冒号前面。例如：

② 一个人由决定从事咨询业开始，到成为经验丰富的临床咨询家，往往经历八个阶段。它们分别是：常规阶段、职业训练转型阶段、模仿专家阶段、条件化自主阶段、探索阶段、整合阶段、个性化阶段和完善阶段。(CCL 语料库)

③ 但是，法院认为必须给予下列事实以决定性的重要意义，即：美国法律向那些认为自己被为执行“与敌国交易法令”而采取的措施剥夺了权利的人提供了反对性质机关，包围自己权利的足够的补救。(CCL 语料库)

**13. 什么时候不能用冒号?**

答：有些情况看似可以使用冒号，其实是不宜使用冒号的。主要有以下十种情况：

(1) 冒号用在提示性话语之后引起下文。表面上类似但实际不是提示性话语的，其后用逗号，不能用冒号。例如：

① *这与前面的结论：一致性算法均具有良好的平方收敛速度是一致的。(误)

(2) 引语不是原话，而是转述时，不用冒号。例如：

② *第二天刚好是她复试的日子，她说了声："糟糕！"还是去参加考试了。(误)

(3) 引语之间插入了"某某说"，此时"某某说"后面不能用冒号，只能用逗号。例如：

③ *"马上就要中考了"，王老师挥一挥手说："请大家做好最后的冲刺。"(误)

(4) 冒号表示句中的停顿，"某某说"在引语后面时，其后不能用冒号，只能用句号。例如：

④ *"天要下雨了，你赶快回家吧。"王老师说：(误)

(5) 用了“即、也就是说”等提示性的词语，句中不能再使用冒号。例如：

⑤ *这里我主要讲两个问题：即晚自习的纪律管理和安全教育的问题。(误)

(6) 同一句子中，一般不能用两个冒号。例如：

⑥ *X射线检查：Ⅰ型：共5例；Ⅱ型：共3例。(误)

需要指出的是第（5）点，用了“即”“也就是说”等提示性的词语，句中也可以使用冒号，此时“即”“也就是说”等词必须出现在冒号之前。例如：

⑦ 一个人由决定从事咨询业开始，到成为经验丰富的临床咨询家，往往经历八个阶段。它们分别是：常规阶段、职业训练转型阶段、模仿专家阶段、条件化自主阶段、探索阶段、整合阶段、个性化阶段和完善阶段。(CCL语料库)

(7) 冒号是句内点号，表示句中较长的停顿。停顿较小的地方不用冒号。例如：

⑧ 她盯着罗斯福又问：“把一个14岁的中国女孩子拒之门外，这不会是总统的命令吧？如果有美国姑娘到中国去，她们决不会受到这样的对待。这不符合我们中国人的待客之道。今天我把这件事告诉总统，会有助于总统克服下面的混乱，更好地治理

这个国家。”（有停顿）

⑨ 1983 年 9 月 9 日和 11 月 22 日，巴老两次来信询问“十卷本《选集》的稿费给现代文学馆汇去没有”。（无停顿）

(8) 如果不需要强调宾语的独立性和动宾之间的停顿，动词之后也可以不用冒号而用逗号，甚至什么点号也不用。例如：

⑩ 伊丽莎白欣喜若狂，一阵浓浓的、娇媚的红晕在她苍白的脸上闪闪发光，眼里闪耀出奇异的光彩。她大声说，这是她最最快乐、最最快乐的生日！（艾德里安《为我唱首歌吧》）

⑪ 人们常说“做人”，说明人是在“做”中才成就为人的。（CCL 语料库）

(9) 如果表分说的分句之间没有使用分号，那么总说时也可以不用冒号。例如：

⑫ 我们一面须接受新的文化，一面又须设法振兴旧的政教。我民族在近代所遇着的难关是双层的。（CCL 语料库）

(10) 提示的内容过于简短时，一般不用冒号。例如：

⑬ 我回答，是的！因为没有雪驹，便没有我这盲目的赴汤蹈火。（CCL 语料库）

⑭ 大家都认为这样好，只有你提出一些古里古怪的问题，故意扫大家的兴。

**14. 关于提示性话语和冒号搭配使用过程中应注意哪些问题？**

答：GB4.7.3.1 提到，冒号用于总说性或提示性词语（如“说、例如、证明”等）之后，以提示下文。

这种基本用法有几点需要特别注意：

(1) 要注意明辨提示性话语，表面上类似但实际不是提示性话语的，其后用逗号，不能用冒号。例如：

①《隋书·经籍志》记载：“后魏初定中原，军容号令，皆以夷语，后染华俗，多不能通。”(CCL 语料库)(提示性话语)

② 据《北史·魏本纪》记载，魏先世“射猎为业，淳朴为俗，简易为化，不为文字，刻木结绳而已”。(CCL 语料库)(非提示性话语)

(2) 并非出现提示词，其后就可以用冒号，需要根据句意来具体分析。通常，若提示内容过短，是不需要使用冒号的。而且，一旦用了“即”“也就是说”等提示性的词语，句中是不能再使用冒号的。例如：

② *但是，法院认为必须给予下列事实以决定性的重要意义：即美国法律向那些认为自己被为执行“与敌国交易法令”而采取的措施剥夺了权利的人提供了反对性质机关，包围自己权利的足够的补救。(CCL 语料库)(误)

(3) 由冒号引出所说的话，有时也可以不出现提示语，只是对说话人的动作行为加以描写。例如：

④ 突然感觉脚脖子被人拽住了，这下子他可慌了：“唉！不能——”他刚喊了这么一声，就被宪兵拉下水里去了。（CCL语料库）

(4) 如果将提示语放在引语之后，提示语后应该用句号，而不用冒号。例如：

⑤“那是什么，一种控制电路?”有人问。毕云峰摇摇头，“发明那东西的时候还没有电。”（CCL 语料库）

(5) 在文艺语体中，为了取得简洁生动的效果，描写人物对话时，可以不用提示语，当然也就不必用冒号了。例如；

⑥ 我很听话地让汽车熄火。“尼克，我再跟你说一遍，这是最后一遍，即使是你欠我的十美元，我都出不起。”

“我不需要了，”他说。

“你放弃了？很好，我觉得你是很聪明的。”

“不是，有人暗中帮我出了钱。银行跟他说了我的事。”

“出钱的是什么人?”

“他只说了是歌剧的朋友，”尼克很得意地说，“就像古时候的艺术家，我也有赞助人了。” （库尔特·冯内古特《众生安眠》）

(6) 属于提示性的称呼语或称谓语之后的停顿，用冒号表示；属于叙述性的称呼语或称谓语之后的停顿，用逗号表示。例如：

⑦ a. 同志们：

你们好！

b. 同志们，张志公先生要我作为一个与会的代表来讲几句话。

(7) 无论冒号提示的范围大小如何（冒号的提示范围可能是一句话、几句话甚至几段话），冒号的涵盖范围一定要与提示性话语保持一致。下面的两个例子就是没有搞清冒号的涵盖范围，从而产生了误用：

⑧ a. *俗话说："退一步海阔天空"有一定的道理。(误)

b. 俗话说："退一步海阔天空。"这有一定的道理。(正)

**15. 冒号除在文中用于提起下文和总结上文外，还有哪些常用用法和常用场合？**

答：冒号最主要的用法是提示下文和总结上文。除此之外，冒号还有以下基本用法：

(1) 用在需要解释的词语之后，引出解释的话。例如：

① 我们要努力实现"四个现代化"：工业现代化、农业现代化、国防现代化和科学技术现代化。

② 四位以上的长数字，为便于认读，在国际上通用三位分节法，但分节往往使用不同的符号：英语使用逗号，法语用小圆点，俄语加空，德语用小圆点或加空。(《标点符号学习与应用》)

(2) 用在需要说明的主题词之后，引出说明的内容。这种用法多出现于文章标题之中。例如：

③ 九龙：被美国探险家称为“世界上最美丽的地方”(搜狐旅游)

④ 中国富二代群相：争议与挣扎（Zaker）

(3) 用于需要说明的词语之后，引出解说的内容。此类用法多为公示、会议等相关信息的列举。例如：

⑤ 第二届南京大学辩论赛

时间：2015 年 9 月 30 日星期三下午七点

地点：南京大学张心瑜剧场

正方：南京大学文学院

反方：南京大学法学院

(4) 用于采访、辩论、座谈、法庭审讯中发言者的姓名或身份之后，引出所说内容。例如：

⑥ 记者：这东西不会有毒吗？

小伙子：放心，吃了没问题，它只是一种慢性致癌物质，大家心照不宣，都是这样做的。

记者：它有什么特别的效果？

小伙子：甲醛是一种防止尸体腐烂的防腐剂。如果用它来泡一个刚死的老鼠的心脏，可以保证 20 年它仍是红色的。（CCL 语料库）

(5) 用于说话人与所论话题之间，或用于间隔作者和书名。例如：

⑦ 刘振亚：构建全球能源互联网推动能源清洁绿色发展（《新华日报》）

(6) 用于书信、讲话稿的称呼语之后。例如：

⑧ 亲爱的老师：

知道今年您要教我，我好高兴。在这一年的开始，我想向您吐露我的心声，让您了解我的需要。希望这一年内，我能好好接受您的教导，同时也让我从内心钦佩敬爱您。(CCL 语料库)

**16. 句中可以冒号套冒号吗?**

答:《标点符号用法解读》(2012) 在第二章中提到，“同一句子中，一般不应套用冒号。在列举式或条文式表述中，如不得不套用冒号，宜另起段落来显示各个层次。”

(1) 同一句子中，连续使用冒号容易引起表意上的混乱，建议只保留一个冒号，其他改为逗号。例如：

① a. *下午开大会时，李厂长宣布：厂里要实行两项改革措施：一是持证上岗，二是脱产培训。(误)

b. 下午开大会时，李厂长宣布，厂里要实行两项改革措施：一是持证上岗，二是脱产培训。(正)

② a. *第一种如：虎：虎字头；雨：雨字头；舟：舟字旁……(误)

b. 第一种如：虎，虎字头；雨，雨字头；舟，舟字旁……(正)

(2) 当冒号用于注释说明作者和作品的情况时，若此情况出现在句中，建议作品用书名号标出；若此情况出现在通知（如讲座通知）中，不出现句号，则建议在人名后加空格，以示区别。例如：

③ a. ＊陆俭明：信息语法：一种新的语法研究视角（误）

b. 陆俭明：《信息语法：一种新的语法研究视角》。

c. 陆俭明　信息语法：一种新的语法研究视角

(3) 冒号连用虽然不被提倡，但是在以下三种情况中，冒号连用是合法的：

A. 在列举式行文中需要连用冒号时，可将列举内容分行列出。例如：

④ 下文中教材和参考资料分别以字母来代替：

A：《现代汉语规范词典》中的部首名称。

B：《现代汉语词典》中的偏旁名称。

C：《新编小学生字典》中的部首名称。

……

B. 直接引语套直接引语。例如：

⑤ 她问："那天小张来问：'之前老板说的"要三斤"是一样要三斤，还是一共要三斤？'"

⑥ 她一脸疑惑地问："当时她们说：'这种问题最好还是请示组织。'张主任说：'是啊，得先向组织汇报。'这没什么问题吧？"

C. 在夹用英文的中文句子中，当英文词组、短句或句子等结构内部需要使用冒号时，应选择英文冒号并用引号标出。此外，在同一句子中，如果仍需要用冒号，那么可以再使用一次中文冒号。由于中英文冒号写法存在差异且有引号括引，容易区别，因此不会造成理解上的偏差。例如：

⑦ 目录的第二行就是乔姆斯基的文章："The Biolinguistic Program: Where does it stand today?"

**17. 中英文混排情况下，何时使用英文冒号，何时使用中文冒号？**

答：在中英文混排时，冒号的书写形式和位置不同，两者在使用上也有差异。在中英文混排的情况下，何时选用中文冒号，何时选用英文冒号，主要遵循以下几条原则：

(1) 夹用英文的中文句子中，英文部分在作为前面中文部分的示例或说明时，使用中文冒号。例如：

① 当时我选的英文课程有：Sociolinguistics: Language variation and change，English Thesis Writing，Chinese Phonetics。

(2) 夹用英文的中文句子中，当英文词组、短句或句子等结构内部需要使用冒号时，应选择英文冒号。此外，其他情况需要使用冒号时，则选择中文冒号。例如：

② 目录的第二行就是乔姆斯基的文章：The Biolinguistic Program: Where does it stand today?

(3) 夹用英文的中文句子所包含的完整的、带句末标点符号的英文句子之后，不可以再使用冒号。例如：

③ 她明明听得懂，却说“Sorry，I don’t understand.”：这摆明了是想挑事！(误)

**18. 冒号和破折号都有“提示下文”“总结上文”和“解释说明”的用法，我们怎样避免冒号和破折号的误用呢？**

答：冒号和破折号都有“提示下文”“总结上文”和“解释说明”的用法。

(1) 用于“提示下文”时，破折号后的内容往往另起一段，此时也可换用冒号。当提示的下文被引号引起时，只能使用冒号，不能用破折号；当出现“证明”“以为”等言语行为动词时，其后最好使用冒号或逗号。总之，用于“提示下文”时，优先选用冒号。例如：

① 奶奶微微笑了笑，开始娓娓道来——

很多年前的一个深夜，……

② 她由衷得赞叹道：“实在太美了！”

③ 更重要的是，无论是教学理论，还是专家学者所做的多种教学模式的对比研究都无一例外地证明：多种教学模式的综合应用不仅是可行的，而且成效十分显著。

(2) 用于“总结上文”时，破折号与冒号的区别不大，可以混用。《标点符号用法解读》(2012) 认为，两者的区别在于，破折号比冒号的停顿时间长，在书面上也更为醒目。因此，被总结的上文内容较少时，宜用冒号；被总结的上文内容较多时，宜用破折号。例如：

④ 电视媒体惊喜地发现，大学生辩论赛拥有吸引观众的所有要素：衣冠楚楚的辩手和富丽堂皇的辩论会场构成了优美的形式，引经据典的辩词和唇枪舌剑的辩论构成了令人愉悦与刺激的内容，优雅的主持人和幽默的嘉宾带来了明星效应的光环，另外，任何观众能够对每个台上的辩手评头论足并且做出自己认为谁该胜利的判断，甚至还可以意犹未尽地和家人同事对辩题继续讨论——这一切正符合电视节目参与性、互动性的国际潮流。(CCL 语料库)

⑤ 现代工业生活可能日趋恶劣，甚至是敌意的或者顺乎自然的：一切都取决于我们的文化与技术之间的适应程度。(CCL 语料库)

(3) 用于“解释说明”时，《标点符号用法解读》(2012) 认为，两者具体用法的区别可以从意义和形式两个方面来考虑。从意义上来看，破折号表示注释内容，不是句子的主干部分，删去后，句子仍然是完整的。如示例⑥中，删去注释部分后，句子就变成“只要教育者能做到‘四有’，都可以收到良好的效果”。而冒号表示总说与分说时，分说的部分不能省去，否则句子就不完整。如示例⑦中，删去冒号后面的部分后，句子就变成“今晚的文艺汇演节目有”，而这不是一个完整的句子。从形式上看，冒号的特点是一直管到句末。因此，“*今晚的文艺汇演节目有：舞蹈、合唱、小品都很精彩”中的“舞蹈、独唱、相声”才是对上文的分说，而冒号一管到底的特点，使得它后面所有的内容都成为对上文的分说，与文意不符。例如：

⑥ 只要教育者能做到“四有”——言之有理、行之有度、教之有方、爱之有心，都可以收到良好的效果。(CCL 语料库)

⑦ 今晚的文艺汇演节目有：舞蹈、合唱、小品。

正因为破折号和冒号有用法上的重叠，所以在具体的使用过程中，灵活选用可避免冒号或破折号的叠加使用所造成的表意不清。如示例⑧用冒号解释前面的内容，用破折号表示对前面内容的评议，内容复杂但语言极富条理性，非常清楚明白。

⑧ 她做了她能想到的一切：追随他、供奉他、甚至为了他自杀——这一切仅仅是为了获得他的爱情。

**19. 在分隔正副标题时，冒号与破折号的用法有什么区别？**

答：分隔正副标题时，在中文中应使用破折号分隔，在英文中主要使用冒号分隔。受英文用法的影响，近些年，中文中也出现了大量使用冒号分隔的现象，我们认为也是可以接受的。例如：

①《谈论元的引介策略——以客语多重蒙受结构为例》（沈阳主编《走向当代前沿科学的现代汉语语法研究》）（《语言学论丛》）

②《The Biolinguistic Program：Where does it stand today?》（《语言学论丛》）

③《汉语话题化结构限制中的邻接条件：认知处理角度的论证》（沈阳主编《走向当代前沿科学的现代汉语语法研究》）

**20. 在用于“引起下文”“解释说明”时，冒号和逗号的用法有什么不同？**

答：GB-A.6.1提到，“冒号用在提示性话语之后引起下文。表面上类似但实际不是提示性话语的，其后用逗号。”例如：

①《隋书·经籍志》记载："后魏初定中原，军容号令，皆以夷语，后染华俗，多不能通。"(CCL语料库)(提示性话语)

② 据《北史·魏本纪》记载，魏先世"射猎为业，淳朴为俗，简易为化，不为文字，刻木结绳而已"。(CCL语料库)(非提示性话语)

提示性词语后面的内容如果用引号引起来，那么最好使用冒号；如果没有出现引号，那么也可以使用逗号。具体情况如下：

(1) 如果不需要强调宾语的独立性和动宾之间的停顿，动词之后也可以不用冒号而用逗号，甚至什么点号也不用。例如：

③ 伊丽莎白欣喜若狂，一阵浓浓的、娇媚的红晕在她苍白的脸上闪闪发光，眼里闪耀出奇异的光彩。她大声说，这是她最最快乐、最最快乐的生日！(艾德里安《为我唱首歌吧》)

④ 人们常说"做人"，说明人是在"做"中才成就为人的。(CCL语料库)

(2) 如果不强调总说语的提示性，那么也可以在总说之后用逗号；但如果表分说的分句之间用了分号，那么总说部分的后面就要用句号而非逗号。例如：

⑤ 我认为夺取世界杯赛冠军的球队应该具备这样几个条件，首先是国内有一个高水平的联赛，其次是有一批球员在欧洲各大联赛效力，只有这样基础深厚的球队才能最终取得好成绩。(CCL语料库)

⑥ 错误可分两种。一种是由于有先入为主的成见，因而对杜诗作了歪曲；一种是沿袭错误的旧注。(CCL 语料库)

如果表分说的分句之间没有使用分号，那么总说时也可以不用冒号。例如：

⑦ 我们一面须接受新的文化，一面又须设法振兴旧的政教。我民族在近代所遇着的难关是双层的。(CCL 语料库)

(3) 提示的内容过于简短时，一般不用冒号。例如：

⑧ 我回答，是的！因为没有雪驹，便没有我这盲目的赴汤蹈火。(CCL 语料库)

⑨ a. * 大家都认为：这样好，只有你提出一些古里古怪的问题，故意扫大家的兴。(误)

b. 大家都认为这样好，只有你提出一些古里古怪的问题，故意扫大家的兴。(正)

**21. 称呼语后用逗号、冒号和叹号有什么区别?**

答：属于提示性的称呼语或称谓语之后的停顿，用冒号表示；属于叙述性的称呼语或称谓语之后的停顿，用逗号表示。例如：

① 同志们：

你们好！

② 同志们，张志公先生要我作为一个与会的代表来讲几句话。

称呼语后也可以用叹号，此时所表示的情绪更昂扬热烈一些。例如：

③ 中国人民解放军全体指战员同志们！

全国同胞们，同志们和朋友们！在伟大的中华人民共和国成立三十五周年的这个光荣时刻，我向为进行社会主义现代化建设、为完成祖国统一大业、为保卫祖国安全而奋斗的同志们、同胞们、朋友们，致以最热烈的节日祝贺！（邓小平《邓小平文选3》）

**22. “认为、主张、提议、宣布”等表示言语行为的动词后应不应该加标点？如果加，加逗号还是冒号？**

答：一般情况下，以下三个例子都是可以接受的：

① a. 本文认为，现代汉语仍有许多词类活用现象。

b. 本文认为：现代汉语仍有许多词类活用现象。

c. 本文认为现代汉语仍有许多词类活用现象。

这类具有提示性的言语行为动词后是使用冒号、逗号还是不加标点，一般遵循以下几个原则：

(1) 言语行为动词后的内容如果用引号引起来，那么最好使用冒号。例如：

② 美国心理学家桑代克认为：“人性有种原本趋向，通过多中择一反应形成一切行为和道德品格，这一切是受精卵的遗传基因决定的。”

③ 他宣布：“人类出于同源，在同一发展阶段中人类有类似的需要，并可看出在相似的社会状态中人类有同样的心理作用。”

④ 特洛亚主张：“写小说，就是要使可能生动的事物，尽可能地生动。但这并不意味着原封不动地照抄生活现实。现实必须经过作者主观感受的改造和折射而后再表现出来。”他还主张：“小说家应该让他的人物活跃起来，但不加品评，不做褒贬。他如果参与到故事中去，称赞或者指责自己的人物，小说的魅力便会被他破坏掉。”

⑤ 她在去顺义的路上向她先生提议：“现在咱们谁也不要管谁，我找个面首，你找个姘头，好吗？”

(2) 言语动词后的标点选择与停顿长短有关，有较长停顿的一般使用冒号。如果不需要强调宾语的独立性和动宾之间的停顿，动词之后也可以不用冒号而用逗号，甚至什么点号也不用。例如：

⑥ 在 1994 年湖北省荆门石油化工总厂的第十届一次职代会上，不少职工代表联名提议：拿出 10 万元奖金给总厂党政领导发奖。

⑦ 于是在民保盟中央执行委员会上，一贯对罪恶势力“横眉冷对千夫指”、对人民大众“俯首甘为孺子牛”的鲁迅终于拍案而起：“鉴于胡适之对民盟根本宗旨的攻击和背叛，我提议，开除胡适的盟籍！”

⑧ 有政协委员提议要在全国普及十二年义务教育，对此，社会各方意见不一，有学者认为时机尚不成熟，有学者认为中国的基本条件已经具备。

(3) 提示的内容过于简短时，一般不用冒号。例如：

⑨ *大家都认为：这样好，只有你提出一些古里古怪的问题，故意扫大家的兴。(误)

⑩ 大家都认为这样好，只有你提出一些古里古怪的问题，故意扫大家的兴。(正)

**23. 用于总结上文时，可以不用冒号而用其他标点符号吗？**

答：可以。虽然 GB4. 7. 3. 2 提到，“冒号的一个基本用法是用于总结上文”，但是破折号也有这个作用。《标点符号用法解读》(2012) 认为，两者的区别在于，破折号比冒号的停顿时间长，在书面上也更为醒目。因此，被总结的上文内容较少时，宜用冒号；被总结的上文内容较多时，宜用破折号。例如：

① 电视媒体惊喜地发现，大学生辩论赛拥有吸引观众的所有要素：衣冠楚楚的辩手和富丽堂皇的辩论会场构成了优美的形式，引经据典的辩词和唇枪舌剑的辩论构成了令人愉悦与刺激的内容，优雅的主持人和幽默的嘉宾带来了明星效应的光环，另外，任何观众能够对每个台上的辩手评头论足并且做出自己认为谁该胜利的判断，甚至还可以意犹未尽地和家人同事对辩题继续讨论——这一切正符合电视节目参与性、互动性的国际潮流。(CCL 语料库)

② 现代工业生活可能日趋恶劣，甚至是敌意的或者顺乎自然的：一切都取决于我们的文化与技术之间的适应程度。(CCL 语料库)

另外，如果表分说的分句之间没有使用分号，那么总说时也可以不用冒号。例如：

③ 我们一面须接受新的文化，一面又须设法振兴旧的政教。我民族在近代所遇着的难关是双层的。(CCL 语料库)

**24. 在文章中进行语言描写或者引用别人的话时，刚好要换行，冒号和引号的位置如何确定？**

答：当冒号与引号连用时，冒号在前，前引号应紧随其后。如果恰巧要换行，那么建议将冒号放在末尾，前引号放在下一行的开头。例如：

① 你总说自己忙，没空陪伴父母和只有 8 个月大的孩子，可鲁迅先生说：
“时间就像海绵里的水，挤挤总是有的。”

**25.“大声说”的后面要用冒号与引号吗？**

答：“说”后的标点使用情况与前面的修饰词无关，不管“大声说”还是“小声说”，都只与引语的类型和出现的位置相关，具体情况如下：

(1) 提示下文，直接引用，“说”字后面用冒号、引号。例如：

① 王老师说：“天气冷了，同学们要多穿点儿衣服，以免着凉。”

(2)“说”字后面用逗号，直接引用的话在两边，用引号。例如：

②“从此，”乔治对我说，“我开始振作起来，进行有规律的生活

和锻炼，不久我就感到好起来了。你看，”他激动得一下子站起来，“就好像我生活的一切都从头开始了。”(CCL 语料库)

(3) 不是直接引用，而是引用大意，“说”字后面只用逗号。例如：

③ 12 月 2 日，那个人又找到贺龙说，我现在听你一句话，你能不能担保罗瑞卿没有问题？贺龙大声说，我可以担保罗瑞卿不是反革命，他绝不反党。(CCL 语料库)

(4) 如果“说”后的内容是转述或引用他人的话且比较简短，在行文中不需要停顿，那么“说”后也可能出现不加冒号或逗号，而是直接加引号的情况。例如：

④ 在大陆恐怕也遭遇到一些卡死的，你不是共产党，你本身想混的，先天就不行。荀子有句话，他说“有之不必然，无之必不然”。(CCL 语料库)

# 二、标号

## （一）引号用法

**1. 引号的定义是什么？引号的形式有哪些？**

答：关于引号的定义和形式，GB4.8.1明确指出，引号是标号的一种，标示语段中直接引用的内容或需要特别指出的成分。引号的形式有双引号（“”）和单引号（‘’）两种。左侧的为前引号，右侧的为后引号。在引用中，只用一组引号时，用双引号；当引号中还需要使用引号时，外面一层用双引号，里面一层用单引号；需用三组引号时，先用双引号，后用单引号，最后再用双引号。

根据GB5.2.3的规定，在直行文稿中，双引号为“﹃”“﹄”，单引号为“﹁”“﹂”，标在相应项目的上下，以与行款相配合。GB5.1.3还指出，引号的两部分标在相应项目的两端，各占一个字位置。其中，前引号不出现在一行之末，后引号不出现在一行之首。例如：

> ① 也有一些字眼的意义变化或者事物的名称改变，跟人们的生活不一定有多大关系。比如“江”原来专指长江，“河”原来专指黄河，后来都由专名变成通名了。（吕叔湘《语文常谈》）

②“近些年，中国装备产业有了很大提升，正在走向世界。消费品产业同样要积极应对消费者需求的新变化，主动参与竞争。”总理说，“中国有13亿人口，中等收入者已有3亿人，这是任何国家都无法比拟的巨大消费力量。”（中国政府网）

③ 献策又指着后边的四句七言颂诗说：“请看这第三句是‘十八孩儿兑上坐’，十八孩儿即俗话说的‘十八子’，是个‘李’字，明明指的是闯王。兑为北方，闯王起自延安府米脂县，正是兑方。再看这第四句‘九州离乱李继朱’，话就说得更明白了。”（姚雪垠《李自成第二卷》）

④

> 《甌香館集》卷十二《畫跋》記及馮生招其遊西湖，「馮生曰：『子善吟，願子為我歌今夕。』余曰：『是非詩所能盡也，請為圖。』……南田生曰：『斯圖也，即以為西湖夜泛詩可也。』」
> （《惲壽平全集》）

**2. 引号的基本用法是怎样的？具体又是如何使用的？**

答：引号的基本用法是标示语段中直接引用的内容、需要强调的内容，以及因具有特殊含义而需要特别指出的成分。根据 GB4. 8. 3 的规定，引号有以下基本用法：

(1) GB4. 8. 3. 1 指出，引号的功能之一，是标示直接引用的内容。是否打引号，是区别直接引用与间接引用的手段。

直接引用的情况下，必须保持其原貌，不能随意更改，如示例①。根据说话人出现位置的不同，有三种不同的对应情况：“说”“道”等位于引文之前，则“说”“道”等后面用冒号，如示例②；“说”“道”等位于引文之后，若处于句末，其后用句号，如示例③；若“说”“道”等后面还有其他成分（即前后都有引文），其后用逗号，如示例④。间接引用是归纳转述别人的言论，不用标号，如示例⑤。如果行文中既有直接引用又有间接引用，那么直接引用的部分要加引号，如示例⑥。

① 比如花朵小而带有清香甚至异香的春兰、墨兰等，元代诗人吴海《友兰轩记》赞其有三善：“国香一也，幽居二也，不以无人而不芳三也……三者君子之德具矣。”（胡阿祥《读史入戏：说不尽的中国史》）

② K9 前进了几英寸，耷拉着尾巴叫道：“不对，主人。”（道格拉斯·亚当斯、加雷斯·罗伯茨《神秘博士：沙达》）

③“爱是什么？”我问。（海伦·凯勒《假如给我三天光明》）

④“那么现在，”梅特兰上尉说，“我们该知道事情的真相了吧！”（阿加莎·克里斯蒂《古墓之谜》）

⑤ 她告诉小贩，不称桃了。（孙犁《风云初记》）

⑥ 直到他逝世的大前日，他才答应卧在床上，他在朋友与仆人环绕之中读出他的遗嘱，神志非常清楚。他把“他的灵魂赠与上帝，他的肉体遗给尘土”。他要求“至少死后要回到”他的亲爱的翡冷翠。（罗曼·罗兰《名人传》）

（2）GB4. 8. 3. 2 指出，引号标示需要着重论述或强调的内容。例如：

⑦鲁迅的两句诗，“横眉冷对千夫指，俯首甘为孺子牛”，应该成为我们的座右铭。“千夫”在这里就是说敌人，对于无论什么凶恶的敌人我们决不屈服。“孺子”在这里就是说无产阶级和

人民大众。（毛泽东《在延安文艺座谈会上的讲话》）

⑧ 其一，“地域学”的“地域”不同于“地域研究”的“地域”，后者是比较随意的，而前者相对严格。（胡阿祥《读史入戏：说不尽的中国史》）

⑨ 在任意的下载链接上右击，从弹出的快捷菜单中选择“目标另存为”命令，弹出“另存为”对话框，如图 7－30 所示。（黄强主编《大学计算机基础应用教程》）

（3）GB4. 8. 3. 3 指出，引号用来标示语段中因具有特殊含义而需要特别指出的成分，如别称、简称、反语等。例如：

⑩ 老官用他那洪亮的声音，讽刺地说：“谢谢你，我的好心的沈老太爷。我们很知你的恩，很感你的德。而且对你的这份‘恩德’，我们是定要报的，你放心就是了。”（峻青《海啸》）

⑪ 如果是在科场中，诗词出了韵（又称“落韵”），无论诗意怎样高超，只好算是不及格。（王力《汉语诗律学》）

⑫ 因系京城卫戍部队，所以又称“京营”。（姚雪垠《李自成第一卷》）

⑬“联合国中文日”（以下简称“中文日”）定在二十四节气的谷雨这一天，是联合国相关组织联系我国教育部，由教育部牵头研究决定的。

⑭ 为完善《语言文字报》《语文建设》杂志（以下简称“一报一刊”）网络平台，给读者搭建交流互动的多媒体平台，本报官方微博于 10 月初发起了网络调查。（《语言文字报》）

⑮ 每当夜间疲倦，正想偷懒时，仰面在灯光中瞥见他黑瘦的面

貌，似乎是正要说出抑扬顿挫的话来，便是我忽又良心发现，而且增加勇气了，于是点上一枝烟，再继续写些为“正人君子”之流所深恶痛疾的文字。(鲁迅《藤野先生》)

**3. 引文内容出现双层甚至多层引用时，引号如何使用？**

答：GB4. 8. 3. 4 规定：“当引号中还需要使用引号时，外面一层用双引号，里面一层用单引号。”

双层引用的情况下，双引号里面套单引号，如示例①②。双层引用内不止一段时，双引号里面连续使用单引号，如示例③。多层引用的情况下，双引号里面套单引号再套双引号，由外到内，诸层按照双单双单的形式间隔使用下去，如示例④。

① 张爱萍将军称他为“‘两弹’元勋”，他是当之无愧。(杨振宁《邓稼先》)

②“今年我国粮食生产有可能实现‘十二连丰’，但库存压力大、粮价走低已成为‘丰收的烦恼’。如果不及时出台稳粮增收的措施，随着秋粮的大范围入市，种粮农民可能面临‘卖粮难’问题。”中国社科院农村所研究员李国祥说。(中国政府网)

③ 我看到过西海固的作家王漫西的一段文字，是这样写的：“1972 年，西海固大旱，我去某村找一位烧窑师傅，村里人都说这位师傅很诙谐。我问他祖籍在什么地方，他脱口而出：‘天盖村。’在我准备告辞时，他说：‘你是走州过县的人，咱这里人都说地球把把子（批把柄）快磨断了。’还说：‘咱这里人说是苏联专家测出来的，正拿电焊机焊着哩。’”(周涛《河与沙》)

④ 她问："那天小张来问：'之前老板说的"要三斤"是一样要三斤，还是一共要三斤？'"

但并不是所有双引号里面出现引号就必须是单引号，如示例⑤。直接引用时应保持引用内容的原貌，书名中原本就带引号的，在直接引用时就该保留书名中的双引号，不能因为是引用内容而将书名号中的双引号改成单引号。例如：

⑤ 妹妹说："我昨天也去买了《哈利·波特与"混血王子"》。"（校对标准论坛）

**4. 独立成段的引用如何使用引号？**

答：GB4.8.3.5 规定："独立成段的引文如果只有一段，段首和段尾都用引号；不止一段时，每段开头仅用前引号，只在最后一段末尾用后引号。"

也就是说，成段引用的情况下，独立成段的引文如果只有一段，那么段首和段尾都加上引号，如示例①。如果引文不止一段，那么每段引文只需段首标示前引号，直到多段引文结束，在最后一段末尾标示后引号，以表示引文结束，如示例②。

① 实际上，这是印象派画展给后世留下的重要细节。很多年后的1899年，西涅克写道：

"新印象派画家们放弃了金色画框，因为金色画框刺眼的光泽改变或破坏了作品的和谐。他们一般使用白色画框，以便在绘画与底色之间提供好的过渡，并在不破坏和谐的情况下，使色彩更显饱和。"（张佳玮《莫奈和他的眼睛》）

② 在前面介绍过的《方法演技》一书中，对动物练习作出了这样

的说明：

“演员应该仔细观察周围的人，并灵活运用到角色塑造上。

“不过，通过观察人类来抓住人类的特征，实际上非常困难。为什么呢，因为我们人类并不善于区分自己和其他人。往往只能看到他人和自己的共同点，得出‘所有的人基本都是相同的’这样的简单结论。

“研究和人类完全不同的动物的行为，能够帮助我们更好地理解，更加真实地表现人类自身——这就是动物练习的目的。”（堺雅人《文·堺雅人健康的日子》）

独立成段的引文，还可以采用缩排不加引号的方法来表示。通常，引文要与正文空一行，比正文多缩进两格，即第一行开头空四格，转行空两格，可不加引号，但引文前的正文末尾应有冒号或破折号。在字体上，多采用与正文不同的字体。例如：

③ 不过，符号是以一种抽象的形式去呈现现象的这些品质或特性。……或者，正如他从形而上学的意义上对此进行的论述：

品格（character）是存在的基础；而无论品格是什么，它在某种程度上又是以存在着的（的基础）为依据的……

因此，符号基础作为对象的呈现，它为符号可以再现其对象起到了奠基性作用；又如……（赵星植编译《皮尔斯：论符号；李斯卡：皮尔斯符号学导论》）

**5. 表示事件、节日、纪念日时，是否需要用引号？如何使用？**

答：表示事件、节日、纪念日时，宜用引号。GB4.8.3.6 规定：“在书写带月、日的事件、节日或其他特定意义的短语（含简称）时，通常只标引其中的月和日；需要突出和强调该事件或节日本身时，也可连同事件或节日一起标引。”

（1）带数字的事件、节日、纪念日通常用引号标示出月、日即可，数字可以使用阿拉伯数字或汉字数字标示，中间可以使用间隔号将月份与日期隔开。当用汉字数字表示时，在一、十一和十二月后必须要用间隔号，以免混淆，其他月份则可用可不用；当直接用阿拉伯数字表示时，月、日之间均用间隔号（半角字符）。例如：

① 但是研究者们认为，“9·11”事件的劫机者们（至少是我们知道生日的那些）平均年龄接近26岁，而我们认定的领导者Mohammed Atta当时33岁，研究生毕业，这些可能是恐怖袭击成功的一个原因。（曼昆《经济学原理：微观经济学分册》）

② 这里是为遗属们而设的，用以祭奠“九一一”事件中的牺牲者的房间。（堺雅人《文·堺雅人健康的日子》）

③ 1924年9月，雷峰塔终于倒掉，一批“五四”文化闯将都不禁由衷欢呼，鲁迅更是对之一论再论。（余秋雨《文化苦旅》）

④ 胡适与周作人的交谊，始于“五·四”运动，终于“七·七”事变。（肖伊绯《民国笑忘书》）

⑤ 1935年12月9日，北平发生的“一二·九”学生运动是中国共产党领导的一次大规模学生爱国运动。（新华网）

⑥“11·11”当天，李克强总理主持召开本届政府第111次国务院常务会议，其中，第一个议题就是部署以消费升级促进产业升级，培育形成新供给新动力扩大内需。（中国政府网）

⑦ 据阿里巴巴实时数据显示，截至11日24：00,2015天猫“双

11”全球狂欢节交易额超912亿元。(《人民日报》)

⑧ 一年一度的“双十一”临近，眼下各大电商铆足了劲，推出各种诱人打折活动，消费者也是早早在购物车里屯满了各种商品，快递员们更是提前做好迎接即将到来的物流高峰期。(《宣城日报》)

其中，示例⑦⑧既包括带数字节日的标示，又包括对日期缩略的使用。

(2) 当要强调节日或事件本身，即数字表示的时间只是需要强调的事件的一部分时，需连同日期与节日或事件一起用引号标出。例如：

⑨ 他想到“五卅惨案”，就发生在上海的南京路。(欧阳山《三家巷》)

⑩ 下边说武存忠乃形意门传人，清末在善扑营当过拳勇，民国以后在天桥撂场子卖艺，“七七事变”后改行打草绳。(邓友梅《那五》)

⑪ 那时我哥一雄在汇文中学读书，他参加过“一二·九运动”，常常把一些上面一张印着字的红红绿绿的花纸带回家。(汤一介《我们三代人》)

(3) 不带数字的事件、运动、节日，尤其是在文中第一次被提到时，一般也需要用引号标示出来。例如：

⑫《文学改良刍议》发表在《新青年》1月号，揭开了“新文化运动”的序幕。(肖伊绯《民国笑忘书》)

⑬ 1964年袁隆平迈出了杂交水稻研究的第一步。可是不久，“文化大革命”便开始了。(谭士珍《杂交水稻之父——袁隆平》)

⑭ 桑伟川到底犯了什么罪？他的命运如何？震动上海、波及全国的“桑伟川事件”，究竟是怎么回事呢？(周而复《上海的早晨》)

(4) 有的事件、节日、纪念日，耳熟能详，同时又不是需要加以解释或特别论述的内容，也可以不加引号。例如：

⑮ 过完了元旦，又是春节。(不光《闯西南》)

⑯ 由外国历史，她知道拿破仑怎样征服欧洲，哥伦布怎样发现新大陆，法国大革命和美国南北战争又是怎样的景况。(苏雪林《棘心》)

⑰ 辛亥革命发生，宣告成立中华民国，孙中山先生就任临时大总统。(刘绍棠《狼烟》)

⑱ 五四时期的最初四五年，也是胡适最受青年崇信的阶段。(肖伊绯《民国笑忘书》)

针对这些情况，我们建议表示节日、纪念日、事件时，宜用引号，尤其是在行文中第一次被提到时。当人们已经完全熟悉这些节日、纪念日、事件，以至于成为常识之后，不再用引号标示也是可接受的。

**6. 标有引号的并列成分之间应如何使用标点？**

答：GB4. 5. 3. 5 明确规定：“标有引号的并列成分之间、标有书名号的并列成分之间通常不用顿号。若有其他成分插在并列的引号之间或并列的书名号之间（如引语或书名号之后还有括注），宜用顿号。”

(1) 引号虽然并不表示句子内部并列词语之间语气的停顿，但是由于引号十分醒目，已经达到了提醒人停顿、注意的目的，因此可以不再用顿号。

这样规定是因为，首先从表达功能上看，并列的引号之间无论实际上有没有停顿，不使用顿号都不会造成理解上的困难；其次，当所引内容比较多或者所引内容本身已经带有标点符号时，如果并列的引号之间再使用顿号，不仅形式上不美观，而且降低了标点符号的表达效率。此外，从编辑出版的技术处理角度看，各个出版社也多采用并列的引号之间不使用顿号的处理方式。《出版校对培训教程》就指出，“因为引号在视觉上有分隔作用，可以避免‘满纸黑瓜子（顿号）’。”例如：

① 所谓“投降”“屈事”“吃亏”“上当”之说，实难苟同。（廖承志《致蒋经国先生信》）

② 如著名学者、作家钱锺书，字默存，当面可称“默存先生”“锺书先生”“钱先生”，一般不用“钱锺书先生”作面称。（鲁教版《语言的运用》）

③ 我看到的校旗有“育英”“培英”“六一”“十一”“五一”，都是各院的子弟小学，一看校名就知道一个路数，没什么想象力。（王朔《看上去很美》）

（2）从经济美观的角度出发，在同时引用大量同类并列成分，而并列成分本身又比较简单的情况下，可以将多个并列成分放在一组引号之内。这时，由于没有了引号的间隔作用，并列成分之间应使用顿号隔开。例如：

⑨ 该厂拳头产品包括“关东参、神农参”为代表的 11 个品种、36 种规格的人参滋补药产品系列。

⑩ 今天在南方某些方言里“斜”跟“家、花”仍然可以押韵，就是个证明。（沈阳、郭锐主编《现代汉语》）

⑪ 2012年下半年以来，新词语中，“房氏家族”的“房哥、房嫂、房姐、房妹、房叔、房婶、房媳、房爷”以至“房祖宗”都一一粉墨登场，进入公共舆论视野，阵容蔚为壮观。(《中国语言生活状况报告》)

⑫ 宋末方回批评“四灵”说：“所用料不过‘花、竹、鹤、僧、琴、药、茶、酒’，于此几物一步不可离，而气象小矣。”(《瀛奎律髓》卷一〇）这话确实击中了“四灵”的要害。(袁行霈主编《中国文学史》)

(3) 注意不能矫枉过正，一看到两个引号并列就拒绝顿号，要注意区分。

A. 有时并列的引号之间会出现别的成分（如引语之后有括注)，这时为了避免理解的困难，需要标明顿号。例如：

⑬ 古人常借“丁香”表现愁思，如“自从南浦别，愁见丁香结”(唐·牛峤《感恩多》)、“芭蕉不展丁香结，同向春风各自愁”(唐·李商隐《代赠》)、“青鸟不传云外信，丁香空结雨中愁”(南唐·李璟《浣溪沙》)。(华东师大版《语文》)

B. 最后两个并列的引号间有“和”或者“或”等连词时，前面几个并列成分之间宜用顿号。例如：

⑭ 其中，与江淹有关的典故有“梦笔生花”、“江郎才尽”和“文通残锦”。(李永新主编《军队文职人员招聘考试专用辅导书公共科目一本通》)

⑮ 1983年，该公司在中国注册了商标“IKEA”、“IKEA”及图

形组合商标和“宜家”商标。(《财经》)

C. 我们说“标有引号的并列成分之间不能再用顿号”，但有的引号之间并不是并列成分，此时使用顿号自然是正确的。下例中，“‘浅’”与“‘上’”之间不是并列关系，是可以使用顿号的，“‘深’和‘浅’”与“‘上’和‘下’”才是并列成分。根据此句的句子格式，其间必须使用顿号间隔，否则会造成层次不明。例如：

⑯ 这类词常见的还有“深”和“浅”、“上”和“下”、“好”和“坏”、“长”和“短”。(沈阳、郭锐主编《现代汉语》)

**7. 行文中表示引用的引号内外的标点应如何处理?**

答：GB-B. 2. 1“行文中表示引用的引号内外的标点用法”明确规定：“当引文完整且独立使用，或虽不独立使用但带有问号或叹号时，引号内句末点号应保留。除此之外，引号内不用句末点号。当引文处于句子停顿处（包括句子末尾）且引号内未使用点号时，引号外应使用点号；当引文位于非停顿处或者引号内已使用句末点号时，引号外不用点号。”

在判断表示引用的引号内外的标点如何使用时，有三个参考标准，即是否完整、是否独立、是否位于句子停顿处。所谓引文完整，指的是引用时是将整个句子原样引用出来，以句子的完结作为引文完整的界限。所谓独立使用，指的是引用的内容前后均有点号，单独使用。所谓位于句子停顿处，指的是引用内容前面或者后面有点号断开。

(1) 引文不完整，独立，位于停顿处。此时，若引号前是逗号或无标点，则引号内无点号，点号放在引号外。例如：

①“吹面不寒杨柳风”，不错的，像母亲的手抚摸着你。（朱自清《春》）

② 古人说，“大味必淡”。（李锐《谈白菜》）

③ 近来《人民文学》却邀我写一点散文，并且鼓励我说，“形式内容均不拘，你可以选你所熟悉而又感兴趣的题材写”。（朱光潜《漫谈说理文》）

（2）引文完整，独立，位于停顿处。此时，引号内有点号，引号外无点号。例如：

④ 唐朝有一位名僧百丈禅师，他常常用两句格言教训弟子，说道：“一日不做事，一日不吃饭。”（梁启超《敬业与乐业》）

⑤ 细雨蒙蒙的秋天，我从北京乘飞机到兰州，机上即兴吟诗一首：“十年为可乘长风，一羽凌宵上碧空。拂去云烟十万里，来看黄河落日红。”（刘白羽《黄河之水天上来》）

⑥ *杜牧的诗说：“十年一觉扬州梦。”（余心言《扬州一瞥》）（误）

示例⑥是错例，“十年一觉扬州梦”并不符合引文完整，因为它后面还有半句“赢得青楼薄幸名”。只有引用“十年一觉扬州梦，赢得青楼薄幸名”这一个完整的句子，才是引文完整。这个例子应该改为：

⑦ 杜牧的诗说：“十年一觉扬州梦”。

（3）引文不完整，不独立，位于停顿处。此时，引号内无点号，引号外有点号。例如：

⑧ 建筑也有它特有的节奏，所以过去美学家们把建筑比作“冻结的或凝固的音乐”。（朱光潜《朱光潜选集》）

⑨ 诗人摆脱功利的束缚，便具有超功利的审美的艺术的眼光，具有叔本华所说的“卓越的近观的能力”，即审美的观照，王国维称之为“能观”。（王国维《人间词话》）

（4）引文完整，不独立，位于停顿处。此时，引号内无点号（问号、叹号保留），引号外有点号。例如：

⑩ 惟弟一再声言“不接触，不谈判，不妥协”，余期期以为不可。（廖承志《致蒋经国先生信》）

⑪ 从前的人说“三分人事七分天”，这句话我却极端反对。（张大千《张大千画说》）

⑫ 杜工部诗云“群山万壑赴荆门，生长明妃尚有村”，要亲自到这地方，才可以领略到前人用字之妙。（刘大杰《巴东三峡》）

⑬ 又如汤显祖的《牡丹亭》，最近因上海昆剧团连演三本成为热门，写杜丽娘同柳梦梅生可以死、死可以生的深沉情爱，写春天是“袅晴丝吹来闲庭院，摇漾春如线”。（刘厚生《刘厚生戏曲长短文》）

（5）引文不完整，不独立，非位于停顿处。此时，引号内外均无点号。例如：

⑭ 然则为什么孟子又说“君子有终身之忧”呢？（梁启超《最苦与最乐》）

⑮“七月流火”出自《诗经》，指夏历七月星辰位置的移动，并不指天气炎热。（王力《谈语言》）

⑯ 问题的症结在于《明月皎夜光》里有“玉衡指孟冬”一句话，据李善说，是西汉武帝太初以前的历法。（许结编著《中国古代文学研究导引》）

（6）引文完整，不独立，非位于停顿处。此时，引号内无点号（问号、叹号保留），引号外无点号。例如：

⑰ 我以为应该反过来说，“七分人事三分天”才对，就是说任你天分如何好，不用功是不行的。（张大千《张大千画说》）

⑱ 当然，他们不仅为后人留下了白堤、苏堤，也留下了“到岸请君回首望，蓬莱宫在水中央”一类的精神财富。（祝勇《感受西湖》）

⑲ 写杜丽娘心情是“原来姹紫嫣红开遍，似这般都付与断井颓垣，良辰美景奈何天，赏心乐事谁家院”等等，到现在读了都像饮酒似的令人陶醉。（刘厚生《刘厚生戏曲长短文》）

由于句末点号中的问号和叹号往往表示强烈的感情，如果去掉会在一定程度上影响文意的表达，因而当引文完整时，不论是否独立使用，都应当保留句末的问号和叹号。例如：

⑳ 这首歌高昂激越，催人奋进，尤其是结尾的句子“我们万众一

心，冒着敌人的炮火前进！冒着敌人的炮火前进！前进！前进！进！”坚定有力，反映了中国人民万众一心、勇往直前、誓死保卫祖国的伟大精神，唱出了中华民族的最强音！（《中华民族的最强音》）

㉑“谁的钢笔?”的中心语是钢笔，而意义的重点却在“谁的”上头，……（CCL语料库）

**8. 引文末尾的引号内外应如何使用点号?**

答：行文中表示引用的引号内外的标点用法之所以成为标点使用混乱的一个重要诱因，主要是因为引号内的引文本身带有句末点号，而引号所在的句子本身还有标点，两层标点相互叠加，就造成了使用上的混乱。因此，解决这一问题的关键，就是对这两层标点进行协调。

首先，从引文本身的层面来看，其带不带标点均可，取决于引文是否完整以及引文是否独立。如果引文不完整，那么不论是否独立使用，引文均不带任何句末点号。如果是完整的引文且独立使用，那么应当带有句末点号；如果引文完整，但不独立使用，那么不应带有点号。然而，由于句末点号中的问号和叹号往往表示强烈的感情，如果去掉会在一定程度上影响文意的表达，因此当引文完整时，不论是否独立使用，都应当保留句末的问号和叹号。

其次，从引号所在的句子本身层面来看，如果引文处于句子停顿处（包括句末），那么应当使用点号；如果引文处于非停顿处，那么不应使用点号。

综上所述，引文末尾的引号内外的点号使用规则可以总结为，除问号、叹号外，引号内保留点号的情况只有一种，即引文完整且独立。而针对引号外的点号，如果引文末尾不处于句子停顿处，那么引号外没有点号；如果引文末尾处于句子停顿处，那么应当有点号。但是，当引文完整且独立时，由于引文内已经有了点号，因此从经济和美观原则出发，引号外不再使用点号。例如：

① 凤姐儿笑道："外头已经四更多了，依我说：老祖宗也乏了，咱们也该'聋子放炮仗——散了'罢。"（曹雪芹《红楼梦》）

② 他在扉页题下一行字："春游柏林，买书送叔明兄，志摩，四月。"（肖伊绯《民国笑忘书》）

③ 那人摆着一副慈善家的面孔，吆喝一声"喂，来吃!"这个味道是不好受的。(吴晗《谈骨气》）

④ 在北京，都说"剃头的挑子，一头热"，其实，馄饨挑子也一样。(萧乾《吆喝》）

引号内以省略号结尾的句子，不论是在段落中，还是在段落最后，引号外都不加点号。由于后引号已经占了一格，需要隔开、标示的部分都很清晰，因此再加点号的话，反而会累赘。例如：

⑤ 两个人说话的时候，一方发现自己听错了对方的话，常常会说，"我听错了，我以为你说的是……"其实这只是听话人根据自己的预期对声学信号做出了另外的解读。

⑥"得麻风病……"他鼓起勇气，"是什么感觉?"（维多利亚·希斯洛普《岛》）

⑦ 他突然战栗起来。

"这太可怕了……太可怕了……"

莫卡多太太迅速来到他的身边。(阿加莎·克里斯蒂《古墓之谜》）

**9. 引文之前应如何使用点号?**

答：引文之前应怎样使用标点符号，取决于引文与前文之间的关系。

(1) 如果引文前面的话在末尾带有提示性停顿，引文是所提示的内容，这时引文之前常用冒号。引文可以是完整的引用，也可以是不完整的引用。例如：

①《世界人权宣言》指出："人人生而自由，在尊严和权利上一律平等。"(CCL 语料库)

② 美国地理学家哈伦·巴罗斯甚至直接指出："地理学就是人类生态学。"(《地理学导论》)

(2) 如果引文前面的话与引文之间只是句子内部的一般性停顿，没有特别的提示意味，这时引文之前用逗号。当引用原话时，"某某说"插在引文中间。若前后引文是同一个人的话，则"某某说"与后一段引文之间要用逗号。例如：

③ 评论指出，"问题的严重性在于，奥野的胡言乱语并非仅反映他个人的立场。"(CCL 语料库)

④ 庞俊则在文章中高度评价章太炎在小学、经学、文学、哲学、政治上的成就和"实事求是"的谨严考据方法，认为章氏"继往开来之学"，博大精深，"实为三百年来所未有"。(肖伊绯《民国笑忘书》)

⑤"没有了，"少剑波微笑着说，"只是那几个伤员和用不着的马匹带回去就可以了。"(曲波《林海雪原》)

(3) 如果引文前面的话与引文之间没有停顿，那么引文之前就不用点号。例如：

⑥ 所以有“朝霞不出门，晚霞行千里”的谚语。（朱泳燚《看云识天气》）

⑦ 关系多了，错综复杂，千头万绪，往往出现“万事俱备，只欠东风”的情况。（华罗庚《统筹法平话及补充》）

**10. 用“记言省略”的方式记录对话时，引号的使用应遵循怎样的规则？**

答：“记言省略”是一种特殊的记录对话的方式，具体是指在行文的开始交代了交谈的双方之后，以下的记述便省去了“某某说”“某某道”一类的字眼。

（1）在使用这种方式记录对话时，要注意两点：一是不同人物说的话应分行书写，并在每行引文的前后加引号，如示例①；二是如果一方连续说话，其话语不止一段，那么应按照标引多段连续文字时引号的用法来进行标引，如示例②，即在每段开头标前引号，在最后一段末尾标后引号，代表一个人的话结束，然后再另起一段，标引另一个人的话。例如：

① 他竭力不让对方察觉自己的激动，平静地问道：“案子有什么新发现吗？”

“还谈不上，但发现了一些需要你确认的事。打扰你工作不好意思。能见面吗？我去东京也行。”柏原的声调很有节制，似乎掌握了某种确定的东西。

“不能在电话里说吗？”

“也不是，但我想直接与你交流，这样对你也比较好。”

“好，我现在就有空。”

“谢谢。在哪儿方便？”

“你要是能来东京车站，就太好了。”

“可以。你还在工作吧？不好意思。”

“不客气，这也是要紧事。”（东野圭吾《流星之绊》）

②“哦，是吗？”她转向我，“你知道的可真多啊。在营地里，他们只是‘凯里先生’和‘莱德纳太太’，但他们总在外面幽会。她会沿着小路走到河边，而他每次会离开挖掘场大约一个小时。他们总是在果树林里见面。

“我有一次刚好看见他们分手，他大步走回挖掘场，而她则站在那里望着他。我想我就是个女无赖。我随身带着双筒望远镜，于是就拿出来，把她的脸看了个清清楚楚。如果要我说，我相信她爱理查德·凯里爱得要死……”

她忽然住了口，看着波洛。（阿加莎·克里斯蒂《古墓之谜》）

（2）在排版中，“记言省略”的形式一般是几位说话人交换说话，一人一次一段，有换行，但也有一些情况并不换行，而是放在一个段落里。例如：

③“怎么回事？”“喔，你知道那都是很好的木料。”“那么那些向日葵又是怎么回事呢？你并没有说那些向日葵。”“那是个谜。不过我想那肯定是我爷爷种的。如果那是人种的就肯定是我爷爷种的。”“他没告诉你？”“没。就像他到底也没说我的父母去了哪儿。”（史铁生《我遥远的清平湾》）

（3）在“记言省略”的情况下，引号内以省略号结尾的句子单独放一行。若整行就只有省略号，则引号后不用加点号。例如：

④“嗯，今天的咖啡……”

“我没问你咖啡到底怎么样，我的意思是你对这个四、六、三的推论怎么看？”（岛田庄司《占星术杀人魔法》）

⑤“制作那些标记的工具并不是粉笔，而是某种念力自然印刻在黑板上的，被预告的死者都没有活过二十四小时……”申之森解释道，“这些被害人通通死于内脏爆裂……据说现场惨不忍睹，当然，新闻报道并没有提及这一细节。”

“……”

“这个，应该叫‘姻缘伞’吧？”申之森问。（肖以默《白色群像》）

(4) 剧本中表示角色的轮换对话，不需要使用引号。例如：

⑥ 仇　虎　（慢慢地）什么。你说什么？

焦大星　（望着仇虎，挥挥手，羞惭地）没有什么，没有什么，我喝多了（又喝一杯）

仇　虎　大星！喝酒挡不了事情。

焦大星　我知道。可是你不明白，我刚才一看见她，我心里难过发冷，仿佛是死就在我头上似的。

仇　虎　（惊异）为什么？

焦大星　（嘘出一口的酒气）也——也说不上为什么。（忽而，偷偷地）喂，你看见刚才金子看我的那个神气么？

仇　虎　（低下头）没有看见。

焦大星　她——（低声）她看着我厌气，我知道。（曹禺《原野》）

**11. 系列著作的选题名需要用引号标示吗？文章作品与文章标题应该用引号标示吗？章节名称是否需要使用引号标出？**

答：(1) GB－A. 7 明确指出，“丛刊、文库、系列、书系”等作为系列著作的选题名，宜用引号标引。当“丛刊”等为选题名的一部分时，放在引号之内，反之则放在引号之外。例如：

> ①“外语学术普及系列”是上海外语教育出版社专门为外语语言学和文学方向的学习者策划出版的一套入门级学术读物，主要分语言学和文学两大部分，涵盖了这两个研究领域的众多分支，作者多是外语语言学与文学领域的知名专家和教授。(宁春岩《什么是生成语法》)
>
> ② 商务印书馆致力于将“中华现代学术名著丛书”打造为中国学术出版的又一经典，希望能为中华文化走出去提供最具中华现代精神，最能体现中华学术水准的著作。(兰月《商务印书馆举办“中华现代学术名著丛书”出版座谈会》)
>
> ③“能源与未来”丛书共六本，考察与能源获取和生产有关的历史、技术、科学以及环境与社会影响（包括环境公平）等问题。(约翰·塔巴克《生物燃料：土地和粮食的忧患》)

(2) 文章作品与文章标题要分别讨论。GB－B. 1. 8 指出，“题为……”“以……为题”的格式中，如果是诗文、图书、报告或其他作品，可作为篇名、书名看待，用书名号；如果是写作、科研、辩论、谈话的主题等非特定作品的标题，应用引号。GB4. 15. 3 在讲述书名号时也指出，书名号的基本功能之一，是“标示书名、卷名、篇名、刊物名、报纸名、文件名等”。

A. 如果是指具体的一部作品、一篇文章、一个刊物等实物，那么应该使用书名号。但是，如果仅仅是一个标题的话，那么还是必须用引号。例如：

④ 这篇文章原题为“病后杂谈之余”，是大约一个星期之前鲁迅所撰的《病后杂谈》的续作，有点意犹未尽的意思。（肖伊绯《民国笑忘书》）

⑤ 我今天的话题是“汽车与空气污染”。（梅德明编著《高级口译教程》）

⑥ 从“耕堂散文”“芸斋琐谈”“乡里旧闻”“耕堂读书随笔”“耕堂题跋”“芸斋短简”等名目，可见其取材、格式的多样。（洪子诚《中国当代文学史》）

⑦ 这本书的书名是“当代语言学理论和汉语研究”。

B. 在书籍与其中的作品同时出现且为中文的情况下，我们建议书籍和书内作品都使用书名号。例如：

⑧ 人民出版社版《邓演达文集》中，收录了《南京钦定的国民会议和我们所要求的国民会议》一文。这是邓演达痛斥南京国民党当局无耻行径，申明自己政治主张的重要论文。（《读书》）

⑨ a. *《孤桐杂记》中的“说铁饭碗”一文，就列在“每况愈下”一文之前，是章士钊自己的从政感言，以亲身经历谈公务员感受。（肖伊绯《民国笑忘书》）（误）

b.《孤桐杂记》中的《说铁饭碗》一文，就列在《每况愈下》一文之前，是章士钊自己的从政感言，以亲身经历谈公务员感受。（正）

(3) 在指出书籍、文章内的章节名称，以及剧本中的剧幕名时，必须使用引号。例如：

⑩《解放军文艺》在此书尚未出版时，就在一九五四年一、二月分别选发了“蟠龙镇”和“沙家店”两章。（杜鹏程《保卫延安》）

⑪ 第二章到第九章的具体内容如下：第二章，“关于语言使用的研究流派和方法”，从语言使用规范的社会分化的角度来介绍几个不同的学派和理论体系的有关研究。（徐大明等《当代社会语言学》）

⑳ 全剧分为“橘颂”“受诬”“招魂”“被囚”“雷电颂”五幕。（《〈雷电颂〉问题研究》）

**12. 使用修辞手段必须用引号标示出来吗?**

答：使用修辞手段时，一般不要求使用引号。但是，若要突出被修辞的词语，使读者更容易识别到修辞用法，如借代、比喻、反讽等，则建议采用引号标示出来。尤其是反讽，建议要用引号标示，如示例④⑤。例如：

① 那么，如何抓住高校创新创业教育的“牛鼻子”？（《人民日报》）

② 我发觉，在这里，植物的减少速度要快于动物。深海植物已经“背井离乡”，海底荒芜。（儒勒·凡尔纳《海底两万里》）

③ 科学的考核评价体系犹如“指挥棒”，在生态文明制度建设中是最重要的。（中国经济网）

④ 1916 年元旦，袁世凯当上了“中华帝国皇帝”，改民国年号为

“洪宪”。(CCL 语料库)

⑤ 不要相信所谓的“银行”联系你的账户异常通知，不要告诉任何人手机验证短信码，谨防网银失窃。(“南京大学保卫处”微信公众号)

**13. 缩略语、新造词、提出或引入新概念时，是否需要使用引号？**

答：宜用引号，这样既可以提示读者注意新信息，又可以避免混淆、误解。

(1) 含有数字的缩略语必须用引号标示出来。例如：

① 坚持“三农”重中之重地位不动摇，加快转变农业发展方式，让农业更强、农民更富、农村更美。（《政府工作报告》(2015)）

② 与梅花相近的道具，有松、竹、兰、菊。梅花、松树、竹子并称为“岁寒三友”，梅、兰、竹、菊又被誉为“四君子”。(胡阿祥《读史入戏：说不尽的中国史》)

③ 在中国传统教育里，最重要的书是“四书”。“四书”之一的《大学》里这样说：一个人教育的出发点是“格物”和“致知”。(丁肇中《应有格物致知精神》)

(2) 新造词必须用引号标示。例如：

④ 另外，某些动漫网站设置的“吐槽”功能，没有限制内容和事先过滤，部分言论涉及低俗淫秽，文化部也将加大查处力度。(参考消息网)

⑤“海淘”火热的同时，也凸显了国内相关产业未来发展的巨大空间，只要进一步提升制造水平与服务能力，我们完全可以将更多的消费留在国内。(《人民日报》)

有的新造词是在文本环境下出现的，应视具体语境来处理。下例中的“放射线”和“居里”在文中是新出现的物质名词，这里用引号表示特定的称谓。

⑥ 她从一个漂亮的小姑娘，一个端庄坚毅的女学者，变成科学教科书里的新名词“放射线”，变成物理学的一个新的计量单位“居里”，变成一条条科学定律，她变成了科学史上一块永远的里程碑。(梁衡《跨越百年的美丽》)

(3) 作者提出理论主张，引入概念术语，对于读者而言是未知的新信息，必须用引号标示。例如：

⑦ 如果我们把过去关于语法的看法称之为“大语法观念”的话，如今我们要提出一个“小语法观念”的说法，按照这种说法，我们需要把语用的规则从过去所谓的语法规则中剥离出去。(陆俭明《汉语语法语义研究新探索：2000—2010演讲集》)

⑧ 首先，李清照在理论上确立了词体的独特地位，提出了词“别是一家”之说。(袁行霈主编《中国文学史》)

⑨ 王国维这种文体演变观是对明末清初顾炎武“诗体代降”说的发挥，不过更侧重于文体自身规律而已。(王国维《人间词话》)

**14. 称号、绰号、口号、标语等是否应该加引号？**

答：需要表示称号、绰号、口号、标语时，必须用引号。称号如示例①②，绰号如示例③④，口号如示例⑤⑥，标语类如示例⑦⑧。例如：

① 苏洵、苏轼、苏辙三父子占“唐宋八大家”之三；苏轼又是“宋代四大书法家”之首。(冀教版《语文》)

② 孟子的思想体系是博大的，他被认为是孔子学说的继承者，世称“亚圣”。(冀教版《语文》)

③ 博格坎普在第75分钟替补出场了，这也是“冰王子”最后一次出席英超联赛。(搜狐体育)

④ 在结婚以后，李宝珠有一个时期还在给她写大字报的这位副主任杨小四身上打过主意，后来打听着她自己那个“吃不饱”的外号原来就是杨小四给她起的，这才打消了这个念头。(赵树理《“锻炼锻炼”》)

⑤ 毛泽东同志在新民主主义时期，曾提出了“公私兼顾，劳资两利”的口号，把它作为指导多种经济成分并存条件下我们党的指导方针。(江海洋《劳资和谐是和谐社会建设中亟待解决的新课题》)

⑥ 另外还有“割富济贫”和“平买平卖”等话，都是李自成义军的一般口号，已经行之多年，不像人豫后新提出的两个口号在百姓中震动之大，传播之广。(姚雪垠《李自成第二卷》)

⑦ 这一促销办法在日本的商店也总能看到，日本商店促销时经常会打出“激安”和“限时贩售”等标语。(《新京报》)

⑧ 抬头看见自己写的那条“今日事今日毕”的座右铭，长出一口气。(李英儒《野火春风斗古城》)

**15. 象声词是否需要用引号？**

答：象声词是否需要用引号标示，分为以下两种情况：

（1）当象声词表示的声音是突然出现时，宜用引号。此时，引号不仅有突出声音的作用，而且起到了强调作用。例如：

> ① 他“哇啦哇啦”地连叫了几声，登时之间把他的中队长和小队长都给找了来。（刘流《烈火金刚》）
>
> ② 进去后被推进一间很小的屋，“哐当”门被关上，我一看地上一堆睡觉用的破被子和稻草，心想坏了，坐牢了。（冯骥才《一百个人的十年》）
>
> ③ 他在听完巧珍所说的一切以后，把自行车“啪”地撑在公路上，两只手神经质地在身上乱摸起来。（路遥《人生》）

（2）当象声词表示的是人们已经熟悉、表意明确、不会造成误解的声音，并且作者并不想突出这种声音时，那么也可以不使用引号。例如：

> ④ 江华立刻把放在方桌上的一副牌九一抖擞，哗啦啦几声牌响打破了屋里的沉寂。（杨沫《青春之歌》）
>
> ⑤ 安静，安静，流水被桥墩拦挡，发出了哗啦啦的声响，火苗子啵啵，犹如迎风抖动红绸。（莫言《檀香刑》）
>
> ⑥ 凌晨二点，当窗外第一辆送牛奶的三轮车哐当当地驶过时，箫轻轻地下了床。（苏童《妇女生活》）

**16. 借用字母、文字的字形是否需要使用引号？**

答：借用字母或文字字形来拟形摹状，必须将字母或文字用引号标出。

例如：

① 王笑天还高高地举起右手，伸出食指和中指呈“V”形来祝他成功。（郁秀《花季雨季》）

② 所以作为现代地理学家应当成为“T”型人材，对与地理科学和自己专业有关的知识要熟悉、了解，对自己所从事的地理专业的某个方面要专深、精通，把两者有机地结合起来才会有所作为。（《地理学导论》）

③ 最科学最经济的方法是火道满炕转，成“回”字形。（张贤亮《绿化树》）

④ 周庄的河道呈“井”字形，街道和楼宅被河分隔，然而河上有桥，石桥巧妙地将古镇连缀为一体。（赵丽宏《周庄水韵》）

**17. 课程名称、学科名称、工程项目、课题计划、荣誉奖项、会议论坛、仪式活动、乐队组合名称、网名、运载工具、涉嫌罪名、条约条例、商标品牌等名称如何使用引号？**

答：(1) 课程名称或学科名称宜用引号标示。

众所周知的、普遍分类的课程不需要用任何标号标示出来，如常见的“语文”“数学课”“英语科”等。反之，那些非普遍知晓的课程、学科名称，宜用引号标示出来，例如：

①“中国语言学史料学”，就是把目录学和中国语言学史有机地结合起来的一门学科。（高小方《中国语言文字学史料学》）

② 美国麻省理工学院人类动态实验室主任亚历克斯·彭特兰（Alex Pentland）这样定义“社会物理学”：它是一种量化的科

学，用于描述信息、思想流和人类行为的关系，例如思想如何从一个人传播到另一个人。（《中国社会科学报》）

③ 第三个时期是在人们发现了诸语言可以相互比较的时候才开始的。这就是“比较语言学”或“比较语法”的开端。（方光焘《语法论稿》）

如果一个词既能表示一门课程，又能表示一本书籍，如“现代汉语”和“大学物理学”，那么当它指的是课程时，是课程名，使用引号，如示例④⑤；当它指的是书籍时，是书名，应使用书名号。例如：

④“现代汉语”是高等院校中文系的基础课。（《现代汉语》）

⑤ 它是作者在南京大学基础学科教学强化部讲授“大学物理学”课程基础上写成的，以期作为多学科的公共基础课教材。（CCL 语料库）

课程名称加不加引号，表达的意思可能不同。示例⑥中的“外国文学”没有加引号，既可能指这门课就是“外国文学”（“外国文学”即课程名），也可能指上的课是外国文学这一大类（这节课具体的课程名称可能是日本文学、欧美文学等）。而示例⑦中的“外国文学”用了引号就不会出现以上歧义，此时确指这节课的课程名称就是“外国文学”。

⑥ 瑞典一所乡村中学，一个老师正在上外国文学课。（CCL 语料库）

⑦ 瑞典一所乡村中学，一个老师正在上“外国文学”课。

(2) 工程、项目、课题、计划、专项工作名称须用引号标示。例如：

⑧ 调研组发现，经“985 工程”“211 工程”以及特色学科项目等平台拉动，部分学科跻身于国际一流行列。(《光明日报》)

⑨“丝绸之路”是我国参加的第一个跨国申遗项目，包括中哈吉三个国家共 33 处遗产点。(《华商报》)

⑩ 全国妇联“农村留守儿童状况研究”课题组 2008 年 4 月发布的《全国农村留守儿童状况研究报告》指出：利用 2005 年全国 1%人口抽样调查的数据推断，全国农村留守儿童达 5861 万人。(《南方周末》)

⑪ 在经过紧锣密鼓的调研之后，2012 年初春，教育部等五部门发布“农村贫困地区定向招生专项计划”，自当年起，每年专门安排 1 万名左右招生计划，以本科一批高校为主，面向集中连片特殊困难地区生源。(《人民日报》)

⑫ 为依法打击网上婚恋网站乱象，维护群众合法权益，促进网络诚信建设制度化，国家网信办联合有关部门在全国范围内启动开展“婚恋网站严重违规失信”专项整治工作。(《京华时报》)

(3) 荣誉奖项、奖金奖章名称须使用引号标示。例如：

⑬ 第 46 届戛纳国际电影节 1993 年 5 月 24 日晚举行盛大颁奖仪式，在角逐金奖的 23 部影片中，中国导演陈凯歌执导的《霸王别姬》夺得了电影节最高奖——“金棕榈奖”。(人民网资料)

⑭ 李东山、辛凤鸣、常景春、胡启明四个人，都光荣地获得一枚一等“五一”奖章；余下的人，都荣得了二等“五一”奖章。(冯志《敌后武工队》)

⑮ 他将10余万元稿费全部捐出，在北大设立“王力语言学奖金”。这是“文革”后最早的个人捐赠学术奖金，而他本人至今仍有“孤独而有尊严”的美誉。(《东方早报》)

(4) 会议、论坛名称须使用引号标示。例如：

⑯ 1962年政治形势略为宽松的瞬间，中国作家协会在大连举行“农村题材短篇小说座谈会”，赵树理在会上发言。(陈思和《50年代民间立场的曲折表达——重读赵树理的名篇〈“锻炼锻炼”〉》)

⑰ 工农兵学商千姿百态姹紫嫣红一万八千个娘工儿雄纠纠气昂昂地坐满看台，互相起劲儿地拉着歌呼着口号气氛热烈摩擦掌地等着“动员唐元豹加入妇女行列全国妇女英豪誓师献技大会”的开始。(王朔《千万别把我当人》)

⑱ 主题为“变革与持续”的“2015中国公益论坛”17日在北京召开。(《人民日报》)

⑲“国家语言战略高峰论坛”是语言战略研究成果的检阅，也是学术界向国家有关部门和社会公众提出语言政策建议的一个重要渠道，目前已举办两届。(《第三届国家语言战略高峰论坛二号通知》)

(5) 仪式活动和比赛的名称须加上引号。如果名称前有年份或届数，年份或届数放在引号外，引号内只有名称。例如：

⑳ 为了真正了解小学孩子们的营养状况和营养需求，由中国关心下一代工作委员会和安利公益基金会作为联合发起人，联合发起了“春苗营养计划”公益活动。(《南方周末》)

㉑ 第一届“康熙说故事”大赛（爱奇艺网）

(6) 晚会、展览等既可以当成作品，又可以当成活动的，要分开看。关于这一点，GB－A. 13. 2 已经规定：“如文艺晚会指一项活动时，不用书名号；而特指一种节目名称时，可用书名号。再如展览作为一种文化传播的组织形式时，不用书名号；特定情况下将某项展览作为一种创作的作品时，可用书名号。”我们建议，将晚会、展览当成一个作品来看时，使用书名号；当成活动来看时，则使用引号。例如：

㉒ 据她介绍，6 月 23 日，“第五届中国儿童慈善晚会”将在上海体育场举行，国内知名艺术家及港澳台明星均将应邀登台献艺。(新华网)

㉓ 12 月 1 日起至明年 3 月，“敦煌：生灵的歌”大型展览将于上海喜玛拉雅美术馆举行。(《文汇报》)

㉔ 另外一台元旦特别节目《元旦相声小品晚会》也将在同晚央视黄金时间播出。(新华网)

(7) 乐队组合名称一般需要加引号。

如果乐队组合名称由西文字符组成，那么其本身就具有一定的标示作用，一般不需要另外用引号再标示，如示例㉕。但如果作为乐队组合名称的词语容易令人误解，那么建议用引号标示，以示区别，如示例㉖。当乐队组合名称只使用了中文字符，为了标示其是一个名称时，建议加上引号，如示例㉗㉘。当乐队组合名称既有中文字符又有西文字符时，建议加上引号，如示例㉙。

㉕ The Beatles 是一支来自英国利物浦的摇滚乐队，由约翰·列侬、保罗·麦卡特尼、乔治·哈里森和林戈·斯塔尔四名成员组成。（百度百科）

㉖ “Twins”重启巡演，恐难破纪录。

㉗ 今年，“岚”组合拉开了出道十年的亚洲巡演，在日本东京、名古屋、大阪、福冈、札幌举行了10场公演后，他们首度挑战上海，将接连两天举行个唱。（《新闻晨报》）

㉘ 在长达两个多小时的演出中，“女子十二乐坊”除了演出中国传统的乐曲外，还演奏了改编自西方的乐曲，并用边奏边唱的方式表演了流行在甘肃和青海一带的著名民歌《花儿与少年》。（《大连日报》）

㉙ “核聚变G”由主唱李子维组建于2004年7月。（百度百科）

(8) 网名属于特指成分，并且往往不为公众所熟知，必须使用引号标示。例如：

㉚ 微信公众号“中纪委巡视组”“地方巡视组举报平台”“人民日报”等假冒党政机关或媒体名义发布虚假信息，永久封号。（《北京晨报》）

㉛ 网友“榛子”充满期待：“永远不知道下一个读到的故事是什么，每天都是惊喜！”（《光明日报》）

(9)“满洲国”“台独”等有特殊历史、政治含义的词，必须使用引号标示。例如：

㉜ 蒋介石对日本军国主义侵略行径的一味退让态度，并没有使日本人的进攻停下来，相反，日方认为中国政府软弱可欺，继《何梅协定》和《秦土协定》之后，又企图变华北五省为“第二个‘满洲国’”，成立“华北国”。（陈廷一《蒋氏家族全传》）

㉝ 中国社科院台湾研究所研究员王建民17日对《环球时报》说，激进“台独”分子越来越嚣张，妄想“建国”，但这显然实现不了，因此便采取种种非法手段利用“台湾国”的名号制造事端。他说，虽然真正使用这种“台湾国护照”贴纸的民众只是极少数，但是影响非常恶劣。（《环球时报》）

(10) 火车、飞机、轮船、航天器等运载工具的名称加引号时，要把“号”字放在引号内。例如：

㊲ 22日上午6点35分，它与去那里等候的“阿波罗11号”飞船对接成功。（朱长超《月亮上的足迹》）

㉟ 在诗集前的自序中，他终于提到过一次《浮士德》，当然，这也是他生前最后一次提到《浮士德》（1931年11月19日早8时，徐志摩因搭乘中国航空公司“济南号”邮政飞机坠毁遇难）。（肖伊绯《民国笑忘书》）

(11) 涉嫌罪名不需要使用标号。法律罪名的判决，不加引号，如示例㊱。

除非是在修辞上有反讽效果等其他因素影响，才会出现带引号的情况，如示例㊲。例如：

㊱ 7月6日，常州市天宁区检察院通报常州市城市建设集团有限公司腐败窝案，多人因涉嫌受贿罪被立案侦查。（《常州日报》）

㊲ 1142年，秦桧指使奸臣诬陷岳飞谋反，以“莫须有”罪名将他秘密处死，时年39岁。（《缅怀先祖的崇高品德，学习先祖的“精忠报国”精神》）

（12）条约、条例等具有文书性质，应使用书名号，如《南京条约》。但是，在引用条例、条款的具体内容时，自然要使用引号。例如：

㊳ 第三，聂赫留朵夫当时太激动，竟没有注意到漏掉“并非蓄意杀人”这个保留条款，他还以为有了“并非蓄意抢劫”这个保留条款就足以撤销公诉。(托尔斯泰《复活》)

㊴ 因此，到“黑奴解放令”颁布前的1863年，奴隶反压迫、求自由的起义，就高达二百五十余起。(斯托夫人《汤姆叔叔的小屋》)

《解放黑奴宣言》才是正式文书，“黑奴解放令”只是它的俗称，并不存在这样一份文书，这里使用引号是受到别称的影响。

（13）商标品牌不需要单独标示出来，如示例㊵。只有在需要叙述、解释、强调这个名称的时候，才需要用引号将其标示出来。要注意区别商标品牌所代表的企业机构和商标品牌本身，只有强调商标品牌名称本身时，才应该使用引号标示。例如：

㊵ 滴滴打车与中国电信、快的打车与中国联通达成的战略合作协议并非是排他性的，也就是说打车软件厂商可以与不同的电信运营商进行合作。（《北京商报》）

㊶ 滴滴打车今日宣布正式更名为“滴滴出行”，并启用新的品牌标识，滴滴打车软件也会在今晚 19：09 开放更新下载。（财经网）

㊷ 它的两个最大的系列产品“科赛”牌和“西塔森”牌汽车比最大的奥尔兹莫比勒车还长两英寸。(CCL 语料库)

**18. 组织机构名称（含媒体名称）是否必须加上引号？**

答：一般不需要。为大众所熟知的组织名称不需要加引号，如“世界石油输出国组织、世界卫生组织、APEC”；即使是缩略形式的“联合国科教文组织、证监会、发改委、奥组委、欧盟、英足总、中科院”等，也不需要单独加引号。那些不为大众熟知的组织名称，则建议加上引号，以示标记，如示例④。尤其是当这些组织在文本中第一次出现，或需要被强调与说明时，有必要加引号，如示例⑤。

① 6 月 22 日，中国关心下一代工作委员会和中央文明办在北京联合召开大会，隆重纪念中国关工委成立 20 周年，表彰全国关心下一代工作先进集体和先进个人。（喻关《中国关心下一代工作委员会成立 20 周年纪念暨表彰大会在北京隆重召开》）

② 始建于 1958 年 10 月 20 日的酒泉卫星发射中心，是我国建设最早、规模最大的综合性导弹试验靶场。(CCL 语料库)

③ 1894 年 11 月 24 日，孙中山联合华侨中的反清人士在檀香山成立兴中会，这是中国最早的资产阶级革命团体。(新华网)

④ 优酷与“诸神字幕组”合作过两部动漫，乐视网的日剧也与“日菁字幕组”合作，爱奇艺《来自星星的你》的字幕由“凤凰天使韩剧社”制作。(《新京报》)

⑤ 在运动中，我们这批比较进步的学生，组织了“觉悟社”。(邓颖超《西花厅的海棠花又开了》)

组织机构中的媒体包括纸质媒体、电视媒体、网络媒体三大类，其标点的使用较为复杂，以下进行具体说明。

纸质媒体使用书名号标示，电视媒体一般不需要标号，网络媒体在指明了是网站名的情况下，属于机构组织，一般不需要添加标号，如示例⑥—⑧。网站名在需要强调或者列举时才需标示，如示例⑨。一些杂志社、报社同时用其出版物的名称作为网站名称时，可以使用书名号，如示例⑩。

鉴于网络媒体具有不同于纸质媒体可以用纸质作品来借代的特性，故不适于用书名号来标示，而引号可以标示特别指出的成分，用引号为佳。若一些杂志社、报社同时用其出版物的名称作为网站名，则可以标注书名号，如“《联合早报》网站”。总而言之，纸质媒体多能用带书名号的纸质作品指称，如“《读书》杂志社”“《人民日报》撰文指出……”等。电视媒体一般不需要标号，直接写出名称即可。网络媒体通常指明是网络机构，一般不需要添加标号，在需要特别标示时才加上标号，而且要加标号的话，一般是加引号。若一些杂志社、报社同时用其出版物的名称作为网站名称，则可以使用书名号。例如：

⑥ 淘宝、百度、腾讯和新浪以及人人网的开放平台各有什么

特点？

⑦ 在现场，中山网、中山文明网、中山政府之窗、中山教育信息网、中山国际网等网站负责人共同签署了《弘扬健康网络文化、建构绿色网络环境承诺书》。

⑧ 今年，在阿里旗下菜鸟网络协调下，包括“四通一达”在内的物流车都统一刷成“天猫红”的配送形象。(《光明日报》)

⑨ 据报道，乐视网、爱奇艺等29家网络动漫经营单位遭行政处罚，包括“漫画岛”在内的8家违法动漫网站被关停。(参考消息网)

⑩ 例如，《纽约时报》网站明确规定有权删除、转移、编辑所有违规的信息，以及取消违规者张贴信息和访问网站的权利。(潘敏等《国内外BBS论坛发展及管理比较研究》)

**19. 电视节目、报刊专栏是否应该使用引号标示？**

答：应使用书名号而不是引号。具体的电影作品、电视节目（包括单元环节)、媒体专栏指的是实物，并不单单是名称，因此无需引号的标示，应该使用书名号。例如：

① 13集大型系列片《生死攸关话名牌》将从3月1日起在中央电视台《经济半小时》栏目播出。

② 据悉，这是《爸爸去哪儿》自开拍以来首次走进福建，南靖土楼是其本季拍摄的第三站。

③ 在银监会“统计信息网”设置《良好标准》专栏，登载文件、培训资料和工作动态等，加强交流和联动。

现在，仍有许多电视节目、报刊专栏使用引号来标示名称，其理由多是为区别大节目与小栏目，节目、刊名用书名号，单元栏目用引号。实际上，所谓大小区别并不好分，不如都使用书名号。这样一来，前后统一，大节目与小栏目还可以放在一起说，如“《解放日报·卫生》专栏”。

**20. 引号内外的括号如何使用？**

答：引号与括号连用分两种情况，即括号放在引号外和括号放在引号内。下文的（1）—（4）是括号放在引号外的情况，（5）是括号放在引号内的情况。

（1）引号表引用，括号内指明出处，括号放在引号外。例如：

① 在《野草》里，有的意象象征（暗示）着人的某种生存困境与选择：这是只能在“冻灭”与“烧完”间选择，最终与对手同归于尽的“死火”（《死火》），是“黑暗又会吞并我，然而光明又会使我消失”，“彷徨于无地”，而最后独自承担黑暗的“影子”（《影的告别》），这是不知道“怎么称呼，从那里来，到那里去”，而明知“前面是坟”，却偏要向前走的“过客”（《过客》）。（钱理群等《中国现代文学三十年》）

② 当我在会上预备发言的时候，猝不及防间，李商隐怀念其师的诗句“十年泉下无消息，九日樽前有所思”（《九日》）便闯进了我的脑海。（张伯伟《读南大中文系的人》）

③ 宋代谢枋得《千家诗》因为“率皆显明易解之作，以此启迪童蒙，甚便”（清黎恂语），所以“世俗儿童就学，即授《千家诗》”（《唐诗三百首题辞》）。（顾之川《顾之川语文教育论》）

(2) 引号表引用，括号内注释所引用的内容，括号放在引号外。例如：

④ a. 针对文明新戏职业化与商业化所产生的种种弊端，于是有了“爱美剧”（“爱美”即 Amateur 的音译）也即“业余”戏剧的提倡，有了“非营业的性质，提倡艺术的新剧为宗旨”的宣言。（正）

b. *针对文明新戏职业化与商业化所产生的种种弊端，于是有了“爱美剧”也即“业余”戏剧（“爱美”即 Amateur 的音译）的提倡，有了“非营业的性质，提倡艺术的新剧为宗旨”的宣言。（钱理群等《中国现代文学三十年》）（误）

(3) 引号表引用，括号内作补充说明，括号放在引号外。例如：

⑤ 周涛 80 年代一段时间主要写诗，曾是“新边塞诗”（或“西部诗歌”）的提倡者和实践者之一。（洪子诚《中国当代文学史》）

⑥ 移情说的一个重要代表立普斯反对从生理学观点来解释移情现象，主张要专用心理学观点，运用英国经验主义派的“观念联想”（特别是其中的“类似联想”）来解释。（朱光潜《朱光潜选集》）

⑦ 首先，阿多诺把艺术看成完全不同于现实的、非实存的、现象学意义上的“幻象”（不是把艺术形象等同于现实的欺骗性“幻想”），认为现代艺术所追求的是那种尚不存在的东西，是对现实中尚未存在之物的先期把握。（朱立元主编《当代西方文艺理论》）

（4）出现中外对译的情况时，如果括号内是从外语翻译过来的中文，或者括号内是外语原文文本的照应，那么括号应放在引号外；有的句子不仅有中英对译，而且还有补充说明，此时也将括号放在引号外。例如：

⑧ 人们对 Chomsky 的“心智”（mind，也译“心理”）和“天赋”两个概念有不少误解，有必要做些说明。（徐烈炯《生成语法理论：标准理论到最简方案》）

⑨ 60 年代 Chomsky 用的术语是“心智”（mind），70 年代 Chomsky（1978a）用“心智，最终是大脑”（mind，ultimately brain），80 年代 Chomsky（1978b）干脆用“心智/大脑”（mind/brain）。他的观点是非常明朗的。（徐烈炯《生成语法理论：标准理论到最简方案》）

⑩ 这些叙事可能被称为“极限文本”（limittext），因为它们用了栩栩如生或逼真的形象去探讨可怕的自我分裂或双重化的发生。（安德鲁·本尼特尼古拉·罗伊尔《关键词：文学、批评与理论导论》）

（5）根据 GB4. 9. 3. 1 的规定，括号有标注汉语拼音的功能。引号内是被标注拼音的字，括号放在引号内。例如：

⑪ 又如音节“单（dān）”和“三（sān）”的意义不同，说明辅音 d ［t］ 和 s ［s］ 也属于不同的音位。（沈阳、郭锐主编《现代汉语》）

⑫ 我的那些昔日一块套过牛，砍过柴，偷过红苕蔓子和豌豆的伙伴会坐满我家旧院子，我们吃纸烟，喝烧酒，唱秦腔，全晕了

头，相互称“哥哥”，棣花街人把“哥哥（gē）”发音为“哥哥（guǒ）”，热闹得像一窝鸟叫。（贾平凹《〈秦腔〉后记》）

(6) 括号内的文字用于添加内容，与引号内的其他成分形成整体，括号应放在引号内。例如：

⑬ 比如“他拔了一颗牙”，既可能是变换式“他拔了（某人的）一颗牙”的意思，也可能是变换式“（医生）拔了他的一颗牙”的意思。（陆俭明、沈阳《汉语和汉语研究十五讲》）

⑭ 还有的是多种形式对应一种意义，如汉语中表示名词的定指意义，既可以通过语序形式，即出现在动词前的光杆名词就是有定的，如“房子（塌了）”，也可以通过加指示代词或特定介词的形式表示名词是有定的，如“（喜欢）这房子”“把房子（卖了）”。（贺阳、沈阳主编《语言学概论》）

(7) 括号里面的字与引号里面的字存在异体字关系，两者是相同的，因此括号应放在引号内，如示例⑮⑯。同样，括号内使用同音或谐音字来辅助说明，括号需紧跟被说明的字，括号放在引号内，如示例⑰⑱。

⑮ 而老钟来了个“外甥打灯笼——照旧（舅）”，医院仍旧受到严肃处理。（CCL 语料库）

⑯ 六朝乃至唐五代以后习见的介词“着（著）”是由“附着”义动词“着”虚化而来，其语法化过程也明显受到语境的制约和影响。（刘坚、曹广顺、吴福祥《论诱发汉语词汇语法化的若干因素》）

⑰ 由于试题的第一字是“乾”，最后一个字是“龙”，“龙”与“隆”同音，“乾”与“龙”被分开，且又“不像龙（隆）”，因此，被诬为攻击皇上，暗示乾隆皇帝要被分尸，这就触犯了帝讳，致使胡中藻遭到了满门抄斩的处治。(CCL 语料库)

⑱ 蚊香广告：“默默无蚊（闻）的奉献”；茶具广告：“有口皆杯（碑）”；牙膏广告：“牙（哑）口无炎（言），清新的一天从齿（此）开始”。(CCL 语料库)

## （二）括号用法

**1. 中文括号包括哪几种形式?**

答：GB4.9.1 将括号定义为“标号的一种，标示语段中的注释内容、补充说明或其他特定意义的语句”。GB4.9.2 对括号形式的规定为“括号的主要形式是圆括号‘（ ）’，其他形式还有方括号‘［ ］’、六角括号‘〔 〕’和方头括号‘【 】’等”。《标点符号用法解读》(2012) 还提到，“这些形式并不是自由选用的，而各有自己的使用范围。”例如：

① 因此，人们叫她“玛尼媚卡”(“玛尼”就是珠宝的意思)。(金勇《泰国民间文学》)

② ［清］黄：《神农本草》卷上引，中医古籍出版社（BCC 语料库）

③〔法〕迪姆：《社会学研究方法论》，胡伟译，华夏出版社，1988.（BCC 语料库）

④【北京警方全面提升社会面防控等级】北京警方表示，已全面提升社会面防控等级，做好反恐处突准备，确保首都治安秩序

良好。（新浪微博）

**2. 括号的位置有什么规定？**

答：横排文稿中，括号的两部分标在相应项目的两端，各占一个字位置，前后无需空格。其中，前一半不出现在一行之末，后一半不出现在一行之首。如下面的示例①就是错误用法，应该把第二行的半个括号挪到下一行，如示例②。竖排文稿中，括号改用“︵”“︶”，标在相应项目的上、下，如示例③。

① a. ＊千万人的死亡，这样剧烈的自然选择使人类很快获得了对
某种疾病的免疫力，比如曾对澳洲土人绝对致命的流感（
指非变异流感）今天对他们已经是温和病毒了。（BCC 语料
库）（误）

b. 千万人的死亡，这样剧烈的自然选择使人类很快获得了对
某种疾病的免疫力，比如曾对澳洲土人绝对致命的流感
（指非变异流感）今天对他们已经是温和病毒了。

②

《甌香館集》卷十二《畫跋》記及馮生招其遊西湖：「馮生曰：『子善吟，愿子為我歌今夕。』余曰：『是非詩所能盡也，請為圖。』……南田生曰：『斯圖也，即以為西湖夜泛詩可也。』」（《惲壽平全集》）

**3. 音标两侧的斜线“/ /”是括号吗？**

答：是括号。除了新国标中给出的形式，还有其他特殊形式的括号，如用

于音位音标两侧的双斜线“/　/”。为了区别“音素音标”和“音位音标”，语言学研究通常把前者置于方括号“［　］”（严式标音符号）内，把后者置于双斜线号“/　/”（宽式标音符号）内。例如：

① ［p］［t］［k］［p‘］［t‘］［k‘］（汉语拼音：b、d、g、p、t、k）在汉语里是两组不同的音位，在英语和葡语中是同一组音位。（百度百科）

② 导致广大南方一些地区因为痛恨把 z/ts/，c/$ts^h$/，s/s/发成 j/tɕ/，q/$tɕ^h$/，x/ɕ/，而干脆把 zh/tʂ/，ch/$tʂ^h$/，sh/ʂ/发成 z/ts/，c/$ts^h$/，s/s/了，以弥补汉人因为缺少尖音而语感上产生的不适。（百度百科）

③ 这种替换说明“标、飘、刁、挑”等词的语音形式依靠［p］［p‘］［t］［t‘］来区别，我们应该给这四个音素立四个音位，写成/p//p‘//t//t‘/。（百度百科）

**4. “『　』”是括号吗？**

答：不是。“『　』”因为形式与括号相似，有时被误用为括号，尤其是在非正规出版物或者网络语言中。事实上，此符号为直角双引号，在竖排文字中使用，中国香港地区、中国台湾地区在横排时也会使用，示例①和示例②是常规用法。例如：

① 中美关系处于『回温』期吗？

②『在地人』通常是指对当地很熟悉的人或是在当地出生的人。（《旅行者》）

但网络上，甚至出版物中，也有把它当作方括号来使用的情况，这是不规范的，如示例③和示例④中的直角双引号都应该换成方括号“【　】”。例如：

③ ＊『评论』纽约时报发布 NYTVR 纸质媒体或迎来新机会。(误)

④ ＊

我们眼中的香港文化
「饮食」龙景轩粤餐厅
「电影」奇夫电影之旅
「音乐」中环 HMV
「夜生活」兰桂坊 Post97 酒吧
「活化历史」湾仔蓝屋
「设计」L plus H
「渔村」香港大屿山大澳渔村
「阅读」神舟旧书文玩有限公司
「出行」叮叮车、天星小轮
「市井」铜锣湾街市

(《旅行者》)(误)

**5. 圆括号“(　)”主要用于哪些情况？**

答：GB4. 9. 3. 1 对圆括号的使用情况作出如下说明：“标示注释内容或补充说明。标示订正或补加的文字。标示序次语。标示引语的出处。标示汉语拼音注音。”《标点符号用法解读》(2012) 也列出这五种基本情况。例如：

① 住在亲友家的，由本人或者亲友在 24 小时（农村 72 小时）内到当地公安派出所或者户籍办公室办理暂住登记手续。(《中华人民共和国公安部公报》)

② 今天特价菜：九（韭）菜鸡旦（蛋）。

③（一）活动的科学性

（二）行为的现实性

（三）对象的社会性

（四）态度的客观性（周德民、廖益光《社会调查原理与方法》）

④ 尧之时，十日并出，焦禾稼，杀草木，而民无所食。猰貐、凿齿、九婴、大风、封豨、修蛇，皆为民害。尧乃使羿……上射十日而下杀猰貐。……万民皆喜，置尧以为天子。(《淮南子·本经训》)(鲁迅《中国小说史略》)

⑤ 澳大利亚国徽盾形两旁为红袋鼠和鸸鹋（ér miáo）是澳大利亚特有动物，为国家的标志、民族的象征。(百度百科)

**6. 方括号“［ ］”主要用于哪些情况？**

答：GB4. 9. 3. 2 规定：“标示作者国籍或所属朝代时，可用方括号或六角括号。”在标注作者朝代和国别时，也可以使用六角括号，但其在实际使用中没有方括号的出现频率高。例如：

①［宋］苏轼《题西林壁》(百度百科)

②［德］君特·格拉斯《铁皮鼓》(百度百科)

③［唐］张彦远《历代名画记》(百度百科)

**7. 六角括号“〔 〕”主要用于哪些情况？**

答：关于六角括号的功能，GB4. 9. 3. 2 提到，“标示作者国籍或所属朝代时，可用方括号或六角括号。”GB4. 9. 3. 4 提到，“标示公文发文字号中的发文年份时，可用六角括号。”GB4. 9. 3. 5 也提到，“标示被注释的词语时，可用六角括号或方头括号。”因此，六角括号可总结为以下三种使用情况：

（1）标示作者国籍或所属朝代（这种情况下也可使用方括号，见上文）。例如：

①《林肯传》〔美〕卡尔·桑德堡著

②《岳阳楼记》〔宋〕范仲淹

（2）标示被注释的词语（这种情况也可使用方头括号，见下文），但这种注释方法主要用于词条解释。例如：

③〔无厘头〕利用表面毫无逻辑关联的语言和肢体动作，使人们有滑稽的感觉戏仿：通过模仿来使人们感到滑稽。（百度百科）

④〔元气〕1. 指天地未分前的混沌之气。2. 泛指宇宙自然之气。3. 指人的精神，精气。4. 指国家或社会团体得以生存发展的物质力量和精神力量。5. 中医学名词。6. 中国哲学术语。构成万物的原始物质。（百度百科）

（3）标示公文发文字号中的发文年份。例如：

⑤国办发〔1993〕81号

⑥国发〔2013〕8号文件

⑦ a.《南京大学优秀毕业生评选办法（试行）》（南字发〔2013〕35号）（正）

b. *《南京大学优秀毕业生评选办法（试行）》（南字发［2013］35号）（《南京大学研究生工作手册》）（误）

**8. 方头括号“【 】”主要用于哪些情况？**

答：GB4.9.3.3 指出，“报刊标示电讯、报道的开头，可用方头括号。”此外，在 GB4.9.3.5 中，也有“标示被注释的词语时，可用六角括号或方头括号”的解释。举例如下：

(1) 报刊标示电讯、报道开头，通常为消息来源。例如：

①【本报新加坡 11 月 7 日电】(记者杜尚泽、丁子)7 日，国家主席习近平在新加坡同新加坡总理李显龙举行会谈。(《人民日报》)

②【环球网综合报道】通常情况下，老人在去世前都会立下遗嘱，分配财产给后人。(凤凰资讯)

(2) 被解释的词语（也可以采用六角括号）。例如：

③【斗拱（dǒu gǒng）】中国建筑特有的一种结构。在立柱和横梁交接处，从柱顶上加的一层层探出成弓形的承重结构叫拱，拱与拱之间垫的方形木块叫斗。(百度百科)

④【小确幸】微小而确实的幸福，是稍纵即逝的美好，出自村上春树的随笔，由翻译家林少华直译而进入现代汉语。小确幸的感觉在于小，每一枚小确幸持续的时间 3 秒至一整天不等。(百度百科)

除了上述两种情况，方头括号由于其醒目性，还可用于总括性的标题说明，如“【注释】”“【摘要】”“【人物简介】”等。例如：

⑤【注释】1. 殷谦《天廷秘传》："约一百八十一亿年前，有星云自成。因阴阳二气未分，宇宙玄封，阴阳逆转无止境，故元气混糅。宇宙已有宙室，状如心房，上有空腔，左右各一，形如云峰。腔顶有口如斗，似岚霏之袅绕，一黑一白，疑为阴阳二气，成无名大道，滋息不绝。"(百度百科)

**9. 词语或句子的译文怎样使用括号?**

答:标注词语或句子的翻译，可以看作注释的一种，应当使用圆括号"(　)"内加外文翻译或者中文翻译。我们建议，将括号内翻译的词句放在引号外。

(1) 当被翻译的词语或句子需强调或尚未普及，被翻译的词语用双引号标注，翻译不属于被注释的一部分，括号中的译文紧跟在引号后面。例如:

① 我们在开始研究"行为主义"(behaviorism)或"行为心理学"(behavioristic psychology)之前，不妨花上几分钟时间探讨一下行为主义在1912年问世之前，曾处鼎盛状态，并仍处鼎盛状态的传统心理学流派。(华生《行为主义》)

② JPL报告在三座山谷中发现了或许是"直线或曲线"的形状，埃尔金斯将它们标注为T1、T2和T3，T的意思为"目标"(target)。(《华夏地理》)

③ 我们用的课本是"华英初阶"，教授的方法是由拼音开始，ba、be、bi、bo、bu，然后就是死背字句。记得第三课就有一句:"Is he of us?"(彼乃我辈中人否?)(梁实秋《秋室杂忆》)

(2) 当被翻译的词语是人名或普及的词汇，则被翻译的词语不用双引号标注，括号紧跟被释词语。例如：

④ 在这大礼堂里，周末放电影，每次收费一角，像白珠小姐（Pearl White）主演的《蒙头人》（Hooded Terror）连续剧，一部接着一部，美女蒙难，紧张恐怖，虽是黑白无声，也很能引发兴趣，贾波林、陆克的喜剧更无论矣。（梁实秋《秋室杂忆》）

⑤ 这样做将是很值得的。同时，我们应该指出，实际上，到目前为止，行为主义并无意去取代詹姆斯（James）、冯特（Wundt）、屈尔佩（Kulpe）、铁钦纳（Titchener）、安吉尔（Angell）、贾德（Judd）和麦独孤（McDougall）等人所谓“内省心理学”（introspective psychology）的旧心理学。（华生《行为主义》）

⑥ 风把船吹向港口，就可以快点上岸了！后来这个短语就发展出英语的 opportune（凑巧、合适、及时）以及 opportunity（机遇）。（《旅行者》）

**10. 标注古今字、通假字或异体字时，应怎样使用括号？**

答：注释文言文中的古今字、通假字或异体字时，括号起到了注释或者补正的功能，括号应紧跟被注释的字，括号内为现代汉字，如示例①—④。当需要具体分辨这三种用字情况（即古今字用“今作”、通假字用“通”、异体字用“同”来表示前后字的关系）时，也可以出现示例⑤的用法。例如：

① 故常垣（恒）无欲也，以观其眇（妙）；垣（恒）有欲也，以观其所徼。（百度百科）

②“莫（暮）”的本意是太阳落在草丛中，表示日暮、傍晚，后来“莫”字被假借作否定性无定代词和否定副词。为了在书面语中不至于混淆，就又在“莫”字上再加形符“日”成“暮”字来表示“傍晚”的意思，“莫”和“暮”就成了一对古今字。(百度百科)

③“女（汝）还，顾反为女（汝）杀彘。”(《曾子杀彘》，见百度百科)

④ 吾十有（又）五而志于学。(《论语十二章》，见百度百科)

⑤ 四支（通“肢”）僵劲不能动。(《送东阳马生序》，见百度百科)

**11. 论文中所转述或引用的出处怎样标注?**

答：论文主体部分中，标明转述观点的出处，有两种形式。

(1) 将原文信息作为句子的一部分，在作者名之后加括号，括号内为文章或著述的发表年份。此时，原文信息已经是句子的一部分，括号前后如无停顿，不需要加点号。例如：

① 吕叔湘（1979：65）说过，由于形态标记少，“汉语里语法范畴主要依靠大小语言单位互相结合的次序和层次来表达。”(彭泽润等《语义互联网时代迫切需要汉语的词式文本》)

② 本文将上述现象称为“让步条件句”是借鉴了 Haspelmath & König（1998）的术语。(彭泽润等《语义互联网时代迫切需要汉语的词式文本》)

③ 近年来，对外汉语教学界对学习者的易混淆词多有关注，其中有关辨析哪些词语、怎样进行辨析的讨论实际上已不同程度地

涉及词语辨析的针对性，如张博（2007、2008a、2008b、2011）、苏英霞（2010）。（张博《针对性：易混淆词辨析词典的研编要则》）

（2）原文信息不是作为句子的一部分，而是先转述观点，再给出原文信息。此时，将作者姓名和年份都放在括号内，用逗号隔开，如示例④。如果转述的内容来自不同作者，那么在括号内用分号隔开，如示例⑤⑥。

④ 这说明区分词在语言交际中提供的信息比声调多，在提高阅读效率方面有巨大的潜力（陆丙甫，2008）。（彭泽润等《语义互联网时代迫切需要汉语的词式文本》）

⑤ 但是我们可以从汉语及其方言的事实中看出词的确切存在（王立，2006；彭泽润，2006）。（彭泽润等《语义互联网时代迫切需要汉语的词式文本》）

⑥ 近年来“实在”复杂的语义背景引起汉语界尤其是对外汉语界一些学者的兴趣（肖奚强，2007；李劲荣，2007；王叶萍，2008）。（张则顺《“实在”句的语义格局和对外教学探讨》）

**12. 整篇文章的转载来源或者作者信息怎样标注？**

答：在整篇文章最后标注转载出处或作者信息时，可以使用括号，独立于文章，多见于文摘类报刊。例如：

① ……

（作者系北京大学国家发展研究院教授）（《南方人物周刊》）

② ……

（作者单位：山东大学文学与传播学院）（《中国社会科学报》）

或者，在正文的开头标注消息来源时，也可以使用括号。例如：

③ 晨报讯（记者周晶）南京市政府昨天公布了一批局级干部的任免通知。（《南京晨报》）

④（央广网北京11月21日消息记者马闯）11月21日，习近平主席就3名我国公民在马里人质劫持事件中遇害作出重要批示，对这一残暴行径予以强烈谴责，向遇难者家属表示深切慰问。(凤凰资讯)

**13. 书籍刊物的副书名、版本名能否使用括号?**

答：副书名、版本名可以使用括号。GB - A.13.4 规定：“书名有时带有括注。如果括注是书名、篇名等的一部分，应放在书名号之内，反之则应放在书名号之外。”因此，书籍或文件的版本名分两种情况：

(1) 版本名是书名的一部分，即出版物本身明确含有的元素，不能移动到其他位置。此时，括注放在书名号之内。以下示例①—③是版本，示例④是报刊的一个版，示例⑤是系列书籍中的一卷或一册。例如：

① 会议还通过《地图管理条例（草案）》。（《南京晨报》）

② 对此，《全国城镇体系规划纲要（2005—2020）》和《国家新型城镇化规划（2014—2020）》就我国建设具有全球职能的世界城市和城市群作出规划安排，这既是国家新型城镇化战略的重要组成部分，也是进一步扩大开放、形成全方位开放战略格局的需要。（《城市》）

③《中华人民共和国环境保护法（试行）》(知网空间)

④《四川大学学报（哲学社会科学版）》

⑤《孙叔平文集（第一卷）》

以上例子中的版本名和卷册名不能移到其他位置，如“试行《中华人民共和国环境保护法》”“哲学社会科学版《四川大学学报》”等都是错误的用法。

(2) 版本名不是书名的一部分，是可分割的，位置灵活可以移动。此时，括注不放在书名号内部。示例⑥可以说“双色本的《商务馆学汉语词典》”，示例⑦可以说“2005 年，第五版《现代汉语词典》出版……”，示例⑧可以说“精装版的《格林童话》”。例如：

⑥《商务馆学汉语词典》(双色本)，北京：商务印书馆。(章宜华《对外汉语学习词典释义问题探讨》)

⑦ 2005 年，《现代汉语词典》第五版出版，这次修订从 1999 年开始，历史 6 年，共收词 6.5 万。(百度百科)

⑧《格林童话》(精装版)

**14. 起始年份怎样括注？**

答：用圆括号跟在被注释词语之后，在人名后表示生卒年，在事件之后表示起始时间。如果表示的是从某个事件起至今，那么连接号之后直接用括号。例如：

① 第一位是英国著名的慈善家和社会改革家霍华德（1726—1790 年），他是运用访谈法进行系统社会调查的先驱。(周德民、廖益光《社会调查原理与方法》)

② 杜甫（公元 712—770 年），字子美，汉族，本襄阳人，后徙河南巩县。（百度百科）

③ 诺姆·乔姆斯基博士（Noam Chomsky，1928 年 12 月 7 日—）是麻省理工学院语言学的荣誉退休教授。乔姆斯基的《生成语法》被认为是 20 世纪理论语言学研究上最伟大的贡献。（百度百科）

**15. 标注词语的义素应该使用什么符号？**

答：标注义素应当使用方括号“［ ］”，“+/-”应当在括号内。例如：

① 哥哥［+直系亲属］［+同胞关系］［+年长］［+男性］（百度百科）

② 鞋：+［穿在脚上的东西］+［走路时着地］-［有筒］（百度文库）（误）

③ woman（女人）这个词的意义可以说包含了+HUMAN（人）、-MALE（非男性）、+ADULT（成人）这几个特征。（误）

**16. 正文中的注释标号应该如何使用括号标注？**

答：标示注释号时，可以采用数字加方括号的形式，置于被注释词的右上角。注释内容采用脚注或尾注的方式，注释序号和被注释词语的右上角序号在内容和形式上均需保持一致。例如：

① 维多利亚女王是肯特公爵爱德华之女。1837 年[1] 6 月 20 日登基，时年十八岁。（百度百科）

② 12 月 18 日，在马来西亚举办“2010 十分红”演唱会[3]。（百

度百科）

**17. 参考文献中怎么使用括号？**

答：根据《文后参考文献著录规则》（GB/T 7714—2005）的规定，常见参考文献列表中的序次号为方括号加阿拉伯数字形式。例如：

①［1］陈融．格赖斯的会话含义学说［J］．外国语，1985（3）．
［2］董秀芳．汉语的词库与词法［M］．北京：北京大学出版社，2004.
［3］沈家煊．词义与认知《从语源学到语用学》评介［J］．外语教学与研究，1997（3）．
（孙利萍《坦言式语用标“说X了”的语法化及语用功能——以“说白了”为例》）

参考文献中需要标明文献类型时，采用方括号中加代码的形式。根据《文献类型与文献载体代码》（GB3469－1983）的规定，代码如下：M（专著，含古籍中的史、志论著），C（论文集），N（报纸文章），J（期刊文章），D（学位论文），R（研究报告），S（标准），P（专利），A（专著、论文集中的析出文献），Z（其他未说明的文献类型）。

电子文献类型以双字母作为标识：DB（数据库），CP（计算机程序），EB（电子公告）。

非纸张型载体电子文献，在参考文献标识中同时标明其载体类型：DB/OL（联机网上的数据库），DB/MT（磁带数据库），M/CD（光盘图书），CP/DK（磁盘软件），J/OL（网上期刊），EB/OL（网上电子公告）。

其他参考文献的格式不再详述，参见《文后参考文献著录规则》（GB/T

7714—2005)。

**18. 词牌名应当使用什么标号？**

答：如果只有词牌名，没有题名，那么使用六角括号。例如：

① 通首平韵的，都是一韵到底，如〔浣溪沙〕。通首仄韵的，有的一韵到底，如〔满江红〕；有的换韵，如〔钗头凤〕。(百度百科)

②〔忆江南〕本名〔望江南〕，又名〔谢秋娘〕，但因白居易有一首咏“江南好”的词，最后一句是“能不忆江南?”，所以词牌又叫〔忆江南〕。(百度百科)

③〔踏歌词〕咏的是舞蹈，〔舞马词〕咏的是舞马，〔欸乃曲〕咏的是泛舟，〔渔歌子〕咏的是打渔，〔浪淘沙〕咏的是浪淘沙，〔抛球乐〕咏的是抛绣球，〔更漏子〕咏的是夜。(百度百科)

若词牌名和题名连在一起，则用书名号，并且在词牌与题名之间用间隔号。如果只有词牌名，没有题名，那么必须用六角括号，不能用书名号。例如：

④《桂枝香·金陵怀古》一词，豪纵沉郁，同范仲淹的《渔家傲·塞下秋来风景异》一词，共开豪放词之先声，给后来词坛以良好的影响。(百度百科)

⑤ a. 一首〔浪淘沙〕可以完全不讲到浪，也不讲到沙；一首〔忆江南〕也可以完全不讲到江南，这样，词牌只不过是词谱的代号罢了。(正)

b. *一首《浪淘沙》可以完全不讲到浪，也不讲到沙；一首《忆江南》也可以完全不讲到江南，这样，词牌只不过是词谱的代号罢了。(百度百科)(误)

**19. 标注拼音使用什么括号？**

答：标注拼音主要使用圆括号，例如：

① 扫盲啦！这些字你都认识吗？槑（méi）；王（sù）；奣（wěng）；嬲（nì）；兲（tiān）；嫐（hào）。(人人网)

②【斗拱（dǒu gǒng）】中国建筑特有的一种结构。在立柱和横梁交接处，从柱顶上加的一层层探出成弓形的承重结构叫拱，拱与拱之间垫的方形木块叫斗。(百度百科)

③ 曌（zhào），同“照”，是宗秦客在武则天称帝前一年多选的字，意指日月当空，普照大地。(百度百科)

六角括号也用于标注拼音，但没有圆括号的适用范围广，主要用在汉语研究专著中。例如：

④“江”从“工”得声，“潘”从“番”得声，“泣”从“立”得声，“提”从“是”得声，“通”从“甬”〔yǒng〕得声……(《中国语文》)

⑤ 天子死：崩〔bēng〕，也叫“驾崩”“山陵崩”“归西”“驾鹤归西”“驭龙归西”“殡天”；诸侯或后妃死：薨〔hōng〕(或薨逝、薨亡)；大夫死：卒；士死：不禄；庶人：死。

**20. 句内括号和句外括号有什么区别？**

答：《标点符号用法解读》（2012）指出了句内括号和句外括号的区别，其规定："句内括号用于注释句子里的某些词语，即本身就是句子的一部分，应紧跟在被注释的词语之后。……句外括号则用于注释句子、句群或段落，即本身结构独立，不属于前面的句子、句群或段落，应位于所注释语段的句末点号之后。"例如：

> ① 白话散文基本上是受周作人、郁达夫的"小"（小品文）和"美"（美文）——以抒情叙事为主题的小品文和美文观点的影响。（《文学报》）
>
> ② 遍地苇叶，越来越多的叶子，从凛冽中诉说着一些贫穷的风声，人与水鸟擦肩而过，我放佛听见了，那一双翅膀给予一汪秋水以有力的一拍。（鸟的私语：不知它能不能惊动河水的灵魂？）（《文学报》）

两种括号前后所使用的点号不同：

（1）句内括号紧跟被注释词语（或者词组、句子），括号前无点号。示例③和示例④的注释对象是词语，且不位于停顿处，因此前后都没有点号。例如：

> ③ 他认为超我（即社会道德）与本我（即人的本性）的剧烈冲突和失调是精神病产生的最主要的原因。（BCC 语料库）
>
> ④ 这在后来派了很大的用场，在美国好多次集会（包括孙中山先生逝世时纽约中国人的追悼会）都借用了我这一面特大号的国旗。（梁实秋《秋室杂忆》）

句内括号后如果有停顿，那么应加点号。示例⑤和示例⑥的注释对象是句子的一部分（词组），并且位于句子末尾的停顿处，因此括号后有点号。例如：

⑤ 用蛇、鱼、黑暗、燃烧着的纸、鸟、猫、狗、猴子等等刺激适当抚养的婴儿，将不会引起我们称之为“害怕”的反应（我把它称之为“X”反应）；这种反应的行为表现是屏息，整个身体僵住或呆板，身子避离刺激源，用跑跳或爬行的方式急速躲避刺激（见第七讲）。（华生《行为主义》）

⑥ 前者我欣然承诺，后者则清华学生夙无此等经验，未敢奉陪（后来他找到他的哥哥的洋车夫陪他去了一次，他表示甚为满意云）。（梁实秋《秋室杂忆》）

（2）若句外括号所注释的对象为句子或者大于句子的单位，则括号之前有点号，括号之后不再需要点号。例如：

⑦ 司令和李香琴把陈司令干掉，李香琴受命到香港与007联络，并找机会解决他。（007在自己室内打扮，桌上放着1965年版间谍手册，社交英语速成。）（BCC语料库）

⑧ 目前事故原因，交警三大队正在调查处理中。（请报料人来晨报领取信息费）（《南京晨报》）

⑨河南明耀律师事务所律师樊凤丽表示，因为尹相杰构成一般累犯。（一般累犯指被判处有期徒刑以上刑罚的犯罪分子，刑罚执行完毕或者赦免后五年内再犯应当判处有期徒刑以上刑法之罪的犯罪分子。）（《南京晨报》）

**21. 句内括号中可以加句号吗？**

答：句内括号中不加句号，《标点符号用法解读》（2012）提到，“句内括号中的内容末尾通常不使用其他点号，但可以使用问号、叹号或省略号”，如示例①和示例②。如果括号内容太长，包含多个小句，那么建议不采用括号解释，而是单独成句，如示例③和示例④。例如：

① 那英（女，华语流行女歌手，中国好声音导师）。（百度百科）

② 如果我可以算得是北京土著，像我这样的土著，清华一共没有几个（原籍满族的陶世杰、原籍蒙族的杨宗瀚都可以算是真正的北京人）。（梁实秋《秋室杂忆》）

③ *张惠妹（女，1972 年 8 月 9 日出生于台湾省台东县卑南乡泰安部落，中国台湾原住民歌手）。（百度百科）（误）

④ *瓷器有史以来，唯有在宋代，一大名窑，只烧一器，这就是建窑（当然并不绝对，比如建窑也出产些油灯之类的琐碎器具，但与建盏相较，尽可忽略）。（《华夏地理》）（误）

示例③中，括号内是完整且较长的句子，建议取消括号，改为句子一部分或单独成句，如“张惠妹，1972 年 8 月 9 日出生于台湾省台东县卑南乡泰安部落，中国台湾原住民歌手”。示例④中的括号应改为句外括号，即“瓷器有史以来，唯有在宋代，一大名窑，只烧一器，这就是建窑。（当然并不绝对，比如建窑也出产些油灯之类的琐碎器具，但与建盏相较，尽可忽略。）”。

**22. 句内括号中可以加问号、感叹号或省略号吗？**

答：可以。GB－B. 2. 2 指出，“句内括号行文末尾通常不用标点符号”，但“括号内行文末尾需要时，可用问号、叹号和省略号”。问号、感叹号和省略号有表达疑问、感叹、省略等语气或感情的作用，因此可以出现在句内括号中，例如：

① 我觉得当下许多喧嚣的文学和文化现象很遥远很陌生，许多思想和写法甚至很陈腐，而无论张承志的“早期”还是1991年《心灵史》发表至今的写作（中期？中晚期?），不仅记忆犹新，还似乎像一面镜子，常常照见当下文学、文化界以及我们自己，怎么会觉得遥远呢？(《文学报》)

② 很少有导演能将煎炒烹炸拍得那么有日常美（而不是形式美!），油锅的嘶嘶声、砧板上的菜蔬鲜肉、炖盅里的老火汤，从画面到声响都丝丝入扣，远远胜过许多美食纪录片里刻意营造出来的大餐氛围。(《南方周末》)

③ 现在年轻人聚会花样很多，传统的吃喝玩乐经久不衰（涮火锅、吃西餐、喝下午茶、唱K、看电影……），许多新玩法也开始普及（睡衣party、短途野营、密室逃脱游戏、手工烘培课……），但是依然有很多人宁愿选择把大好时光用来宅在家，和社交网络与外卖相依相伴。

示例①中，括号内是作者心中的疑问，但并不是句子的成分，问号与停顿无关。示例②中，括号内是作者要强调的内容，感叹号应当保留。示例③中，括号内是作者列举的例子，并没有穷尽，省略号用以表示省略。

**23. 句外括号中需要加点号吗？**

答：句外括号中一般要使用点号，除非内容特别简短不成句。根据《标点符号用法解读》(2012）的规定：“括号中的行文末尾可以使用问号和叹号。括号中的内容较复杂、话语较长，末尾应使用句号；如果括号里的内容是词或短语，不是句子，末尾不用句号。”有鉴于此，示例①②中的内容非常简短，因此不用加句号。例如：

① 法晚：原本的台词是哪一个？是因为太紧张，还是一顺嘴就说错了？

沈腾：其实真不必纠结这是不是一个口误，因为当两者都在表达同一种意思的时候，口不口误的已经变得没那么重要了。（笑）（《法制晚报》）

② 这种创作在当时“并不被看作一种问题，文人也不参与，所以两宋没有今人的剧本意识”。（叶长海语）（《文学报》）

但如果句外括号内是句子或者更长的单位，那么需要加句号。例如：

③ 河南明耀律师事务所律师樊凤丽表示，因为尹相杰构成一般累犯。（一般累犯指被判处有期徒刑以上刑罚的犯罪分子，刑罚执行完毕或者赦免后五年内再犯应当判处有期徒刑以上刑法之罪的犯罪分子。）（《南京晨报》）

④ 他做采访都提了，他说我跟他约会，我不上车就过马路了，那对他是一个 big mountain（大山）。（记者注：作为明星的刘烨过马路也要藏在车上过。）（《人物》）

⑤ 初步成果令人震惊。研究表明在 T1 山谷中有绵延数公里的废墟。（2013 年我在《纽约客》杂志中对这次发现进行了报道。）（《华夏地理》）

如果句外括号内的内容需要表达语气，那么可以用问号、感叹号或省略号等。例如：

⑥ 然而，我并不恨他。（恨他于我又有什么用呢？）

⑦ 希望所有看到这条微博的人帮我转发，还皮皮一个公平。（当事人最好自己站出来！）（新浪微博）

**24. 数字加括号表示的序次语，其后加顿号、逗号或者脚点吗？**

答：不加。行文中的序次语通常第一层是带有顿号的汉字数字“一、”；第二层是带括号的汉字数字“（二）”；第三层是带下脚点的阿拉伯数字“1.”；第四层是带括号的阿拉伯数字“（1）”；第五层是带脚点的大写英文字母“A.”；再往下可以是带圈的阿拉伯数字“①”或带脚点的英文小写字母“a.”。带有括号的数字序次语只有两种，即“（一）”和“（1）”，其后都不加任何符号。例如：

① 被侵权人根据侵权责任法第六十五条规定请求赔偿的，应当提供证明以下事实的证据材料：

（一）污染者排放了污染物；

（二）被侵权人的损害；

（三）污染者排放的污染物或者其次生污染物与损害之间具有关联性。（《中华人民共和国公安部公报》）

② 有一种民间文艺形式叫绕口令，又叫急口令，古时候叫急设酒令。（1）“吃葡萄不吐葡萄皮，不吃葡萄倒吐葡萄皮”；（2）“板凳不让扁担绑在板凳上，扁担偏要绑在板凳上。”

如果序号没有排列出现，而是在行文中引述，那么也要加括号。例如：

③ 行为人为自用而掩饰、隐瞒犯罪所得，财物价值达到本解释第一条第一款第（一）项规定的标准，认罪、忏悔并退赃、退赔的，一般可不认为是犯罪；依法追究刑事责任的，应当酌情从宽。（《中华人民共和国公安部公报》）

阿拉伯数字或小写英文字母加右半边圆括号是英文序次号的用法，如“1)”“a）”，应避免在中文文本中使用。

**25. 括号连用有什么规则？**

答：连续使用的括号之间若无停顿，则不用顿号或者其他符号。例如：

① 以（1）（2）（3）的方式干净整齐地条列，让人的脑筋特别清楚。（BCC语料库）

② 若干较大的意组还可以组成更大的意组，表现为有些内容较复杂的文章分为（一）（二）（三）（四）几部分。（BCC语料库）

③ 这种替换说明“标、飘、刁、挑”等词的语音形式依靠［p］［p‘］［t］［t‘］来区别，我们应该给这四个音素立四个音位，写成/p/ /p‘/ /t/ /t‘/。（百度百科）

④ 我们熟悉的词牌名有〔念奴娇〕〔满江红〕〔沁园春〕〔江城子〕〔永遇乐〕〔贺新郎〕〔卜算子〕〔忆江南〕〔水调歌头〕〔定风波〕〔一剪梅〕〔虞美人〕〔蝶恋花〕〔鹧鸪天〕等等。

**26. 括号套用有什么规则？**

答：根据 GB4. 9. 3. 6 的规定："除科技书刊中的数学、逻辑公式外，所有括号（特别是同一形式的括号）应尽量避免套用。必须套用括号时，宜采用不同的括号形式配合使用。"这里需要特别指出，必须套用括号时，遵循不同括号的功能，按层次套用，不能为了达到区别效果而错误地混用几种括号。例如：

①〔鬃（zōng）毛〕马、猪等畜类颈上的长毛。

② 我们的目标是读懂这条在刚果民主共和国（刚果（金））的动荡历史中担任恒常因素的大河。（《华夏地理》）

③"习马会谈要采用 AA 制，这一消息终于确定了。先是互相称对方为'习桑''马桑'，以展示一场'对等的会谈'。现在看来'面子'这一理念，似乎已经贯彻到了金钱方面。"（南方周末按："さん"（中文发音为"桑"）是日语中跟在姓氏或名字之后的一种尊敬称呼。）（《南方周末》）

④ a. 在这种状态里，如此的行为很容易训练。或者，更加科学地说，很容易使原始个体引起条件反射（我将在本篇演讲结束时和下篇演讲中向你们阐释条件作用（conditioning）和条件反射（conditioned reflexes））。

b. *在这种状态里，如此的行为很容易训练。或者，更加科学地说，很容易使原始个体引起条件反射［我将在本篇演讲结束时和下篇演讲中向你们阐释条件作用（conditioning）和条件反射（conditioned reflexes）］。（华生《行为主义》）（误）

**27. 书名或文章名的译文出现，括号和书名号怎样使用？**

答：在书名的中英文都出现的情况下，当英文作为注释在括号中出现时，中文书名后用括号括注英文书名，并且英文书名仍用斜体表示，不加书名号。例如：

①《印第安纳传统中国文学指南》（*The Indiana Companion to Traditional Chinese Literature*）

② 养成阅读的习惯等于为自己筑起一个避难所，几乎可以避免生命中所有的灾难。

——毛姆《月亮和六便士》（*The Moon and Sixpence*）

③ 我很喜欢 *Le Petit Prince*（《小王子》）里面的一句话“你知道——当你感觉到悲伤的时候，就会喜欢看落日。”

而杂志名和文章遵循英文的习惯，不用斜体。例如：

④《我十七岁的最后一天》(My Last Dayat Seventeen)（《摄影世界》）

⑤ 实际上，还有三家杂志在《生活》之后刊登了这组图片故事：法国的《巴黎竞报》（Paris-Match）、英国的《女王》（Queen）和意大利的《新纪元》（Epoch）。（《摄影世界》）

**28. 括号里面单独加问号和冒号是什么用法？**

答：括号里面没有文字内容，只有问号和冒号，出现在句中不需要停顿的地方，表示特殊的语气或情绪。示例①和示例②的问号表示对“意外死亡，水泥过敏”的怀疑，以及对“东宇和圭队”的不确定。示例③和示例④的感叹号表示对“怕被人知道”的气愤，以及对“去环球 188 体验式采访”的激动。这种形式有强烈的感情色彩，是括号标注的特殊用法，不表示语气停顿。

① ICU在死亡讨论中认为“意外死亡，水泥过敏”（?）这种说法被官方采纳。(BCC语料库)

② 虽然主角是这两位，但是左下角东宇和圭队（?）比较让人印象深刻。(BCC语料库)

③ 自己得跳出来干，可是又怕被人知道（!），只好藏头露尾，夹着尾巴做人，处处捂着盖着。(BCC语料库，有改动)

④ 去环球188体验式采访（!）的时候吃的食之秘的冰激淋，最下层的巧克力酱还是蛮好吃的。(BCC语料库)

## （三）破折号用法

**1. 什么是破折号?**

答：GB4.10.1指出，破折号是标号的一种，标示语段中某些成分的注释、补充说明或语音、意义的变化。示例①—④中的破折号就是用于标示注释内容和对前文内容的补充说明。例如：

① 这些才是语言中最小的音义结合体——语素。(沈阳、郭锐主编《现代汉语》)

② 藏民族天生就是产生优美神话的民族，正如他们天生崇尚各种精美的雕饰——镂银藏刀。(马原《冈底斯的诱惑》)

③ 你走了，我也不能跟你去——父母年纪大了，我要照顾他们。(莫言《春夜雨霏霏》)

④ 我这么一直坚持奋发读书，也想借此唤起弟妹们热爱生活的希望——无论环境多么困难。(张海迪《我的读书生活》)

下面示例⑤⑥中的破折号标示声音的延长，示例⑦⑧中的破折号标示声音的中断。例如：

⑤“别吵！嘘——好吗？”约根哀求似的说。（三毛《万水千山走遍》）

⑥“调——查嘛！”她说，音调拖得像个心满意足的哈欠。（严歌苓《白蛇》）

⑦“哎，哎，你们看前面车上——”（马原《冈底斯的诱惑》）

⑧“等等——”蒙天放情急之下，就抓住她的手。（李碧华《秦俑》）

下面示例⑨⑩中的破折号分别标示意义的变化和话题的转折。例如：

⑨ 他既不关心他的军队，也不喜欢去看戏，也不喜欢乘着马车去游公园——除非是为了去炫耀一下他的新衣服。（安徒生《皇帝的新装》）

⑩“画得真好。——你为什么这样勇敢，不怕他？”（韩起《荷花》）

**2. 破折号的形式是什么？**

答：GB4.10.2 指出，破折号的形式是“——”。GB5.1.4 规定，破折号标在相应项目之间，占两个字位置，上下居中，不能中间断开，分处上行之末和下行之首。GB5.2.2 规定，破折号置于相应文字之下居中，上下方向排列。例如：

① 文中指出了战前的政治准备——取信于民，叙述了利于转入反攻的阵地——长勺，叙述了利于开始反攻的时机——彼竭我盈之时，叙述了追击开始的时机——辙乱旗靡之时。（毛泽东《中国革命战争的战略问题》）

② 醉心阅读使我得到了报偿——从小学三年级开始学写作文起，我便常常跃居全班之冠，而阅读也大大扩展了我的想象力。(叶文玲《我的“长生果”》)

③ 鲁大海，你现在没有资格跟我说话——矿上已经把你开除了。(曹禺《雷雨》)

此外，以下几点问题需要注意：

(1) 使用计算机进行文字输入时，由于文字处理软件字体库的特殊处理，破折号中间是断开的，这是不符合规范的。我们在实际书写中，不可以将长横线断开，正式出版物上印刷的破折号也不应断开。

(2) 破折号处于行尾排不下时，也不能分开两行写。破折号的中间不间断，不可以视为两个连接号的简单并列，更不能分处于上一行之尾和下一行之首。如果上一行之尾只剩一个字符的位置，可以缩小上一行的字间距，将破折号插入上一行之尾，或扩大上一行的字间距，将破折号插入下一行之首。例如：

④ *我跟你的区别：你希望读者多一些，我希望读者的层次高一些。—
—回到钱云会案。(CCL语料库) (误)

⑤ *我跟你的区别：你希望读者多一些，我希望读者的层次高一些。——

回到钱云会案。(误)

⑥ *我跟你的区别：你希望读者多一些，我希望读者的层次高一些。

——回到钱云会案。(误)

(3) 破折号没有连用的形式。示例⑦在句尾连用两个破折号，旨在帮助抒发说话人的浓烈情感，但是这是不符合规范的用法。破折号本身就表示语音的延长，不需要连用。例如：

⑦ *太正了！动感————!!!（BCC 语料库）(误)

(4) 在中英混排文本中，如果需要使用破折号，一律使用中文破折号；在英文文本中，如果需要使用英文破折号，英文破折号的标准形式是“-”，占一个英文字符的长度。例如：

⑧ SlingMedia——一种能让人远程使用家中电视或电脑的软件。(CCL 语料库)

⑨ It was a revival of the most potent image in modern democracy-the revolutionary idea. (CCL 语料库)

在英文文本中，破折号可以连写为“—”，占两个英文字符的位置，用来表示单词拼写不全，或名字的省略，或粗话的省略，或无法识别的字迹等。如果其代表整个单词的结束，那么之后应留出正常的词间空格。如果中文出版物中出现这类外语的用例，宜尊重其语言的本来规则。例如：

⑩ What the f — k! 哔了狗了！(新浪微博)

⑪ Admiral N — and Lady R — were among the guests. (知乎)

**3. 破折号如何标示注释内容或补充说明?**

答：GB4.10.3.1 规定，破折号能够标示注释内容或补充说明。例如：

① 这一切都使人想着一样东西——生命。(莫怀戚《散步》)

② 袁隆平提出了一个世界性的大课题——杂交水稻。(《杂交水稻之父——袁隆平》

③ 他指示说，由大家代表他——也不问问大家是否愿意代表他，这个专啃英语书的家伙！(秦文君《男生贾里·女生贾梅》)

使用中需要注意如下问题：

(1) 破折号之后，不允许再出现"是""即""就是"等词。示例④中，破折号和"即"的作用都是注释内容，解释说明前文，如果并用就会发生重复。在说话时，破折号是不读出来的，说话人为了使意思表达清楚，可能特意在标有破折号的地方加一个"即"字，但是在书写中，破折号后不需再用"即"。示例⑤中，破折号和"是"字重复使用，应该去掉其中之一，但如果去掉"是"字，内容只剩下两个名词性成分，没有谓语，不能成立为句子，所以应该去掉破折号。示例⑥中使用了双破折号，表示对前面的"朋友"一词的进一步补充说明，而不是对"朋友"的性质加以判断，所以即使这里出现了"是"字，破折号的使用仍是正确的。例如：

④ a. *这是因为洋快餐代表的是欧美式膳食结构"三高"——即高热量、高脂肪、高蛋白。(误)

b. 这是因为洋快餐代表的是欧美式膳食结构“三高”——高热量、高脂肪、高蛋白。(CCL 语料库)(正)

⑤ a. *我的母亲——是一位普通的农家妇女。(误)

b. 我的母亲是一位普通的农家妇女。(网易博客)(正)

⑥ 他的一位朋友——是个律师——告诉他，在家里，应该是丈夫，而不是妻子做主。(CCL 语料库)

(2) 破折号前后是被注释语和注释语的关系，在使用中需要注意两者的相互照应关系。示例⑨中，“南京市”不是对“长江下游沿岸”的注释，“长江下游沿岸”这个区域显然要比“南京市”大得多，两者没有照应关系，所以不应使用破折号，应把此处的破折号改为“的”。例如：

⑦ 这种解释反映了中国传统的自然观——顺应自然而发展的要求。(CCL 语料库)

⑧ 在下面的章节里，我们将进入一个近年来日益引起关注的应用伦理学领域——环境伦理学。(CCL 语料库)

⑨ a. *他的家乡在秀美的长江下游沿岸——南京市。(《〈标点符号用法〉解读》)(误)

b. 他的家乡在秀美的长江下游沿岸的南京市。

(3) 破折号后面解释说明的成分可以是几个分句，其间用分号或逗号分隔。例如：

⑩ 有接近官场的人士说，处长往往处于权力运行的关键位置——虽不拍板，但具体经办；虽不是一把手，但一把手的所有指令

都得靠他们执行；虽没有进入决策核心层，但在材料审核等方面绝对是“人微”而“言重”。(CCL 语料库)

⑪ 在北京的高级宾馆里住了一阵——总结啦，汇报啦，接见啦，报告啦……（王蒙《春之声》）

**4. 破折号如何标示插入语？**

答：GB4.10.3.2 规定，破折号能够标示插入语。GB4.4.3.3.a 规定，逗号可以用在复指成分或插说成分前后的停顿处，这种用法与破折号标示插入语的用法相同。例如，示例①中的破折号前面的内容作为状语，示例②中的破折号前面的内容作为主语，示例③中的破折号后面的内容作为宾语从句，都是独立的句法成分，因此都可以用逗号替换破折号。例如：

① 喊了十几遍以后——你猜怎么着——小米居然没变猪！（BCC 语料库）

② 这个绣坊的仆人——说难听点——全是大懒虫！(BCC 语料库)

③ 夏洛克，人家都以为——我也是这样想——你不过故意装出这一副凶恶的姿态。(莎士比亚《威尼斯商人》)

如下两种情况只能用破折号标示。示例④中，破折号前后的“太”和“二”共同担任一个句法成分，作为谓语描述说话人对听话人的评价，只能用破折号标示。示例⑤中，说话人在对第一个听话人说的一段话中，插入对第二个听话人说的一两句话，只能用破折号标示。例如：

④ 你这也太——不是我说——二了吧?!（新浪微博）

⑤“对了，‘他的胸部’，约上是这么说的——不是吗，尊严的法

官？——‘靠近心口的所在’，约上写得明明白白的。”（莎士比亚《威尼斯商人》）

**5. 破折号如何标示总结上下文或提示下文？**

答：GB4. 10. 3. 3 规定，破折号能够标示总结上下文或提示下文。例如：

① 波斯地毯，阿拉伯长刀，中国锦绣，印度佛像，十八世纪的老画，现代雕塑，中古时代的盔甲，锡做的烛台、银盘、铜壶——没有一样不是精心挑选收集。（三毛《万水千山走遍》）

② 在这一刻满屋子人的心都是相同的，都有一样东西，这就是——对死者的纪念。（巴金《永远不能忘记的事情》）

**6. 破折号如何标示话题的转换？**

答：GB4. 10. 3. 4 规定，破折号能够标示话题的转换。例如：

① 我偷偷睁眼看了看女医生，见她皱着眉头，脸色很紧张地说："现在还不能判断，叫她冷静一会儿再说。大家都去学习去，——提壶开水来。"（刘真《核桃的秘密》）

②"唉！眨眼功夫，六十年过去了——快吃枣儿吧。"（孙鸿《枣儿》）

③ 活干完啦，收工！——晚上吃什么好呢？（新浪微博）

**7. 破折号如何标示声音的延长？**

答：GB4. 10. 3. 5 规定，破折号能够标示声音的延长。例如：

①战士们边跑边不停地呼喊着："连长——！"（BCC语料库）

②于是，我喊口令："全体军官——！向后——转！"（《科林·鲍威尔自传——我的美国之路》

③"爷爷呀——你收个孝顺的孙女划得来！"（魏明伦《变脸》）

破折号标示声音的延长时，一般用于单音节拟声词、呼喊或一句话即将结束处的声音拖沓。例如：

④"呜——"一声汽笛长鸣。（CCL语料库）

⑤"卖——扇子啦！"（韩起《荷花》）

⑥"放炮了——"（周梅森《人间正道》）

**8. 破折号如何标示话语的中断或间隔？**

答：GB4.10.3.6规定，破折号能够标示话语的中断或间隔。例如：

①"可慌哩！比什么也慌，比过新年，娶新——也没有见他这么慌过！"（孙犁《荷花淀》）

②知道最大的忠孝，是去实现前辈的瞩望，于是，他又去攀登——（苏方学《两弹元勋邓稼先传略》）

③"不，我爹他——"（孙鸿《枣儿》）

有时，话语的间隔是由于转换了说话对象，例如：

④"亲爱的妈妈，你不知道我多爱您。——还有你，我的孩子！"

**9. 破折号如何标示引出对话?**

答:GB4. 10. 3. 7 规定,破折号能够标示引出对话。例如:

① ——这么说你胜利在握?

——不行,外贸价格不明朗!

——什么时候明朗?

——明朗时什么都晚了!(邓刚《混战港养虾》)

② ——哎,袁四爷今儿个来看戏

——没听见我盖着唢呐唱吗?把血都挣出来了(《霸王别姬》)

对话由破折号引出时,不使用引号,而且每句对话的内容单独成段。破折号的这种用法常见于仅仅列出说话内容的短对话,通常没有对环境、情节、心理活动、说话人等的描写。但是,更常见的用法是用引号标示,引号更符合人们的使用习惯。示例③中,引号和破折号共用来标示对话是重复的,应该删去破折号,只用引号即可。例如:

③ a. *菊子噗嗤一声笑了。"笑什么"——"这个人我认得!"(CCL 语料库)(误)

b. 菊子噗嗤一声笑了。"笑什么?""这个人我认得!"(正)

此外,破折号是法语、西班牙语文本中常用的引出对话的形式,中外双语混排的对话也可以用中文破折号引出对话,对话内容的前后不需要使用引号。例如:

④ ——我走啦!

——Bye!

**10. 破折号如何标示事项列举分承？**

答：GB4. 10. 3. 8 规定，破折号能够标示事项列举分承。若分项较短，则每个分项后建议使用分号，最后一个分项之后使用句号。例如：

① 当前迫切需要确立的主要原则是：

——民主集中制法制化原则；

——党的领导法制化原则；

——充分发挥中央与地方两个积极性的原则；

——政企职责分开的原则。

分项之后若有更多的解释性语段，则每段后可以使用句号。例如：

② 包容有五个层次：

——兼容。异中求同，同中容异，同则相亲，异则相敬。

——交流。加深理解，消除误解，取得谅解，增进共识。

——对话。尊重差异，不唯我独尊，不制造麻烦，不加剧对抗。

——共处。“己所不欲，勿施于人。”

——进步。要进步而不要倒退。(CCL 语料库)

**11. 在文章标题中，应如何正确使用破折号？**

答：破折号用在标题中有三种情况：一种是用在单标题中，起着连接标题中前后两项内容的作用，不需分行书写，如艾青的《大堰河——我的保姆》；

第二种是表示声音的延长，如星新一的《喂——出来》；第三种是用在双标题中，双标题包含正标题和副标题，破折号用在副标题前，对正标题起解释说明的作用。在双标题中使用破折号时，要注意副标题的破折号最好不要和正标题写在同一行。例如：

① 天才为什么自甘堕落

——对《心灵捕手》的心理分析（CCL 语料库）

② 纸船

——寄母亲（《冰心诗全编》）

有时，出于排版的需要，不能做到主副标题分行写，此时也可以并在同一行中，常见于参考文献的著录。例如：

③ 夏雨禾．微博互动的结构与机制——基于对新浪微博的实证研究［J］．新闻与传播研究，2010（04）．（中国知网）

④ 冯仕政．重返阶级分析？——论中国社会不平等研究的范式转换［J］．社会学研究，2008（05）．（中国知网）

⑤ 杨华，欧阳静．地权的阶层关系属性：阶层分化与地权冲突——对江汉平原一个乡镇的个案分析［J］．中国农业大学学报（社会科学版），2013（04）．（中国知网）

在新闻报刊中，有时会在导语或引题后，用破折号引出正题。例如：

⑥ 去年 11 月以来，我国出现外贸进口金额大于出口金额的局面，方方面面在议论人民币汇率走势，并提出——

人民币会贬值吗？(《人民日报》)

⑦“面向21世纪国际经济发展和金融风险防范”研讨会认为——

中国有能力拒金融风险于国门之外(《光明日报》)

另外需要注意的是，英文书名中的主副标题之间应采用冒号分隔，且前后字体一致。例如：

⑧ 全球化与反全球化——关于如何走出当代全球化困境问题的思考

Globalization and Anti-globalization：Thinking on the Way to Cast Off the Predicament of Contemporary Globalization.（《北京大学学报（哲学社会科学版）》）

受到英文使用规则的影响，近年来，中文主副标题之间使用冒号的情况也越来越多，特别是解释说明主标题时，可以使用冒号。例如：

⑨《汉语话题化结构限制中的邻接条件：认知处理角度的论证》（沈阳主编《走向当代前沿科学的现代汉语语法研究》）

⑩《语用学：现象与分析》(冉永平，北京大学出版社)

**12. 破折号如何标示作者、出处或注释者？**

答：GB4.10.3.10规定，破折号能用于引文、注文后，标示作者、出处或注释者。例如：

① 当然，信不信都由你们，打猎的故事本来是不能强要人相

信的。

——拉格洛孚（马原《冈底斯的诱惑》）

② 末了，附带说一说，许多人写好信后把信笺折成方胜形，我看大可不必。（方胜，指古代妇女戴的方形首饰，用彩绸等制作，由两个斜方部分叠合而成。这里指这种形状的东西。——编者注）这是封建社会的习惯，最初表示爱情。（王力《和青年同志们谈写信》）

③ 巧言如簧，颜之厚矣。

——《诗经·小雅·巧言》（沪教版《语文》）

**13. 表示解释说明的破折号和引出歇后语语底部分的破折号在形式上是否有区别？**

答：没有区别。歇后语和其他中文文本一样，都采用标准的破折号形式。例如：

① 别看他们闹得这么凶，可是他们是兔子的尾巴——长不了。（胡丹佛《把眼光放远一点》）

② 赵庄的人们这时都说开了，有的说："把田村家得罪上来，咱们也没有取上利。阉猪割耳朵——两头受罪。"（马烽《我的第一个上级》）

歇后语是汉语的一种特殊语言形式，一般将一句话分成两个部分来表达某个含义，前一部分像谜面，后一部分像谜底，是意义的解释。从这个角度来说，歇后语采用破折号来连接，与破折号本身的解释说明功能是一脉相承的。而且，在歇后语中采用和其他破折号同样的形式，不会影响对文本的阅读和理解。例如：

③ 在那个年代，一个女人——无依无靠的女人，往往泥菩萨过河——自身难保，有时真的很难照顾好自己的孩子，卖儿卖女的、忍饥受冻的、有病无钱治的、自顾不暇的，孩子生下来即送人的，不在少数。(CCL 语料库)

**14. 破折号在实际使用中，既有单用的，也有双用的，我们如何确定什么时候使用单破折号，什么时候使用双破折号呢?**

答：GB4.10.3.2 提到，破折号可以标示插入语。插入语是对前面语句的补充说明，在语法结构上不和前后语句发生关系，删去插入语，破折号前后部分可以连成一个完整的句子。因此，当在一个完整的句子中添加插入语时，句中应使用双破折号。例如：

① 我对哲学——古典哲学和近代哲学——更为热衷，并尤其醉心于形而上学史。(CCL 语料库)

② 我们和他们——这里的人们——最大限度的接近也不过如此。(马原《冈底斯的诱惑》)

③ 八天以前，日本遭到有史以来第一枚原子弹——一种威力最大的炸弹——的轰炸，两天以前，俄国宣布对日作战。(语文版《语文》)

④ 但我爱——我不知道为什么——它那草原上凄清冷漠的沉静。(莱蒙托夫《祖国》)

**15. 破折号可以用于连接意义相关的成分，表示递进、对照或比较吗?**

答：不可以。GB4.13.1 提到，连接号用于标示某些相关联成分之间的连接。连接号一般连接两项，使其构成一个意义单位，或者用于枚举反义词、近义词等相关项，表示对照比较。例如：

① a. *或这个宇宙是一个“膨胀——收缩——膨胀”的脉动宇宙？（CCL 语料库）（误）

b. 或这个宇宙是一个“膨胀—收缩—膨胀”的脉动宇宙？（正）

② a. *为解决吃饭问题，人们陷入了“开垦——减产——再开垦——再减产”的恶性循环之中。（吴岗《善待家园》）（误）

b. 为解决吃饭问题，人们陷入了“开垦—减产—再开垦—再减产”的恶性循环之中。（正）

③ a. *爱国——卖国爱好——厌恶（误）

b. 爱国—卖国爱好—厌恶（正）

④ a. *你会发现它们有一个共同的“离故乡”——“回故乡”——再一次“离故乡”的情节设计。（沪教版《语文》）（误）

b. 你会发现它们有一个共同的“离故乡”—“回故乡”—再一次“离故乡”的情节设计。（正）

**16. 破折号能否标示意义的转折？“天才并不比其他任何正常人有更多的光——但是，他有一个能聚光以至燃点的特殊透镜。”这句话中，破折号的用法对吗？**

答：《标点符号用法解读》（2012）认为，这种用法不对。破折号标示的是话题的转换，而不是意义的转换，“但是”之后的文字并未脱离原来的话题，所以这里不应使用破折号。但是，GB4. 10. 1 规定，破折号可以标示意义的变化。我们据此认为，例句中的用法是正确的。转折词“但是”本身带有转折的意思，前面加破折号，使转折的语势更强。例如：

① 让他一个人留在房里总共不过两分钟，等我们再进去的时候，便发现他在安乐椅上安静地睡着了——但已经永远地睡着了。（恩格斯《在马克思墓前的讲话》）

② 妹妹则相反，学习不努力，贪图生活享受——但是父母反而比较偏心妹妹，喜欢妹妹。（CCL 语料库）

③ 把它和茉莉拉扯在一起，可能是因为它有一点淡淡的清香——然而也并不像茉莉的气味。（CCL 语料库）

**17. 冒号和破折号怎样区分？**

答：GB4. 7. 3. 1 规定，冒号用于总说性或提示性词语（如“说、例如、证明”等）之后，以提示下文。这容易和破折号注释内容的作用相混淆。从意义上来看，破折号用于注释内容，其后的内容不是句子的主干部分，删去后，句子仍然是完整的。例如：

① 从泰山回来，我画了一幅画——在陡直的似乎没有尽头的山道上，一个穿红背心的挑山工给肩头的重物压弯了腰，他一步一步地向上登攀。（CCL 语料库）

② 水果类：苹果、枇杷、芒果。（CCL 语料库）

③ 简单地说，泰勒原理可概括为：目标、内容、方法、评价八个字。（CCL 语料库）

示例①中，在删去注释部分后，句子就变成“从泰山回来，我画了一幅画”。而冒号表示总说分说，分说的部分不能省去，否则句子就不完整。如示例②和示例③，在删去冒号后，剩下的句子就变成“水果类”“简单地说，泰勒原理可概括为”，语法上都不能成立。

另外，破折号和冒号都有总结上文的作用，两者的区别是，破折号比冒号的停顿时间长，在书面上也更为醒目，所以能够起到加强语气、凸显内容的作用。因此，被总结的上文内容较少时，宜用冒号；被总结的上文内容较多时，宜用破折号。

从形式上看，冒号的特点是一直管到句末。例如：

④ a. *我们喜欢吃咸汤圆：熏肉馅的、豆腐馅的、葱蒜馅的都很好吃。（误）

b. 我们喜欢吃咸汤圆——熏肉馅的、豆腐馅的、葱蒜馅的都很好吃。（正）

例④第一句中的冒号使用错误，句中“熏肉馅的、豆腐馅的、葱蒜馅的”才是对上文的分说，而冒号一管到底的特点，使得它后面所有的内容都成为对上文的分说，与文意不符，所以冒号应改为破折号。而使用破折号提示下文时，一般伴随话题的转换或意义的转折，并非仅仅起提示作用，所以不需要在破折号所解释说明的对象后面添加句末点号。

**18. 括号和破折号在表示注释或补充说明时有什么区别？**

答：GB - B. 1. 7 规定，破折号表示比较重要的解释说明，这种补充是正文的一部分，可与前后文连读；而括号表示比较一般的解释说明，只是注释而非正文，可不与前后文连读。

在笔者看来，比较重要的解释说明应使用破折号。破折号是对正文的补充说明，是正文不可缺少的一部分，可以与前后文连读；而比较一般的解释说明就使用括号，括号对正文的补充说明只是附带性的注释，是为辅助理解文句而增加的，不是正文的一部分，不可以与前后文连读。例如：

① 我并不清楚所有的情形——有些事我也不想知道——那些故事将由帮助过我的人来讲述。(CCL 语料库)

② 任何轻视生产力这个历史基本动力的主观主义唯意志论的政治革命（不管它的号召来自上面或下面），已不能充任中国历史的火车头。(CCL 语料库)

**19. 破折号的前后需不需要用标点？**

答：GB－B. 2. 3 规定，破折号之前通常不用点号，但根据句子结构和行文需要，有时也可以分别使用句内点号或句末点号；破折号之后通常不会紧跟着使用其他点号，但当破折号表示语音的停顿或延长时，根据语气表达的需要，其后可紧接问号或叹号。

一般来说，破折号的前面是不用标点的，因为破折号本身有语音停顿的作用。《语法修辞讲话》也指出，破折号的作用是“断”。当我们读到破折号时，语音上自然停顿，所以省略它前面的点号不会影响意义的理解。但是，破折号在标示话题转换或者总结上文时，为了突出语句之间的衔接，前面可以加上句内点号或句末点号。其中，以句末点号更常见，如示例①。如果点号是问号或感叹号这样承载了特定强烈语气的标点符号，一般都不省略，如示例②③。在这些情况下，破折号前面大多是完整的句子，加上句末点号，更能显示出前面句子的独立性和完整性。例如：

① 他想象着他爷爷康司坦丁·玛卡里奇，好像爷爷就在眼

前。——爷爷是日发略维夫老爷家里的守夜人。(CCL 语料库)

② 也不许劝他，也不用镇唬他，只管叫他告！——他告不成，我还问他个“以尸讹诈”呢！(CCL 语料库)

③ 但是白鹭的本身不就是一首优美的歌吗？——不，歌未免太铿锵了。(晓雪《关于散文〈白鹭〉》)

破折号之后通常也不加任何标点符号，但由于表达意义的需要，可以在破折号之后加问号或者叹号。其中，又分两种情况：第一，在疑问句中，当破折号用在最后一个词后面表示声音的停顿或延长时，破折号后面必须加上问号，以同一般陈述句相区别，如示例④⑤；第二，在感叹句中，破折号用在最后一个词后面表示声音的延长，并且突出强烈的感情色彩时，可以在破折号之后加叹号，如示例⑥⑦。

④“只要给钱，就什么都能出卖吗？啊——?”他两手拍着沙发的扶手嚷嚷着。(CCL 语料库)

⑤ 呃——？我以为你听到风声了呢。(曾心仪《一个十九岁少女的故事》)

⑥“真的？哈哈哈……我终于考上大学啦！我终于考上啦——!”金石开简直兴奋得快要晕过去了。(何建明《落泪是金》)

⑦ 哨兵安兆丰从她的面前奔过，大声地喊叫着：“班长——！骑兵——!”(CCL 语料库)

除了上面已经讨论的情况，破折号在表示解释说明时，其前后的内容可以带有引号，例如：

⑧ 曹景行去到李的工作室时，正好碰上“意外情况”——缺水。(CCL 语料库)

⑨ 我很快就带着我的“嫁妆”——那首歌正式加盟了毛仁凤的唱片公司。(CCL 语料库)

⑩ 我用杰克·伦敦的一部作品名字做我的大号——“海狼”。(邓刚《我曾经是山狼海贼》)

**20. 破折号能够用来标示声音的延长、话语的间隔或中断，省略号标示说话时断断续续，它们的使用怎么区分？**

答：破折号一般用来标示因情绪高亢、声音延长而造成的拖拉和声音的中断，而省略号多用于因害怕、犹豫等而导致的说话断断续续和渐趋低迷。例如：

① 我连忙去抢父亲的担子，他却很粗暴地一把推开我：不要你凑热闹，我连一担水都挑不——动么！(CCL 语料库)

②“你，站住——暂住证！”警察拦住我，冷冷地说。(CCL 语料库)

③“知……道……”她目光呆滞地低声呢喃着，无力地垂下脑袋，慢慢松开手。(CCL 语料库)

④ 李宗盛：假装喉咙不好。唱着唱着忘记词了赶紧就“嗯……”然后在嗯的时候赶快去想下一句是什么。(CCL 语料库)

⑤“我不知道我是不是误会了您的意思，您上次说……可这次您又好像说……不知哪一种情况更确切？”(CCL 语料库)

话语中或话语末尾存在语意省略时，使用省略号；在被打断、由于情绪爆发而无法继续说下去等情况下，使用破折号。例如：

⑥“这姑娘人品出众，琴棋书画，样样精通。只是脾气有些古怪，不知老爷……”（CCL 语料库）

⑦ 他朝努尔哈赤一瞪眼：“你算什么东西！快给老子滚开，不然——”（CCL 语料库）

⑧“我说不下去了。国王——国王——都是他一个人的罪恶！”（莎士比亚《哈姆雷特》）

GB4. 11. 3. 4 指出，省略号有“标示说话时断断续续”的作用。因此，想要表达这种话语特点时，应使用省略号。如：

⑨ a. *“这——这一切是不是跟——跟钱有关系？”（误）

b.“这……这一切是不是跟……跟钱有关系？”（正）

## （四）省略号用法

**1. 省略号的定义是什么？省略号的形式有哪些？**

答：GB4. 11. 1 指出，省略号是“标号的一种，标示语段中某些内容的省略及意义的断续等”。省略号的形式是“……”，六个居中小圆点，占两个字位置。

**2. 省略号的形式与所处的位置有关吗？在句首和句末的省略号有无分别？**

答：GB4. 11. 2 指出，中文省略号的标准形式只有一种，即“……”，与所处的位置没有关系。只要是在以汉语写作的句子中，省略号形式都为“……”。例如：

① 吴蔓玲似乎没有听见，又尖叫了一声：“端方……”。（毕飞宇《平原》）

② 我们齐声朗诵起来：“……俱往矣，数风流人物，还看今朝。”（《标点符号用法国家标准》）

③“唉！一言难尽……”孔祥熙摇着头说。（陈廷一《宋氏家族全传》）

**3. 省略号之前或之后能不能使用标点符号？**

答：出于经济性的考虑，省略号之前或之后尽量不使用点号，如省略号不能用于顿号之间。例如：

① a. 从4月18日早上八点十五分（舰上时间，下同）开始，杜立特的飞机（＃1）首先起飞，依次为＃2、＃3……＃16，到九点十六分，十六架B25全部起飞完毕。机群陆续向东京进发，比预定时间提早了一天多的时间。（正）

b. ＊从4月18日早上八点十五分（舰上时间，下同）开始，杜立特的飞机（＃1）首先起飞，依次为＃2、＃3、……、＃16，到九点十六分，十六架B25全部起飞完毕。机群陆续向东京进发，比预定时间提早了一天多的时间。（浙江新闻网）（误）

只有在不使用就无法标明结构关系或需要表达特殊感情时，才在省略号前后使用标点符号，具体有如下几种情况：

（1）省略号前后不使用标点就无法标明结构关系，主要指省略号前后加句号或逗号的情况。这种情况下，省略号表示的不是前面成分本身的省略，而是前面成分之后的省略或语意未尽。如果句末不用句号，就无法表明前一句子的完整和独立；如果句中不用逗号，就容易让人产生“省略号到底表现的是前面内容还是后面内容”的疑惑，如示例②③。省略号后有停顿，表明前文已结束。为了清楚地标明上下文的结构关系，应当在省略号后面使用点号（多为句号），如示例④。

② 他说：“夫正史尚直笔，小说尚曲笔，体裁原是不同，而世人之厌阅正史，乐观小说，亦即于此处分之。……文以载事，即以道情，……是即历史小说之特长也。”（CCL语料库）

③“这儿是六叔家。”“这儿是二姑家。”“这儿是七爷爷和七奶奶。”“那边呢？噢，五舅曾在那儿住过。”……（史铁生《老家》）

④ 他给子夏有一段话说：“汝为君子儒，无为小人儒。”小人儒……。君子儒就是，他学而优则仕，学完去当官的。（CCL语料库）

（2）需要表达特殊感情时，省略号前后可以使用问号或叹号。例如：

⑤ 现在怎么办？以后又怎么办呢？……（杨沫《青春之歌》）

⑥ 母亲竟确诊为癌症！……（刘心武《四棵树》）

⑦“怎么又住在这里……？”爷爷轻轻地抚摸着孙孙的头顶。（CCL语料库）

⑧“先生，我来晚了，我来晚了……！”（CCL语料库）

（3）在特定的格式下表示特定虚缺时，省略号之后可以使用点号。例如：

⑨ 即便……，还是……

⑩ 既然……，就……

**4. 省略号常常用在句末或句首，那么句中成分省略能否用省略号？**

答：可以。根据GB4. 11. 3的规定，省略号的基本用法中的“标示引文的省略、标示列举或重复词语的省略、标示说话断断续续”都会出现省略号在句中的情况。例如：

①《月令》告诉我们：“孟春之月，……东风解冻，蛰虫始振，……是月也，天气下降，地气上腾，天地和同，草木萌动。”

② 王文义连连点头，说：“不怕……不怕……”。（莫言《红高粱》）

③ 她羞红了脸，嘀咕着：“对不起……我……我不是故意的……”。

**5.“等、等等”这类词语也带有省略功能，与省略号有什么关系，能否同时使用？**

答：“等、等等”用于两个或两个以上并列的词语后，表示列举未尽。省略号除了能标示列举或重复的省略外，还能标示引文的省略、语意未尽、说话时断断续续、对话中的沉默不语、特定的成分虚缺、段落的省略，这些功能是词语“等、等等”所不具备的。因此，“等、等等”与省略号在标示列举或重复的省略方面，功能相近。基于语言经济原则，二者不能共存。大多数情况下，“等”或“等等”与省略号可以择一而用之。例如：

① a. “所谓改编，就是把小说、话剧、歌剧、报告文学等文艺作品改写成电影剧本的意思。”

b. “所谓改编，就是把小说、话剧、歌剧、报告文学……改写成电影剧本的意思。”

但列举的内容作为定语出现时，由于省略号有隔断行文和停顿的作用，而定语和中心语的结合相当密切，在文意上不能隔断，因此在这种情况下，不能用省略号代替“等等”。例如：

② a. 书中叙述了养牛、养马、养鸡、养鹅等等的方法，共有6篇。（正）

b. *书中叙述了养牛、养马、养鸡、养鹅……的方法，共有6篇。（误）

③ a. 虽然死因找到，我们却不能确定到底当时所用的巫术等等治疗手段，对她的死起了多大的作用，但是我们至少了解到当时疾病的治疗与巫医、法术等的密切关系。（王笛《新文化史、微观史和大众文化史》）

b. *虽然死因找到，我们却不能确定到底当时所用的巫术……治疗手段，对她的死起了多大的作用，但是我们至少了解到当时疾病的治疗与巫医、法术等的密切关系。（误）

④ a. 比方说，现实世界里的苹果有品种、滋味、颜色、形状、大小等等差别，而语言里统统给以“苹果”一个名称。（《语言学纲要》）

b. *比方说，现实世界里的苹果有品种、滋味、颜色、形状、大小……差别，而语言里统统给以“苹果”一个名称。（误）

当“等”或“等等”所代表的意思不是列举未尽而是列举煞尾时，由于省略号没有表示列举齐全的功能，因此不能在这种情况下被代替使用。例如：

⑤ a. 票据行为要件包括实质要件和形式要件等二类要件。（正）

b. *票据行为要件包括实质要件和形式要件……二类要件。（误）

⑥ a. 研究针对临床试验所关心的中央随机分组、数据管理和统计分析等三个方面。（正）

b. *研究针对临床试验所关心的中央随机分组、数据管理和统计分析……三个方面。（误）

⑦ a. 他们所购买的这些东西，在市场营销中通常被划归耐用品、非耐用品以及劳务等三大类之中。（正）

b. *他们所购买的这些东西，在市场营销中通常被划归耐用品、非耐用品以及劳务……三大类之中。（误）

**6. 语段末尾可以用省略号吗？**

答：根据GB4.11.3.3的规定，省略号可以标示语意未尽。因此，当一个自然段结束时，想表达意犹未尽，可以用省略号，之后不需要再使用句号。例如：

① 庞建东也猜不出她在思索什么，是对刘川彻底失望呢，还是对他更好奇了……（海岩《阳光像花一样绽放》）

② 她看到了黎明即起正在院子里喂鸡的母亲，母亲在惊异地凝视之后，默默无言地拥抱了她，刚刚起来的父亲恰在这时披衣走出房门，看到了终于归来的女儿……（海岩《玉观音》）

③ 上房的门两侧，种植着海棠和石榴，枝叶婆娑，从春到秋，都堪欣赏……（霍达《穆斯林的葬礼》）

**7. 标题中可以用省略号吗？**

答：可以。在标题中恰当地使用省略号，可以产生简洁而出人意料的表达效果。示例①是玛拉沁夫散文的标题，借省略号表示溶洞几百万年叮咚不绝的滴水声。示例②对西方空袭伊拉克的效果“成功了一半”的说法表示怀疑，标题在“还是”后加省略号，以启发读者思考。例如：

① 叮咚，叮咚……

② 成功了一半，还是……

——法报评美英对伊七十小时空袭效果（《参考消息》）

**8. 对话的句末应该使用省略号还是破折号？二者的区别是什么？**

答：破折号标示话语的中断或间隔，对话中的省略号多标示引文的省略。以下两句话不是断断续续，而是话语戛然而止，应该使用破折号，不该使用省略号。例如：

① a. *“班长他牺……”小马话没说完就大哭起来。（误）

b. “班长他牺——”小马话没说完就大哭起来。（正）

② a. *“其实你不该去信。我妈要是晓得我现在……”她只说了半句就连忙咽住了。(误)

b.“其实你不该去信。我妈要是晓得我现在——”她只说了半句就连忙咽住了。(正)

**9. 当一段引文的结尾处使用省略号，右引号是在省略号前还是后?**

答：这要根据文章的逻辑而定。如果省略号所省略的内容属于引文内部的内容，那么右引号要加在省略号后。例如：

① 侦缉队长听到这个如雷贯耳的名字，不禁惊叫起来，“您就是奇珍斋的韩老板？久仰，久仰！怪不得……”（霍达《穆斯林的葬礼》）

② 梁亦清常常不当着壁儿的面向妻子感叹：“唉，可惜是个女儿，要是个儿子……”（霍达《穆斯林的葬礼》）

③“我与那人擦肩而过，他向我敬礼，我随意扫了他一眼……”（刘慈欣《三体》）

如果省略号所省略的内容不属于引文内部的内容，那么右引号要加在省略号前。例如：

④ 不久，台下的人喊道：“黄旗摆动了!”“比赛快要开始了!”……

⑤ 书里有一句话，“用我的一生为你的人生打前站”……（王朔《致女儿书》）

⑥ 犹如提起“同仁堂”“内联陞”“瑞蚨祥”……不知道的人，只

能怪自己孤陋寡闻了。(霍达《穆斯林的葬礼》)

**10. 表示说话口吃，是用顿号好，还是省略号好？比如是“为、为、为什么？”还是“为……为……为什么？”**

答：省略号可以标示说话时断断续续，但不一定是由于生理上的口吃。生理上的口吃所造成的说话断断续续，往往停顿极短，因此使用顿号更恰当。使用省略号时的断断续续，往往不是因为生理原因的口吃，而是心理上的犹豫和不果断。例如：

① 她磕磕巴巴地说：“可是……太太……我不知道……你一定是认错了。”

② 刘川难以启齿地说：“我奶奶，我奶奶……让我来找您……跟您……辞职。”(海岩《阳光像花一样绽放》)

③“我……我根本就没这么想！”韩子奇急了。(霍达《穆斯林的葬礼》)

**11. 句子里任何成分的省略都能使用省略号吗？**

答：根据 GB4. 11. 3 的规定，省略号能够标示引文的省略，标示列举或重复词语的省略，标示语意未尽，标示说话时断断续续，标示对话中的沉默不语，标示特定的成分虚缺，标示诗行、段落的省略。但是，省略号不能任意代替所有言辞。在省略号标示列举的省略时，要使省略号与列举的项目直接相连，例如：

① a. *我国第一枚地对空导弹、第一台航空发动机，还有……都在这里诞生。(误)

b. 我国第一枚地对空导弹、第一台航空发动机……都在这里诞生。(正)

**12. 省略号可以断开书写吗?**

答:省略号不能中间断开,分处上行之末和下行之首。可根据排版需要,适当压缩省略号所占的空间,或者连带省略号前的一个字,将其一并转入下一行。例如:

① a. *把“打破”换成“撕、吃、扑灭……”,把“杯子”换成
“扇子、鱼、火焰…
…”,我们同样可以造出四句一组的表示同一结构意义的句
子来。(误)

b. 把“打破”换成“撕、吃、扑灭……”,把“杯子”换成“扇子、鱼、火焰……”,我们同样可以造出四句一组的表示同一结构意义的句子来。(正)

c. 把“打破”换成“撕、吃、扑灭……”,把“杯子”换成
“扇子、鱼、火
焰……”,我们同样可以造出四句一组的表示同一结构意义
的句子来。(正)

**13. 省略号可以出现在行首吗?**

答:省略号不能出现在行首。可根据排版需要,适当压缩省略号所占的空间,将其上移;或者下移一个字,将其转入下一行。例如:

① a. *丁文江倡议:“为了测量一下我们的热忱,不妨先来筹募

办刊物的经费

……他提议我们每人每月捐助收入的百分之五……”(误)

b. 丁文江倡议:“为了测量一下我们的热忱,不妨先来筹募办刊物的经费……他提议我们每人每月捐助收入的百分之五……”(CCL语料库)(正)

**14. “…”“…………”“。。。”“。。。。。。”是省略号吗?应该如何区分?**

答:根据GB4. 11. 2的规定,中文省略号的标准形式只有“……”,其他写法不是省略号的规范写法,应该避免。

**15. 在竖排的图书中,省略号是什么形式?**

答:竖排文稿中的省略号置于相应文字之下,上下方向排列。

## (五)着重号用法

**1. 着重号的定义是什么?**

答:GB4. 12. 1指出,着重号是标号的一种,标示语段中某些重要的或需要指明的文字。

**2. 着重号的形式是什么?**

答:GB4. 12. 2指出,着重号的形式是“·”,标注在相应文字的下方。除此之外,其他起着重作用的符号形式都不是规范的。

**3. 着重号的作用是什么?**

答:GB4. 12. 3. 1和GB4. 12. 3. 2指出,着重号的作用是表示语段中的重要文字及语段中需要指明的文字。《标点符号用法解读》（2012）也认为，着重号的作用是标示语段中重要的及需要指明的文字。但是，二者所提及的“重要的文字”是什么，并不明确。我们认为，着重号的使用大致可以分为以下三种情况：

（1）在书面语中，标示需要读者注意的字、词、句。例如：

① 读一读，再抄写，并查字典解释带点字的意思。

味道　充饥　浪费　满意　不以为然

时机　关键　评理　赞许　争论不休

② 读一读，再抄写，并用带点的词语造句。

盯住　厉害　监视　气象卫星

狂怒　泄气　跟踪　谈笑风生

③ 单就这福临路的东洋厂讲，光绪二十八年三井系的资本家收买大纯纱厂而创立第一厂的时候，锭子还不到两万，可是三十年之后，他们已经有了六个纱厂，五个布厂，二十五万个锭子，三千张布机，八千工人和一千二百万元的资本。那么我也这样联想，东洋厂的每一个锭子上面，都附托着一个支那奴隶的冤魂！

（2）转写口语时，标示需要重读的字、词、短语。例如：

④ 我是你河边上破旧的老水车，数百年来纺着疲惫的歌。（舒婷《祖国啊，我亲爱的祖国》）

（3）标示需要指明的文字，如语言学论文中，常常用着重号来标示需要特殊注意的语法成分。例如：

⑤ 这问题让人说滥了。（石毓智《语法化的动因与机制》）

⑥ 可不，黑锅全让我一人背了。

**4. 下划线、波浪线可以取代着重号吗？**

答：不可以。着重号的使用应该严格按照国家标准来执行，不可以将下划线和波浪线归为着重号。下划线易与专名号混淆，浪纹线易与浪纹书名号混淆。但是，在实际运用中，很多出版物仍然没有按照标准执行，导致该用着重号的地方却没有使用，这是不规范的。例如：

① *“家规：家庭中的规矩”，“私房：属于私人的房屋”。（沈阳、郭锐主编《现代汉语》）（误）

② *千万条腿来千万只眼，也不够我走来也不够我看！（郑颐寿《比较修辞》）（误）

**5. 能否不用着重号，而用其他技术手段来标示着重部分？**

答：出于使排版显得更加生动有趣的目的，可以使用一定的技术手段来标示语段中所要突出的内容，如字体加粗、变形、变色等。例如：

① **现代汉语指现代汉民族使用的共同语，是以北京语音为标准音，以北方话为基础方言，以典范的现代白话文著作为语法规范的普通话。** 它是我国汉族各方言地区和我国各民族之间用来进行交际的语言。（邵敬敏《现代汉语通论》）

② *Duang*！*Duang*！*Duang*！（斜体）

③ 热烈欢迎与会专家（字体颜色为非默认黑色）

**6. 着重号和引号有什么区别？**

答：着重号与引号都可以标示需要着重指出的内容，但两者还是有不同之处。第一，引用别人的话时，引用者可以根据需要，在引文下面加上着重号，起到进一步提示读者注意的作用。此时，标示直接引语的双引号内不能用单引号表示强调，只能用着重号，如示例①。第二，使用着重号的部分在口语中常常要求重读，引号内的成分则不一定要求重读，如示例②。第三，引号标示强调，一般只能强调个别字词，引号内的句子及语段多是引文；而着重号既可以强调字、词，也可以强调大于字、词的句子（如示例③）或者小于字、词的语素（如示例④）。

① a. 文帝曰："嗟乎，此真将军矣！曩者霸上、棘门军，若儿戏耳，其将固可袭而虏也。至于亚夫，可得而犯邪！"请翻译加点的句子。

b. ＊文帝曰："嗟乎，此真将军矣！'曩者霸上、棘门军，若儿戏耳，其将固可袭而虏也。'至于亚夫，可得而犯邪！"请翻译加点的句子。（误）

② 我没说他成绩不好！（BCC 语料库）

③ 善良的鲁米斯给了死囚一次选择，他坚信信任是相互的。选择就此逃逸的人，打开的是地狱之门，他们将永远背负着无法洗去的罪恶；选择回来也许就是打开了天堂之门，他们向人们证实，信任唤醒了他们那还未完全泯灭的良知……

④ 读一读，再抄写，并查字典解释带点字的意思。

味道　充饥　浪费　满意　不以为然

时机　关键　评理　赞许　争论不休

另外，不可以整段使用着重号。着重号的功能是标示某些重要的文字或需要指明的文字，其目的是引起读者的特别注意，如果整段都使用着重号，就会导致“全重即无重”，难以起到其本身的强调作用。此时，建议用文字说明（如“作者强调”等）配合引号的方式来表示强调，这样既可以区分引号标注的引言，又可以避免整段使用着重号。例如：

⑤ 这一段着重说明了“大大小小的湖泊，像颗颗宝石镶嵌在彩带般的沟谷中。湖水清澈见底，湖底石块色彩斑斓。从河谷至山坡，遍布着原始森林。每当天气晴朗时，蓝天、白云、雪峰、森林，都倒映在湖水中，构成了一幅幅五彩缤纷的图画。”

**7. 如果是竖排文字，着重号应该怎么标？**

答：如果是竖排文字，着重号应该点在字的右边，小圆点的个数和字的个数应当一致。

**8. 标题中可以使用着重号吗？**

答：标题中一般不使用着重号。标题本身的作用就是强调一篇文章的主旨或吸引读者的注意，如果在标题上使用着重号，会造成使用上的冗余。因此，从经济原则出发，我们一般不在标题中使用着重号。

**9. 英文字母可以添加着重号吗？**

答：着重号的功能是标示语段中重要的或需要引起读者注意的部分，所以只要语段中的项目具备以上特征，就可以使用着重号。但是，由于英语没有着重号，因此在表示需要读者注意的英语单词或短语时，一般不用汉语着重号，而是采用改变字体或加粗加大文字的形式。例如：

① 结合文章判断下列句子，正确的在括号内写 **T**，错误的写 **F**，未提及的写 **N**。

## （六）连接号用法

**1. 连接号有几种形式？书写时需要注意什么？如何进行电脑输入？**

答：连接号的形式有三种。新国标取消了原标准中的二字线形式，因为二字线不仅在形式上与破折号完全一致，容易引起使用混乱，而且在功能上也与一字线基本一致，并没有其自身独特的功能，能使用二字线的地方都可以用一字线来替换。基于功能和使用效率这两个方面的考虑，GB4. 13. 2 将连接号的形式规范为短横线“-”、一字线“—”和浪纹线“～”三种。

在书写连接号时，需要注意连接号在文稿中的位置和不同形式连接号的书写形式。关于连接号在文稿中的位置，在横行文稿中，连接号上下居中，左右方向排列；在竖排文稿中，连接号置于相应文字之下居中，上下方向排列。无论是在横行文稿中，还是在竖排文稿中，连接号都不能出现在一行之首，但可以出现在一行的末尾。关于连接号的书写形式，短横线比汉字“一”略短，占半个字位置；一字线比汉字“一”略长，占一个字位置；浪纹线占一个字位置。

对连接号进行电脑输入时，必须采用中文输入法。在半角模式下，按“-”键可以得到短横线“-”；在半角模式下，同时按“shift”键和“-”键可以得到“——”，再按“Backspace”键删去一个“—”，就可得到一字线“—”；在全角模式下，同时按“shift”键和“·”键可以得到浪纹线“～”。

**2. 连接号应该怎么读？**

答：短横线读为“杠”，或者不读；关于一字线的读法，表示起止关系的读“到”或“至”，不表示起止关系的不读；浪纹线全部读为“到”或“至”。

**3. 什么情况下用短横线连接号？**

答：短横线又叫半字线，通常用来标示化合物的名称、图表编号、产品名称和型号、代码及其他相关项目间的连接。主要有以下几种用法：

（1）标示化合物的名称。例如：

① 铅-锌-镍合金（用于合金系统的连接）

② 2,4-戊二酮（用于化合物名称和它前面的符号和位序之间的连接）

③ $Fe_3O_2$-$Al_2O_3$-$SiO_3$ 系（用于化学式中，表示多元体系中各组分之间的连接）

④ L-蛋氨酸

（2）标示表格、插图的编号。例如：

⑤ 参见表 8-1-3 和图 1-4-3

⑥ 图 2-c

（3）标示某些产品的名称和型号。例如：

⑦ 这台电脑的型号为 Y470P-ITH。

⑧ T3－L326B 限量版电烤箱

⑨ HAZC－1 型自动抄表系统

（4）标示门牌号码、电话号码、刊号、邮发代号，以及用阿拉伯数字表示的年月日等。例如：

⑩ 东乡路 7 号院 6－3－1 室

⑪ 联系电话：400－9669－400

⑫ 国内统一刊号：CN33－1225/G4

⑬ 国内邮发代号：82－638

⑭ 2015－06－20

（5）在复合名词中起连接作用。例如：

⑮ 中国-东盟自贸区

⑯ 海尔-波普彗星

⑰ 框架-剪力墙结构

⑱ 耶克斯-多德森定律

⑲ 龙木错-双湖-澜沧江板块缝合带

⑳ 呼伦贝尔-巴音和硕盆地

（6）标示汉语拼音、外来语内部的分合。例如：

㉑ dì－shíliù（第十六）

㉒ guāngmíng－lěiluò（光明磊落）

㉓ lìshǐ - wéiwùzhǔyì（历史唯物主义）

㉔ ch - u - ān→chuān（穿）

㉕ 维克多-马里·雨果（“维克多-马里”为双名）

㉖ 让·弗雷德里克·约里奥-居里（“约里奥-居里”为双姓）

**4. 什么情况下用一字线连接号？**

答：一字线连接号主要用于以下几种情况：

(1) 标示时间、地域等相关项目间的起止点。例如：

① 巴金（1904—2005），四川成都人。

② 13：30—15：30

③ 2010 年 8—9 月

④ 30—40 年代

⑤ 南京—上海直达快车

⑥ 第五—十课

⑦ 附录 A—D

⑧（1）—（4）班

(2) 用于标准顺序号与年份之间的连接。例如：

⑨ 执行标准代号：Q/SGM0048S—2011

⑩ GB/T 15835—2009《出版物上数字用法的规定》

(3) 连接意义上相关的项目，使其成为一个整体（不是成为复合名词）。GB4. 13. 1 明确了连接号的定义，即连接号作为标号的一种，用于标示某些相关联成分之间的连接。GB4.13.3 又指出，短横线连接号主要是在标示化合物的名称、号码、图表编号、复合名词、产品名称和型号、汉语拼音、外来语内部分合时起连接作用，而浪纹线连接号则一般用于标示数值范围。因此，在连接意义上相关的项目，使其成为一个整体（不是成为复合名词）时，只能用一字线连接号。例如：

⑪ 所谓人性观，是指对人性的基本看法，常涉及对人的以下评价：善—恶、理性—非理性、可变—不可变、可知—不可知、决定论—自由意志、悲观—乐观、主观—客观、素质论—环境论等等。(CCL 语料库)

⑫ 请比较三组近义词：鼓励—怂恿、坚固—坚强、喜爱—喜好。

⑬ 名词和修饰语的组合是“定—名”式，修饰在前，中心语在后，如“伟大的国家”“古老的文化”“三个人”等。(刘又辛《汉语汉字答问》)

⑭ 这种大家庭是一种社会—经济—政治的综合体，它得以存在的部分原因是它能为其成员提供保护，就像我们平时看到的政府所做的一样。(《哈佛经理业务管理》)

⑮ 永定河大致以西北—东南的走向流经京津地区。(《2005 年度全国出版考试之基础知识试题》)

⑯ 在处理复杂的情节和人物关系上，作者巧妙地将斯考比—露易斯—海伦；斯考比—尤瑟夫—威尔逊错综复杂的关系一环扣一环地引向最后的悲剧。(《当代世界文学名著鉴赏词典》)

⑰ Ne—n 特性曲线

⑱ 温度—压力关系

(4) 连接具有递进关系的相关项目。《标点符号用法解读》(2012) 认为，用破折号来连接具有递进关系的相关项目比用连接号更为恰当。但是，根据GB4. 10. 3 的规定，破折号的用法主要为标示语段中某些成分的注释、补充说明，或者语音、意义的变化，并不具有连接作用；而 GB4. 13. 1 则明确指出，连接号用于标示某些相关联成分之间的连接。所以，在连接具有递进关系的相关项目时，应当使用连接号。另外，根据 GB4. 13. 3 对三种形式的连接号用法之说明，用一字线连接号来连接具有递进关系的相关项目最为恰当。例如：

⑲ a. 朱熹在为其师李侗所撰写的《行状》中说，随着李侗过世，“龟山之所闻于程夫子而授之罗公者，至是而不得其传矣”。意味二程—罗从彦—李侗……的道统传承中断了。(张品端主编《东亚朱子学新论》)(正)

b. *朱熹在为其师李侗所撰写的《行状》中说，随着李侗过世，“龟山之所闻于程夫子而授之罗公者，至是而不得其传矣”。意味二程——罗从彦——李侗……的道统传承中断了。(误)

⑳ a. 美国人类学家摩尔根指出，蒙昧—野蛮—文明这三个段落，是人类文化和社会发展的普遍阶梯。(正)

b. *美国人类学家摩尔根指出，蒙昧——野蛮——文明这三个段落，是人类文化和社会发展的普遍阶梯。(余秋雨《乡关何处》)(误)

㉑ a. 这个宇宙是一个“膨胀—收缩—膨胀”的脉动宇宙。(正)

b. *这个宇宙是一个“膨胀——收缩——膨胀”的脉动宇宙。(误)

(5) 标示行进路线，或者完成某件事、加工某个产品的流程。GB4. 13. 1 指出，连接号用于标示某些相关联成分之间的连接。行进路线、完成某件事的流程和加工某个产品的流程所涉及的项目都是相关联成分，所以用连接号进行连接。另外，根据 GB4. 13. 3 对三种形式的连接号用法之说明，用一字线连接号来标示行进路线、完成某件事的流程和加工某个产品的流程最为恰当。例如：

㉒ 今年暑假，他打算骑行去西藏，计划的骑行路线是格尔木—昆仑山口—唐古拉山口—安多—那曲—当雄—羊八井—堆龙德庆—拉萨，全程长达 1160 千米。

㉓ 网上购物的基本流程为下单—付款—收快递—确认收货。

**5. 什么情况下用浪纹线连接号？**

答：标示数值范围时用浪纹线连接，包括由阿拉伯数字表示的数值和由汉字数字构成的数值。虽然 GB4. 13. 3. 2 指出，标示数值范围时一般用一字线，也可以用浪纹线，但是一字线连接号本身已经承担了较多职能，且其连接数字时多表示起止关系，因此统一使用浪纹线来标示数值范围的做法更为合理。例如：

① 125～360

② 20％～30％

③ 30 万～40 万

④ 30～40℃

⑤ 七百～八百千米

⑥ 15～20g

⑦ 20～30km/h

**6. 一字线和浪纹线都可以连接数字，如何对两者进行区分？**

一字线连接两个数字，表示的是时间等相关项目的起止，所要说明的是从起点至止点所包含的全部项目；而浪纹线连接两个数字，表示的则是数值范围，其作用是给某一无法确定的数值提供界限，或表示数值的波动变化幅度。一字线和浪纹线虽然都能连接数字，但是表示的意义却并不相同。尽管新国标并未对此进行明确说明，但我们认为，最好还是依据具体语境加以区分。例如：

① a. 1950—2000 年，他一直住在北京，从未去过别的地方。(正)

b. ＊1950～2000 年，他一直住在北京，从未去过别的地方。(误)

② a. 专家考证，这些文物属西汉时期制作，距今约 1950～2000 年。(正)

b. ＊专家考证，这些文物属西汉时期制作，距今约 1950—2000 年。(误)

③ a. 在 1910—1915 年的短短 6 年间，这片林子因为各种天灾人祸发生过三次火灾，火灾发生时间分别为 1911 年 10 月、1913 年 7 月和 1915 年 1 月。(正)

b. ＊在 1910～1915 年的短短 6 年间，这片林子因为各种天灾人祸发生过三次火灾，火灾发生时间分别为 1911 年 10 月、1913 年 7 月和 1915 年 1 月。(误)

④ a. 那篇文章就在这本书的第 4—6 页，很容易便能找到。(正)

b. 那篇文章就在这本书的第 4～6 页，很容易便能找到。(误)

⑤ a. 只要再写上 4～6 页纸，这份报告就算大致完成了。(正)

b. *只要再写上 4—6 页纸，这份报告就算大致完成了。(误)

⑥ a. 北纬 31°18′14″—38°57′37″ (正)

b. *北纬 31°18′14″～38°57′37″ (误)

⑦ a. 例 6—10 (正)

b. *例 6～10 (误)

⑧ a. 采用这种新方法进行玉米播种后，每公顷可增产 100～150 公斤。(正)

b. 采用这种新方法进行玉米播种后，每公顷可增产 100—150 公斤。(误)

⑨ a. 此外，该国政府在减贫计划草案中还提出了今后几年年经济增长率为 8%～10%的战略目标。(正)

b. *此外，该国政府在减贫计划草案中还提出了今后几年年经济增长率为 8%—10%的战略目标。(误)

⑩ a. 明日气温为 5～12℃。(正)

b. *明日气温为 5—12℃。(误)

**7. 用一字线和浪纹线连接数字时，前后两个数字都需要加上相应的单位吗?**

答：GB-A. 11 指出，浪纹线标示数值范围时，在不引起歧义的情况下，前一数值后不应出现量词。《标点符号用法解读》(2012) 也有类似的说法。我们认为，使用一字线连接带单位的数字时，也应采用与此相同的办法来进行处理。具体可以分为以下两种情况：

(1) 在前后数字所用单位一致的情况下，只在后一数字后加上单位，前一数字后不加单位。例如：

① a. 1910—1930 年（正）

b. *1910 年—1930 年（误）

② a. 2010 年 9—11 月（正）

b. *2010 年 9 月—11 月（误）

③ a. 2014 年 7 月 1—20 日（正）

b. *2014 年 7 月 1 日—20 日（误）

④ a. 15—16 世纪（正）

b. *15 世纪—16 世纪（误）

⑤ a. 第五—七页（正）

b. *第五页—七页（误）

⑥ a. 三—五年级（正）

b. *三年级—五年级（误）

⑦ a. 4～16GB（正）

b. *4GB～16GB（误）

⑧ a. 1200～1500 元（正）

b. *1200 元～1500 元（误）

⑨ a. 30～45 天（正）

b. *30 天～45 天（误）

（2）如果前后两个数字后所用单位一致，同为“百、千、万、亿”等位数词或“%、‰、幂次”等标数符号，那么两个数字后都应加上单位，否则会因数的表达不够完整而产生歧义。例如：

⑩ a. 四百—五百（正）

b. *四—五百（容易让人误解为“4～500”）（误）

⑪ a. 七千—九千（正）

b. *七—九千（容易让人误解为“7～9000”）（误）

⑫ a. 20%～30%（正）

b. *20～30%（容易让人误解为“20～0.3”）（误）

⑬ a. $2.3\times10^{-3}$～$4.2\times10^{-3}$（正）

b. *2.3～$4.2\times10^{-3}$（容易让人误解为“2.3～0.0042”）（误）

**8. 用“7-6”表示“7月6日”的做法正确吗？**

答：不正确。只有在年、月、日全部完整的情况下，才可以用连接号来标示日期。在只有年、月和只有月、日的情况下，不可以使用连接号来标示日期。例如：

① a. 8月1日（正）

b. *8-1（误）

② a. 2015年7月（正）

b. *2015-7（误）

**9.“公元前256—前63年”可以写成“公元前256—63年”吗？**

答：不可以。“公元前256—63年”表示的是“公元前256至公元63年”，与原来的意思相差甚远。

**10.“从2008年10月—2012年10月”的说法正确吗？**

答：不正确。这一说法是将连接号误用作了“到”和“至”，应该修改为

“从 2008 年 10 月到（至）2012 年 10 月”或“2008 年 10 月—2012 年 10 月”。

**11.“1996～现在”这样的用法对吗?**

答：不对。第一，浪纹线不能用来标示时间的起止，题干中的“1996～现在”明显是一个时间起止的表达；第二，浪纹线只能用来连接相关数字（阿拉伯数字或汉字数字），“现在”不是数字。所以，应将题干中的“1996～现在”改为“从 1996 年至现在”或“从 1996 年到现在”。

**12.“误差距离为 3～5mm 之间”和“温度为－200～400℃之间”这样的说法正确吗?**

答：不正确。浪纹线连接前后两个数值时，本身已经包含了范围在两数值之间的意思，加了“之间”后，反而显得冗余。所以，题干中的两个例子都应该将“之间”去掉，改为“误差距离为 3～5mm”和“温度为－200～400℃”。

**13. 可以将“图 4－1 到图 4－6”写成“图 4－1—6”吗?**

答：不可以。因为短横线前后的两个数字结合得比较紧密，所以即使两个标号中的前一数字相同，也不应该将其省略。另外，将“图 4－1 到图 4－6”写成“图 4－1—图 4－6”的做法也不大符合规范，建议仍然使用“图 4－1 到图 4－6”的写法。例如：

① a. 表 5－2 到表 5－4（正）

b. ＊表 5－2—4（误）

② a. 图 2－a 到图 2－d（正）

b. ＊图 2－a—d（误）

③ a. 表 7－c 到表 7－f（正）

b. ＊表 7 - c—f （误）

**14. 连接号只能连接两者吗？**

答：不是。连接号可以连接三者及以上。连接号的作用是标示某些相关联成分间的连接，所以当相关联成分的数目在三者及以上时，连接号仍然能用于其中，以标示连接作用。由于浪纹线多用于标示数值范围，因此鲜见有浪纹线用于三者之间的情况，三者及以上的连接多采用一字线连接号或短横线连接号。例如：

① 北京—米兰—罗马是国航经营多年的一条航线。

② 社会—教育—教学—考试—分数，这一由宏观到微观的制约之链，同时也是由表层到深层的因果之链。

③ 联系电话：86 - 10 - 62751111

④ 1949 - 10 - 01

⑤ 图 1 - 2 - 4

⑥ $K^{+}$ - $Na^{+}$ - $SO_4^{2-}$ - $Cl^{-}$ 型水

**15. 有人建议应将连接号和起止号区分开来，将短横线“-”定为连接号，将一字线“—”和浪纹线“～”定为起止号。这一建议可取吗？**

答：这一建议不可取。在实际使用中，标示产品型号、化合物的名称、代码等相关项目间的连接时用短横线，标示数值范围（数值的起止）时用浪纹线，标示时间、地域等相关项目间的起止时用一字线，连接号表连接和表起止的功能似乎是可以区分开来的。但是，一字线除了标示相关项目的起止外，还具有标示相关项目之间的递进关系，标示完成某件事或加工某个产品的流程等作用，将其定为起止号是不恰当的。而且，将连接号和起止号区分开来，会增加新的术语，容易造成人们认识和使用上的混乱。基于以上原因，不建议将连接号和起止号分开。

**16. 需不需要增加“趋向号”作为连接号的一种？**

答：有人认为应当增加“趋向号”作为连接号的一种，因为连接号无法表示流程内部的反方向步骤，如“闽南乌龙茶加工工艺，按晒青→摇青⇆凉青（摇、凉反复4次）→杀青→揉捻→初烘→包揉→复包揉→烘干的工艺依次进行”。

我们认为不需要。“趋向号”在文字表达中仅限于表示某样工艺或某件事的流程，一字线连接号基本上能覆盖它的这一用法。如果增加“趋向号”，规定用“趋向号”表示流程，那么不仅会造成认识上的负担，而且会带来文字录入的不便。在极少数情况下，比如上面的这个例子中，一字线连接号无法满足表达需要，那就选择使用“趋向号”，但是这里的“趋向号”不能算是严格意义上的标点符号。

**17. 有些刊物中的文章在对公式、表格和插图中的字母、符号等相关项目进行说明时，用的是一字线连接号，这种用法正确吗？**

答：不正确。连接号没有表示说明解释的功能，此处应当使用破折号，而不是连接号。有些刊物可能基于排版需要，用一字线连接号代替了破折号，但这种做法并不正确。例如：

① a. $c_B = n_B/V_B$，$c_B$——B溶液的浓度；$n_B$——B的物资的量。（正）

b. ＊$c_B = n_B/V_B$，$c_B$—B溶液的浓度；$n_B$—B的物资的量。（误）

② a. 注：1——三叠纪　2——侏罗纪　3——白垩纪（正）

b. ＊注：1—三叠纪　2—侏罗纪　3—白垩纪（误）

③ a. A——在编人员　B——非在编人员（正）

b. ＊A—在编人员　B—非在编人员（误）

**18. 有时候会看到用分隔号来标示温度变化范围的做法，如“－9℃/－4℃”“6℃/10℃”，这样的用法正确吗？**

答：不正确。分隔号的作用是标示诗行、节拍及某些相关文字的分隔，并不具有连接两个数值来标示数值范围的作用。此处应用连接号，修改为“－9～－4℃”“6～10℃”。

## （七）间隔号

**1. 什么是间隔号？**

答：间隔号是标号的一种，用于标示某些相关联成分之间的分界。

**2. 间隔号用什么形式表示？占几个字符？**

答：间隔号用一个上下居中的小圆点“·”表示，置于被隔开的词语中间，占半个字的位置，如“迈克尔·乔丹”。在竖排文稿中，间隔号应置于相应文字之下居中，上下方向排列。阿拉伯数字及西文字母中间的间隔号应使用半角字符间隔号，即“·”

**3. 间隔号该怎么读？**

答：间隔号一般不读出来，停顿一字时长。

**4. 在一行的末尾可以出现间隔号吗？**

答：间隔号可以出现在一行的末尾，但不能出现在一行的开头。可根据排版的需要，适当压缩间隔号所占的空间，或者将其转入下一行。

**5. 间隔号有什么作用？**

答：间隔号主要有以下六种作用：

（1）标示外国人名或少数民族人名内部的分界。例如：

①克里丝蒂娜·罗塞蒂

②阿依古丽·买买提

③列奥纳多·达·芬奇

（2）标示书名与篇（章、卷）名之间的分界。例如：

④《淮南子·本经训》

⑤《中国大百科全书·语言文字卷》

⑥《三国志·魏志·吕布传》

（3）标示词牌、曲牌、诗体名等和题名之间的分界。例如：

⑦《沁园春·雪》

⑧《天净沙·秋思》

⑨《水调歌头·明月几时有》

（4）用在构成标题或栏目名称的并列词语之间。例如：

⑩《雪峰·溪流·森林·野花》（《天山景物记》中的小标题）

⑪《李广·拿破仑·组织部》(《新民晚报》)

⑫《探索·发现》《劳动·就业》《天气·咨询》《音乐·故事》(CCTV栏目)

(5) 以月、日为标志的事件或节日，用汉字数字表示时，只在一、十一和十二月后用间隔号；用阿拉伯数字表示时，月、日之间均用间隔号（半角字符)。例如：

⑬“九一八”事变“五四”运动

⑭“一·二八”事变“一二·九”运动

⑮“3·15”消费者权益日“9·11”恐怖袭击事件

(6) 标示朝代与作家姓名之间的分界。例如：

⑯ 唐·李白

⑰ 宋·苏轼

**6. 当外国人名或少数民族人名中既有外文字母缩写，又有中文译名时，该如何使用间隔号?**

答：在外国人名中，当外文缩写字母与中文译名并用时，我们建议人名中若出现缩写字母，则缩写字母后面要使用下脚点，不能使用间隔号；缩写字母若出现在名字中间，则缩写字母与其前面的汉字部分之间仍用间隔号，缩写字母与后面的汉字中间使用下脚点，且后面必须用空格隔开。我们建议做到“点随主人”的原则，字母后面使用下脚点和空格，汉字后面使用中文间隔号。正确示例如下：

① George Howard Darwin 乔治·霍华德·达尔文（G. 达尔文）

② John Smith 约翰·史密斯（J. 史密斯）

③ A. 罗伯特·李

④ 埃德蒙·S. 卡彭特

⑤ 埃斯尔·M. 戴尔

**7. 在表示外国人的姓名中，当出现复姓或双名时，该如何使用标号?**

答：我们建议间隔号用于姓与名之间，而半字线连接号用于复姓或双名之间。示例①中，“弗雷德里克”是名，“约里奥-居里”是复姓；示例②中，“让-皮埃尔”是双名，“阿尔芒”是姓。以上两例的半字线，均是直接从外文进入译名的。在外文中，姓与名之间没有符号，只有空格，我们在将其翻译为中文时，可以在中间加入间隔号；复姓或双名之间若有半字线，则翻译为中文后，可直接沿用半字线。例如：

① 弗雷德里克·约里奥-居里 Frédéric Joliot-Curie

② 让-皮埃尔·阿尔芒 Jean-Pierre Armand

**8. 间隔号是书名和篇（章、卷）名之间的分界，在古籍书名中使用间隔号可能会出现哪些问题?**

答：《标点符号用法》规定，间隔号是“书名和篇（章、卷）名之间的分界”。在书名号中的间隔号，其前面是书名，后面是篇（章、卷）名，再往后仍可以依次划分。但在古籍书名中，存在很多间隔号使用错误的现象。

第一，对“经史子集”等传注的标写。经史子集的传注，是后人为古书所做的注释，虽冠以原书之名，但并不是原书本身。传注与原书不是书名和篇名的关系，也不是整体和局部的从属关系，而是作为注释本，独立于原书而存在。因此，传注不需要在书名号中用间隔号来标示分界，应当把书名号中的间隔号去掉。例如：

① a. ＊守敬按：段氏《说文·注》谓此浸自周初迄汉，湮没不彰。班、许皆不言潞之源流。（《水经注疏（上）》）（误）

b. 守敬按：段氏《〈说文〉注》谓此浸自周初迄汉，湮没不彰。班、许皆不言潞之源流。（正）

② a. ＊唐代帘文纸又分粗、细二种，《论语·郑氏注》抄本用的粗帘文纸，《白怀洛借钱契》用的细帘文纸。（《新中国的考古发现和研究》）（误）

b. 唐代帘文纸又分粗、细二种，《〈论语〉郑氏注》抄本用的粗帘文纸，《白怀洛借钱契》用的细帘文纸。（正）

③ a. ＊故秦氏所辑《世本》之纪文，杂采自《国语·韦注》及《史记》诸文者，定多谬误，绝非《世本》之本貌，可断言也。（《史记管窥》）（误）

b. 故秦氏所辑《世本》之纪文，杂采自《〈国语〉韦注》及《史记》诸文者，定多谬误，绝非《世本》之本貌，可断言也。（正）

④ a. ＊原注文用《史记·集解》引苏林说。（《三辅黄图校正》）（误）

b. 原注文用《〈史记〉集解》引苏林说。（正）

⑤ a. ＊清代学者顾祖禹、杨守敬辈大概是因为《后汉书·李贤注》和《通典》在《元和志》《寰宇记》之前。（《长水集续编》）（误）

b. 清代学者顾祖禹、杨守敬辈大概是因为《〈后汉书〉李贤注》和《通典》在《元和志》《寰宇记》之前。（正）

第二，同一部书的内部不同层次划分。间隔号是“书名与篇（章、卷）名之间的分界”，当一部书的内部有不同层次时，书名与篇名固然都可以单独使用书名号，但当二者同时连续出现时，应当使用间隔号来标识。

⑥ a. ＊李悝相魏文侯事，见《汉书·艺文志》《法家》，班固注。（《中国史探研》）（误）

b. 李悝相魏文侯事，见《汉书·艺文志·法家》，班固注。（正）

⑦ a. ＊《文献通考》《职官考三》（《秦汉官制史稿》上册）（误）

b.《文献通考·职官考三》（正）

**9.“《汉语大词典·缩印本》已经出版发行”这样的表述对吗？**

答：间隔号用于书名时，其前后两部分是书名和书中的某一章、某一卷。“缩印本”并不是“汉语大词典”中的一章或一卷，而是对书的版本的说明，所以此处不应该用间隔号，可以改为括号，并置于书名号之后。例如：

① ＊《汉语大词典·缩印本》（误）

②《汉语大词典》（缩印本）（正）

**10. 像《音乐之子·陈田鹤大师传》《旷世逸才·杨度》这样的间隔号用法对吗？**

答：间隔号在标题中用于几个具有并列关系的词语之间，而题干中的“音乐之子”与“陈田鹤”、“旷世逸才”与“杨度”都是同位关系，构成同位词组，中间不宜用间隔号隔开，故可改为：

① ＊《音乐之子·陈田鹤大师传》（误）

《音乐之子陈田鹤大师传》(正)

② ＊《旷世逸才·杨度》(误)

《旷世逸才杨度》(正)

**11. 目前通行的各套中学语文教材关于词牌、曲牌和题名之间的标注存在差异，该如何统一？**

答：我们建议在词牌、曲牌和题名之间加入间隔号。例如：

① a.《天净沙·秋思》《山坡羊·潼关怀古》《南乡子·登京口北固亭有怀》(正)

b. ＊《天净沙秋思》《山坡羊潼关怀古》《沁园春雪》(误)

**12. 间隔号用于时间、地点之间，有什么作用？**

答：间隔号可以用在标题、落款中并列的时间地点之间，表示事件发生的时间和地点。例如：

① 2005·中国青海郁金香节（《人民日报》）

② 2015年·北京

**13. 在图书编辑存储中，间隔号有什么用法？**

答：间隔号可以用在图书标准书号的分类代号和编号之间。例如：

① ISBN7－100－04385－9/H·1100（《现代汉语词典》2005年6月第5版书号）

② ISBN7－101－00082－7/I·12（王力主编《古代汉语》第一册

书号）

**14. 当三个并列项连用时，其中两项用表示并列关系的“和”或“及”连接，另外两者之间能否再使用间隔号？**

答：不可以。间隔号不能与“和”“及”等表示并列关系的字同时出现，因为同时使用将使得并列项目的关系发生化。当最后两项用“和”“及”等连接时，前面的并列项可以用顿号。例如：

① a. ＊《篱笆·女人和狗》（误）

b.《篱笆、女人和狗》

**15. 为什么有的节日或事件在月、日之间使用间隔号，有的却没有？**

答：以月、日为标志的节日或事件，如果用汉字表示，那么在涉及一、十一和十二月时，为避免歧义，在月、日之间使用间隔号，其他月份不用。例如：

① 潘永美第一次见到葛锐，是在纪念一二·九歌咏大会上。（叶兆言《纪念葛锐》）

② 外交部发言人就“九一八”事变70周年发表谈话。（《西安晚报》）

注意，在涉及一、十一和十二月时，只能使用间隔号隔开，不能使用顿号。例如：

③ ＊“一二、九”事变后，国民党奉行“不抵抗政策”，将东北

大片国土拱手让人。(误)

④ *“一、二八”运动后，他才出狱，蛰居长江上游的小城江津五年。(误)

有时，以月、日为标志的节日或事件会直接用阿拉伯数字表示。在这种情况下，为避免混淆，不管是否涉及一、十一和十二月，月、日之间都要使用间隔号。同时，阿拉伯数字中间的间隔号应使用半角字符间隔号，即“·”。例如：

⑤“3·15”消费者权益日

⑥“9·11”恐怖袭击事件

**16. 在目前的影视作品中，间隔号的使用存在什么问题？**

答：在目前的影视作品中，存在很多间隔号滥用的现象，或是为了突出表达，或是为了外在形式好看，都没有遵从间隔号的使用规则，应当予以规范。例如：

① *《如果·爱》(陈可辛)(误)

② *《不能说的·秘密》(周杰伦)(误)

③ *《色·戒》(李安)(误)

针对示例①，导演陈可辛解释说：“中间的符号代表的意思是‘也许’，因为剧中周迅饰演的角色不确定她心中爱的是金城武还是张学友，该点代表了剧情的暧昧和纠结。”这样解释间隔号的用法，是不恰当的。针对示例②，周杰伦的电影《不能说的·秘密》的片方解释，中间用间隔号是为了设计上的好看，这更是莫名其妙。示例③改编自张爱玲的小说《色，戒》，原书中间使用的是逗号，表示一种前后承接的关系。改编成电影之后，中间的逗号变成了间隔号《色·戒》，这样滥用间隔号的做法应当加以规范。

**17. 间隔号和连接号有什么区别?**

答：间隔号标示相关联成分之间的分界，而连接号标示相关联成分之间的连接。如果要将相关的词语连成一个整体，应该用连接号，不能用间隔号。例如：

① a. *句子中的停顿是比较普遍的，如动·宾之间的停顿，主·谓之间的停顿等。(误)

b. 句子中的停顿是比较普遍的，如动-宾之间的停顿，主-谓之间的停顿等。(正)

② a. *工作中应该正确处理个人利益·集体利益之间的关系。(误)

b. 工作中应该正确处理个人利益-集体利益之间的关系。(正)

**18. 顿号和间隔号有什么区别?**

答：顿号是句内点号，间隔号是标号。句内点号的主要作用是表示停顿，而标号的主要作用是表示词语的特殊性质。用顿号能表示并列词语之间的短暂停顿，用间隔号则能标示出各组成部分之间的界限。例如：

①《坚强·勇敢·互助·感恩——灾区儿童“六一”节的特殊馈赠》(正)

② a. 禁用、启用或误用 (正)

b. ＊禁用·启用或误用（误）

③ a. 谈谈山、水、人（正）

b. ＊谈谈山·水·人（误）

## （八）书名号用法

**1. 书名号有哪些形式?**

答：根据 GB4. 15. 2 及 GB4. 15. 3. 5 的规定，书名号的形式有双书名号“《》”和单书名号“〈〉”。书名号里面还需要用书名号时，外面用双书名号，里面用单书名号。例如：

①《梅斐尔德木刻〈士敏土〉之图》

②《〈中华人民共和国发票管理办法〉实施细则》

③《〈中原音韵〉“入派三声”的历史背景》

④《评〈燕山夜话〉和〈三家村札记〉》

**2. 书名号的用法有哪些?**

答：根据 GB4. 15. 3 的规定，书名号除了可以用来标示书名、卷名、篇名、刊物名、报纸名、文件名等，还可以标示电影、电视、音乐、诗歌、雕塑等各类用文字、声音、图像等形式表现的作品的名称；作品名以及全中文或中文在名称中占主导地位的软件名，也需要用书名号来标示。例如：

① 唐朝末年民间就有与《西游记》某些情节相同的俗文小说，如《唐太宗入冥记》。(《厦门晚报》)（书名）

② 读《史记·项羽本纪》，我们可以知道秦汉之际有哪些史实；

读《论衡·书虚篇》，我们可以明白书传不可尽信之理。(张中行《作文杂谈》)(卷名)

③《阿Q正传》不单单以刻画乡下无赖汉为能事，其中实影射了中国民族普遍的劣根性。(苏雪林《〈阿Q正传〉及鲁迅创作的艺术》)(篇名)

④《读书》《随笔》《读者》《人物》《世界博览》《奥秘》都是我喜欢的刊物，是我的人生之友。(梁晓声《狡猾是一种冒险》)(刊物名)

⑤ 香港《华商报》将朱学范被撞受伤的消息传播后，《解放日报》《新华日报》《华商报》以及上海、重庆的进步报刊都刊登了向国民党政府抗议的文章。(《文汇报》)(报纸名)

⑥ 今年10月，新修订的《中国共产党纪律处分条例》和《中国共产党廉洁自律准则》通过。(《人民日报(海外版)》)(文件名)

⑦ 惠特尼·休斯顿在中国最为脍炙人口的影片《保镖》的主题曲《我将永远爱你》必将让曾经或者一直追随着她的忠实歌迷经历集体的怀旧。(《文汇报》)(电影名、歌曲名)

⑧《万山红遍》是李可染以毛泽东《沁园春·长沙》词意为母题创作的红色经典画作。(《北京日报》)(绘画作品名、诗词名)

⑨ 哥伦比亚广播公司宣布，它已经取消了原定周一播出《超级少女》和《重返犯罪现场》这两部电视剧集的计划。(《参考消息》)(电视剧名)

⑩ 记得在央视《中国汉字听写大会》播出期间，不少人重新翻出落满灰尘的字典，跟着电视逐一查阅节目中出现的生字词。

（《人民日报（海外版）》）（栏目名）

⑪ 进入松林环拥的哈丁村遗址，一座黑色大理石雕塑《不屈的人》赫然耸立在人们眼前。（《人民日报》）（雕塑名）

⑫ 昨天，国内首张郑和纪念光盘《光荣与梦想，郑和的不凡之旅》在上海首发。（《文汇报》）（光盘名）

⑬ 调查显示，国产应用软件的市场占有率越来越高，手写系统《WPS2000手写系统》、翻译软件《东方快车2000》、杀毒软件《KV300+》、工具软件《超级解霸2000》、财务管理软件《管家婆》等成为消费者的首选品牌。（《北京青年报》）（软件名）

⑭ 中央戏剧学院演出了经典话剧《樱桃园》，北京电影学院则将传统戏曲名剧《赵氏孤儿》搬上话剧舞台。（《文艺报》）（话剧名、戏剧名）

**3. 书名号的移行规则是怎样的？**

答：根据GB5.1.3的规定，书名号的前一半不出现在一行之末，后一半不出现在一行之首。在手写体中，应避免书名号的前一半出现在行尾，后一半出现在行首的情况。在电脑排版时，应调整字间距或使用空格，以避免出现前述的书名号分行之状况。

**4. 什么时候用浪线“～～～”来表示书名？**

答：根据GB-A.13.6的规定，一般情况下，基本不需要用浪线来标示书名。只有在出版古籍或某些文史著作时，才需要用浪线“～～～”标示书名。文字横排时，浪线标在书名下面；文字竖排时，浪线标在书名左面，与专名号配合使用。例如：

① 屈原放逐，乃赋离骚；左丘失明，厥有国语；孙子膑脚，兵法修列；不韦迁蜀，世传吕览。

② 老莲之水浒图，久闻其名，而未一见。日本所翻刻者，系别一明人作，世界美术全集续编中曾印数页，每页二人。但偶忘作者名，稍暇当查出，庶于中国或有访得之望。

**5. 竖排的书名号怎么处理？**

答：GB5.2.4 提到，在竖排文稿中，使用浪线式书名号“～～～”，标在相应文字的左侧。

浪线式书名号是为了配合文稿中的专名号而使用的。根据 GB4.16.1 对专名号的定义，专名号用于“标示古籍和某些文史著作中出现的特定类专有名词”。因为书名也属于“特定类专有名词”，所以为了保持形式上的和谐统一，标准做出了相应的规定，即“为与专名号配合，书名号也可改用浪线式书名号，这可以看作是特殊的专名号或特殊的书名号”。这里说的是“也可改用”，并不是非用不可。如果专名号没有出现，那么与其配套的浪线式书名号就自然更不是非用不可的。古籍用浪线，非古籍竖排版式可以用旋转九十度的书名号。

**6. 中文行文中出现的英文书名、报刊名是否可以用书名号表示？**

答：英语中没有书名号，中文行文中的英文书名、报刊名不应加书名号，而应按英语的习惯用斜体，并最好在英文书名后括注中译名，或者先出现中译名，然后括注斜体的英文书名。中文行文中出现英语文章或论文的篇名时，用双引号标引；如果是期刊中的论文，用双引号表示论文的名称，用斜体字表示期刊的名称。例如：

① 继《哈利波特》（*Harry Potter*）、《纳尼亚传奇》（*The Chronicles of Narnia*）后，最受期待的魔幻电影《仙境之桥》（*Bridge to Terabithia*）将于春节期间登陆内地市场。（《福建日报》）

② 如果说阿柯斯塔的创作还属于国别的或个人的创作，那么动画电影《但丁的地域——动画史诗》（*Dante's Inferno*：*An Animated Epic*）则具有国际规模和国际影响力。（吴笛《但丁〈神曲〉的跨媒体传播及其变异》）

③ 正如美国学者韩瑞（Eric Hayot）在其 *The Hypothetical Mandarin*：*Sympathy*，*Modernity*，*and Chinese Pain*（《假想的"满大人"》）一书中所指出的……（袁剑《"满大人"与中国想象》）

④ 在电子资源库中没找到这篇在 New Left Review 上发表的"The Components of National Culture"。

**7. 书名号套书名号，尤其是出现三层书名号时，应该怎样处理？**

答：书名号里还要用书名号时，外用双，内用单。需要用三层书名号时，最外面一层用双书名号，中间一层用单书名号，最里面一层用双书名号。需要注意的是，单书名号的形式是"〈〉"，不可用数学上的小于号和大于号之组合形式"<>"来代替。例如：

①《〈中国佛教史籍概论〉的文化诠释》

②《评姚文元〈评新编历史剧《海瑞罢官》〉》

③ 他的毕业论文《鲁迅先生〈《呐喊》自序〉试析》获得了评委

们的一致好评。

**8. 如果双引号里有书名号，书名号里还有双引号，需要将书名号中的双引号改单引号吗?**

答：不需要。如果双引号里有书名号，书名号里还有双引号，但两个引号里的内容不存在引用关系，那么还是可以使用双引号的。例如：

①张晓斌一边走进办公室，一边说：“你看到报纸上登的那篇《“一休哥”除夕送温暖》的小故事了吗?”

**9. 书名、篇名末尾如果有问号、叹号或省略号，应放在什么位置?**

答：根据GB-A. 13. 5的规定，书名、篇名末尾如果有问号、叹号或省略号，应放在书名号之内。例如：

①《80后，怎么办?》

②《曾经……》

③《“招贴即扯”》

④《怒吼吧，中华!》

**10. 书籍刊物的副书名或文章的副标题能否使用括号?**

答：书籍、刊物、文章的副书名或副标题一般用冒号或者破折号引出，与主标题一同放在书名号内。例如：

①《感伤的行旅——郁达夫作品感伤基调论析》

②《高等教育新论——多学科的研究》

③《只有大众没有文化：反抗一个平庸时代》

④《我父亲的梦想：奥巴马回忆录》

**11. 标有书名号的并列成分之间用不用顿号或逗号？**

答：标有书名号、引号的并列成分之间，一般不用顿号或逗号。示例③中，由于几个书名号之间是纯粹的并列关系，因此不需要加顿号。

① 托妮·莫里森的代表作有《最蓝的眼睛》《所罗门之歌》《宠儿》《爵士乐》《爱》《恩惠》等。（《延河》）

② 中国儿童戏剧历来有改编儿童文学作品的传统，像《“下次开船”港》《野天鹅》《罐头小人》《小蝌蚪找妈妈》等，都改编自儿童文学作家的优秀作品。（《文艺报》）

③ *词典是解释词语的概念、意义及其用法的工具书，如《现代汉语词典》、《中国成语大辞典》、《辞海》、《词源》等。（上教版《语文》）（误）

但是，若有其他成分插在并列的引号之间或并列的书名号之间（如书名号之后还有括注），则宜用点号分隔。另外，假如并列的书名号之间有一处加了“和、或、还是”等关联词语，那么其他书名号的分列关系是否清楚，也要慎重考虑。例如：

④ 我注意到选本中那些一定也曾滋养过顾军女士本人的少年和青春岁月的诗歌：《无题》（卞之琳）、《偶然》（徐志摩）、《一代人》（孤城）、《面朝大海，春暖花开》（海子）……（《中华读书报》）

⑤ 张艾嘉陆续导演了《想飞》、《20,30,40》、《我们这一家》和《念念》四部影片，将镜头对准现代都市女性，塑造了一批独立自主的现代女性形象。（夏金轩、贾冀川《女性主义影像的践行者》）

⑥ 德沃夏克创作的三幕歌剧《被出卖的新嫁娘》，无论是《三部舞曲》、《斯拉夫舞曲》，还是《第八交响曲》，都将在音乐会上精彩呈现。

示例④中，书名号后有括注，用顿号间隔，可以使每部分内容的表达更为清晰；示例⑤中的后两个书名号用“和”连接，前面两个书名号之间最好加顿号分隔，表示这四个书名号是同属一个层次的并列关系；示例⑥由于用了表示选择关系的“还是”，因此前两个书名号之间要加顿号，表示是在三段歌剧之间进行选择，而不是前两段歌剧合成一组，再与最后一段歌剧构成选择关系。

**12. 标注词牌名用六角括号还是书名号？**

答：如果只有词牌而没有题名，那么用六角括号；如果词牌与题名连在一起说，那么用书名号（词牌与题名之间用间隔号）。例如：

① 为了不落空，我以为，最好还是少填慢词；就是填，也要到习见的一些，如〔沁园春〕、〔永遇乐〕和〔贺新郎〕之类为止，不要再远行，以至于也试试〔莺啼序〕。（张中行《诗词读写丛话》）

② 文物出版社最近又新出了八种适于在室内悬挂或张贴的中型单页。这八种手稿的题目是：《水调歌头·游泳》《菩萨蛮·黄鹤楼》《采桑子·重阳》《清平乐·会昌》《忆秦娥·娄山关》《七

律·长征》《清平乐·六盘山》《七绝·为李进同志题所摄庐山仙人洞照》。(《厦门日报》)

**13. 书名、篇名同时出现时，书名号该如何使用?**

答：书名、篇名同时出现时，书名在前，篇名在后，二者合用一个书名号，中间用间隔号隔开；如果中间还有其他层次，那么按照层次的顺序书写，中间用间隔号隔开，每一个结构单位都可以单独加书名号。例如：

①《宋史·司马光传》

②《普希金童话选·渔夫和金鱼的故事》

③《里乘·海州四怪》

④《诗经·国风·王风·采葛》

**14. 书、报、刊、文件中的篇、章、节等部分应该用书名号还是引号?**

答：针对书、报、刊、文件中的篇、章、节等部分，应当注意以下两点：

(1) 如果是独立的篇，用书名号；如果是书、报、刊、文件中不能独立成篇的章、节部分，那么书、报、刊、文件用书名号，其中的章、节部分用引号。例如：

①《阁楼人语》的作者沈昌文火了，还上了中央电视台的《读书时间》，是因为他做了《读书》十年主编，写了十年的“编者按”。(《都市快讯》)(文章评论)

②《健身气功管理暂行办法》分为“总则”“管理机关”“活动管理”“活动站、点”“辅导人员”“社会团体”“罚则”和“附则”等8个章节，对健身气功活动的各主要方面都作出了规

定。（《人民日报》）（文件中的章节）

③《狂人日记》是 1918 年鲁迅先生所著的中国新文学史上第一篇现代型短篇白话小说，最早发表在《新青年》杂志第 4 卷第 5 号上。这篇文章也被收录在鲁迅先生的小说集《呐喊》当中。（百度百科）（独立成篇）

（2）当书名与其中独立成篇的篇名或作品名同时出现时，书名、篇名、作品名均应使用书名号。例如：

④《雅舍小品》中的每篇作品，初看题目时可能给读者平凡的感觉，但细看内容后，却又别饶趣味。像《握手》《理发》《衣裳》《女人》《男人》《洗澡》《牙签》等，平常人绝对想不到这样平凡的题目，竟然可写出这么丰富的内容。

⑤ 人民出版社版《邓演达文集》中，收录了《南京钦定的国民会议和我们所要求的国民会议》一文。这是邓演达痛斥南京国民党当局无耻行径，申明自己政治主张的重要论文。（《读书》）

**15. 书籍、刊物、报纸等的版本说明应该怎样标注？**

答：根据 GB－A. 13. 4 的规定，如果括注是书名、篇名等的一部分，那么应放在书名号之内，反之则应放在书名号之外。不同版本的说明，如果是书名的一部分，即出版物本身明确含有的部分，那么就应放在书名号之内，如示例①—⑤；如果版本说明不是书名的一部分，包括“修订本、典藏本、全彩绘版”等，可以和书名分开且位置可移动，那么就可以不放在书名号内部，如示例⑥—⑮。例如：

①《新世纪小学生文库（科技辑）》

②《21 世纪中国诗歌档案（第一卷）》

③《北京大学学报（自然科学版）》

④《中华人民共和国环境保护法（试行）》

⑤《人民日报（海外版）》

⑥《哈利·波特与魔法石》（全彩绘版）

⑦《现代汉语》（上册）

⑧《现代汉语词典》（第六版）

⑨《文学概论》（修订版）

⑩《名家谈吃》（典藏本）

⑪《电子世界》（1994 合订本）

⑫《语言文字规范手册》（增订本）

⑬《韬奋全集》（增补本）

⑭《中国抗日战争史简明读本》（英文版）

⑮《语文建设通讯》（香港）

示例⑥—⑮的这类版本说明，在行文中也可以不用括号，而是跟在书名后作为补充说明，或在书名前事先予以交代。比如，在行文中，示例⑪也可以说：“妈妈买到 1994 年《电子世界》的合订本了吗?”示例⑬也可以说：“在大家的共同努力下，增补本的《韬奋全集》终于出版了。”

**16. 丛书的名称用引号还是书名号？如果使用书名号，“丛书”二字是否放在书名号之内？**

答：(1) 根据 GB－A. 7 的规定，“丛刊、文库、系列、书系”等作为系列著作的选题名时，宜用引号标示。例如：

① 上海远东出版社瞄准这一市场走势，推出了“东方保健系列”15 种、“东方家庭治疗丛书”10 种、“东方常见病防治丛书”15 种和“东方图解家庭按摩治疗丛书”12 种。(《文汇报》)

(2) 如果“丛刊、文库、系列、书系”等不是作为系列著作的选题名，而是作为书名出现，由于其内部的不同层次结构单位（包括卷名、书名、篇名）均可用书名号，因此从标点符号使用的层级性和一致性上来讲，丛书的名称也应使用书名号。如果“丛书”二字是原书名的一部分，那么就放在书名号之内；如果原书名没有“丛书”二字，是行文时为说明图书的性质而临时加上去的，那么就放在书名号之外。带丛书性质的其他书名，如“丛刊、丛论、文库、诗库、画库、系列、大系、书系”等，处理原则与此相同。例如：

②《中国历代美学文库》

③《学习党的十五大精神丛书》及《上海改革开放 20 年系列丛书》等 61 项申报成果获上海市第三届邓小平理论研究和宣传优秀成果奖。(《文汇报》)

④《20 世纪心理学通览》丛书

⑤ 他还针对《世界诗库》出版引起的论争，指出翻译批评应客观中肯，力戒唯我独尊。(荆成《广东省比较文学研究会'96 学术年会综述》)

⑥《百名院士科技系列报告集》

⑦《四部丛刊》

⑧《21 世纪中国文学大系》

⑨《科学与人译丛》

**17. 法令、规定、方案、条例等“草案”“初稿”“试用稿”之类字样，应该怎么处理？**

答：法令、规定、方案、条例等“草案、初稿、试用稿”之类字样，如果包括在文书标题之中，那么应放在书名号内。这类字样在书名号里是否括注，依据原件模式。例如：

①《汉语拼音正词法基本规则（试用稿）》

②《中华人民共和国民事诉讼法（试行）》

③《普通话异读词审音表初稿》

④《关于印发光伏扶贫实施方案编制大纲（试行）的函》

⑤《内蒙古自治区价格监督检查条例（草案修改稿）》

⑥《广东省名牌农畜产品认定办法（征求意见稿）》

⑦《中华人民共和国宪法修正案（八）（草案）》

**18. 电视台和广播电台的节目、栏目名，以及报纸、杂志的专栏，加书名号还是引号？**

答：电视台和广播电台的节目、栏目名，以及报纸、杂志的专栏，都需要用书名号，但是用法略有不同。

（1）为了清楚地表示电视节目、栏目的名字，避免与普通名词混同，应该对其使用书名号。例如：

①《同一首歌》栏目组

② 以塑造学者明星著称的央视名牌节目《百家讲坛》在持续走红之后，近日遭遇东方卫视《名人讲堂》的绝地反击。（《福建日报》）

③ 大型系列报道《中国百家非公有企业风采》，从七月十九日起在中央人民广播电台《非公有经济之窗》节目中推出，介绍全国各地一百家优秀非公有制企业。（《人民日报》）

(2) 报纸、杂志的专栏、副刊、专版属于书报刊层级系统中的一级，并且是经过编辑加工的精神文化产品，因此从系统性、逻辑性的角度讲，用书名号能更清晰地标示栏目的性质。刊物名和专刊名一起使用时，中间用间隔号，外加书名号。例如：

④ 1942年11月，叶灵凤在《华侨日报》副刊《侨乐村》上发表《煤山悲剧三百年纪念——民族盛衰历史教训之再接受》，以含蓄的笔调提出团结抗战的主张。(叶灵凤《灵魂的归来》)

⑤《人民日报·今日谈》

⑥ 第二届中国新闻名专栏奖8月23日揭晓，《人民日报》的重要言论专栏《今日谈》和《人民论坛》榜上有名。（《人民日报》）

⑦《齐鲁晚报》开辟了专栏《寒门学子》，介绍贫困学子艰难求学的经历。(《都市快讯》)

**19. 单指作品的标题时，用书名号还是引号？**

答：这个问题需要分两种情况：

(1) 作品名若加上书名号，则是在按特殊约定对书进行专指；若加引号，则是在对作品名进行自指。单指作品的标题，意味着需要指向的是这个标题，即充当标题的词语本身，属于自指，应该加引号。例如：

① *刚吃过早饭，我就在纸上拟了几个题目，《一舞刀剑劈霞光》《蜀山剑侠传奇》《剑仙春秋》……，最后一个是《飞天狗与神经剑》。(误)

② 美国的情景剧 Fibreu 在连续播出了 11 年后停播时，没有想到《时代周刊》居然用了这样的题目“Fibreu 死了我们怎么活下去”。(《厦门商报》)

③ 笔者看了一本《小学生作文与点评》，发现其中一篇《我的妈妈》不足 400 字的作文，错别字出现 42 个，错句 5 句。(《福建日报》)

④ 小女儿正在为寒假作文发愁，像“我的妈妈”“我家的小花猫”这样的题目，实在是太老套了。

示例①是书名号误用的例子，“拟了几个题目”是对题目名称的自指，因此其中的书名号都应改为引号；示例②所指的仅为《时代周刊》上所登载的消息的标题，并不指消息的内容，因此应用引号；示例③中的《我的妈妈》是指一本作文书中的作文，应用书名号标注；示例④中的“我的妈妈”“我家的小花猫”是对这些作文标题的自指，应用引号。

(2)“题为……”“以……为题”中的“题”应根据其类别，分别按书名号和引号的用法处理。“题为……”“以……为题”中的“题”，如果是诗文、图书、报告或其他作品，可作为篇名、书名看待时，应用书名号；如果是写作、科研、辩论、谈话的主题，作为非特定作品的标题，应用引号。例如：

⑤ 中国国务院新闻办公室 27 日发表了题为《1999 年美国的人权纪录》的长篇文章。(《文汇报》)(文章名)

⑥ 本次双年展以“多彩中国梦”为主题，鼓励广大艺术家在创作

中以弘扬中华文化为己任，将艺术实践与践行中国梦相结合。（《文艺报》）（展会主题）

⑦ 中国国务院总理温家宝于 11 月 7 日在开罗阿拉伯国家联盟总部发表了题为《尊重文明的多样性》的重要演讲。（《中国日报》）（演讲名）

⑧ 今天，世界银行派专家来京发布题为《2000 年全球经济展望和发展中国家》的报告。（《人民日报》）（报告名）

⑨ 此次论坛以“2020 年：世界的上海”为主题，着重探讨上海在未来 15 年如何建设成为国际大都会的战略问题。（《文汇报》）（论坛主题）

**20. 会议、竞赛、展览、主题活动等名称能不能用书名号？**

答：书名号的滥用和误用情况较为常见，以下对这些现象进行分类说明：

（1）展览会、主题活动、社会组织、会议、称号、题词、竞赛、奖杯等名称不能使用书名号，需要特殊说明时，可以使用引号。例如：

① 由清华大学比较文学与文化研究中心、上海市社科联《探索与争鸣》杂志以及上海交通大学人文艺术研究院共同主办的“杨周涵与比较文学的未来”学术研讨会日前在北京举行。（《中国读书报》）（会议名）

② 历时 3 天的“红双喜杯”1992 年中国国际跳水公开赛 14 日在上海降下帷幕。（《福建日报》）（竞赛名）

③ 近日，“如松之盛——王杰书法求教展”在北京师范大学京师美术馆开幕。（《文艺报》）（展览名）

④ 日前，10 位新老劳模来到卢湾区第一中心小学，与同学们一起

参加“学雷锋、学劳模，塑造城市精神，做可爱的上海小公民”主题活动。(《文汇报》)(主题活动名)

⑤ 战士杂技团在国内外重要赛场上先后有121个节目夺得过178个奖项，其中有世界杂技最高奖“金小丑”奖3次，“金K奖”2次，3次蝉联“法兰西共和国总统奖”。(《文汇报》)(奖项名)

⑥ 凡获得“全国劳动模范”“全国先进工作者”称号及“全国‘五一’劳动奖章”获得者，经本人申请，省高招办审核批准后，可免试入学。(《厦门商报》)(称号名)

⑦ 今年6月10日是毛泽东同志题词“发展体育运动、增强人民体质”发表50周年纪念日。(人民网)(题词)

⑧ 17日，学生们在“爱心社”的组织下，开展了“夕阳红”大型敬老慈善公益活动。(《福建日报》)(社团名、社会活动名)

(2) 证书(如毕业证、学位证等)、证件(如生产许可证、营业执照、驾驶证、身份证、准考证、学生证等)、物质产品名、产品型号、商标、牌号等名称不能使用书名号，使用时或者什么都不加，或者加引号。例如：

⑨ 注册城市规划师是指通过全国统一考试、取得注册城市规划师执业资格证书，并经注册登记后从事城市规划业务工作的专业技术人员。(《注册城市规划师执业资格制度暂行规定》)

⑩ 药店开业，按常规要到食药监局两个窗口分别办理药品经营许可证、医疗器械经营企业许可证，到工商局窗口办理食品流通许可证。(《人民日报》)

⑪“国际学生证”是留学生所持的可以获得全球共同认可的学生证件。持证人不论是在学习的所在国，还是在第三国，均可获得交通、住宿、参观及购物等种种优惠。(《羊城晚报》)

⑫ 1983 年，荷兰因特艾基公司在中国注册了商标“IKEA”、“IKEA”及图形组合商标和“宜家”商标。(《文汇报》)

⑬ 上海通用麾下的东岳汽车公司已被批准生产商标为雪佛兰的轿车，产品型号为 SGM7165、SGM7166。(《文汇报》)

(3) 培训班、课程名称等不能用书名号标注。如果发生课程名称与教材名称重名的现象，那么教材名用书名号，课程名不用。为了突出课程名称，可以使用双引号。下面的示例⑭属于书名号的误用，“设计与人文——当代公共艺术”是课程名称，不应使用书名号，应用双引号标注。

⑭ *《设计与人文——当代公共艺术》课程的学习者主要是来自建筑、规划、机械、环境、建筑工程、自动化专业的理工科同学。(《雕塑》)(课程名)(误)

⑮ 徐汇区充分挖掘地区教育资源，满足教师培训的需求，邀请了高校、研究院的教师开设层次较高的“流行文化”“中国近当代改革史”“中小学创新教育”等课程。(《文汇报》)(课程名)

⑯ 各地可根据具体情况，从书目中提供的两套新教材中任选一种。这两套新教材，分别是《全日制普通高级中学教科书（试验本）语文》和《高中语文实验课本》。(《厦门晚报》)(教材名)

**21. 杂志社、报社的名字要不要用书名号？**

答：通常，为了明确杂志社、报社的名字，可以在报刊的名字上加书名号。例如：

①《小说评论》杂志社

② 11 月 18 日，由中宣部《党建》杂志社、《光明日报》编辑部、山东省济宁市委共同举办的“弘扬优秀传统文化、加快首善之区建设”座谈会在京举办。（《中华文化报》）

当“社”字等明确指称单位时，可以不加书名号；当通过上下文，可以较为明确地看出所指是杂志社，不用书名号也不会产生混淆时，尤其是针对一些经常使用的报社名、刊物名和机构名称，也可以不用书名号。例如：

③ 北京日报社在国内开办的第一家派驻机构——北京日报、北京晚报上海记者站，6 月 16 日挂牌成立。（《人民日报》）

④ 20 日、21 日，人民日报、光明日报、经济日报等中央媒体在重要版面集中报道了盖军衔感人肺腑的事迹。（《福建日报》）

**22. 互联网也是媒体的一种，那么网站、论坛、贴吧名称需不需要加书名号？**

答：网站不是出版物，其作为信息交流的平台，功能除传播外，还有查询检索、调查访问、统计管理、互动交流、资源共享等。每个网站都有自我防护功能，大多数网站有用户反馈、会员管理、访问统计、保密等功能；一些专业网站，如在线招聘、社区论坛、网上购物、电子银行等，其功能更是林林总总，不一而足。以上所有这些功能都不是出版物所能承载的，即便进入一些网站的时候看到的是一篇篇的文章，也不能说网站就等同于出版物，因此在网站名上标注书名号，属于书名号的误用。

需要指出的是，一些杂志社、报社如果用其出版物的名称作为网站名，那么可以标注书名号；借助互联网传播的文字、图片、音乐、视频资料属于互联网出版物，引用这些出版物的名称时，应该使用书名号。例如：

① 俄罗斯卫星网11月20日报道：联合国叙利亚问题特使斯塔凡·德米斯图拉周四向记者表示，叙利亚停火制度将不适用于“伊斯兰国”恐怖组织控制的区域。(《参考消息》)

② 随着争鸣的深入，包括新华社、北京青年报、南方周末等在内的国内各大媒体都加入了这场伦理论战；新浪网、东方网、人民网等开辟专题区，引发了读者激烈的争论。(《文汇报》)

③ 近日，《古蔺金兰大道发生血案》《警察打死我爸爸》等网帖在天涯、百度贴吧等网络论坛迅速蔓延。(《华西都市报》)

④ 新加坡《联合早报》网站11月20日报道：据中国媒体消息，中国总理李克强20日中午乘专机离开北京，赴马来西亚首都吉隆坡，开启此次“三会一国”的外交之旅。(《参考消息》)

**23. 条约在使用时加书名号吗？**

答：条约、公约、协定、公报、宣言等，在使用时需要加书名号。例如：

① 国务院总理赵紫阳还向这次会议提交了关于提请审议《中华人民共和国和意大利共和国领事条约》《中华人民共和国和蒙古人民共和国领事条约》《中华人民共和国和苏维埃社会主义共和国联盟领事条约》的三项议案，和关于建议我国加入《承认及执行外国仲裁裁决公约》的议案。(《厦门日报》)(条约)

② 会谈后，胡锦涛和马丁共同出席了《中华人民共和国政府和加拿大政府航空运输协定》《中华人民共和国铁道部与加拿大运

输部关于铁路合作事宜的谅解备忘录》《中华人民共和国国家质量监督检验检疫总局和加拿大食品检验署关于食品安全和动植物卫生谅解备忘录》等多个双边合作文件的签字仪式。(《厦门商报》)(协定、备忘录)

③《八一七公报》和《上海公报》、《中美建交公报》一道，为中美关系的长期稳定和健康发展奠定了坚实的基础。(《厦门日报》)(公报)

④ 通过《仁川宣言》，教育界根据整体的发展框架树立了新的教育目标。(《中国教育报》)(宣言)

**24. 法律文件、法学著作是否应该使用书名号？法律文件的全称与简称使用书名号的情况有什么不同？**

答：(1) 若特指某一专门的法律文件，则需加书名号；若泛指某一类法律文件，则不应加书名号。例如：

①《中华人民共和国工会法》

② 为了保障人民的民主权利和其他合法权益，中国十分注意健全法制，颁布和实施了宪法、刑法、刑事诉讼法、民法通则、民事诉讼法、行政诉讼法等一系列重要法律。(《厦门日报》)

③《中华人民共和国消费者权益保护法》第四条明确规定："经营者与消费者进行交易，应当遵循自愿、平等、公平、诚实信用的原则。"(《厦门晚报》)

(2) 使用简称不会改变法律文件、著作的本质特征，因此应该标注书名号。可以在第一次使用全称后，对简称进行约定，将同名文件的泛称与单本法律的专指明确地展示出来，便于读者的理解与使用。例如：

④ 根据《中华人民共和国拍卖法》（以下简称《拍卖法》）第六十一条规定，拍卖人、委托人在拍卖前声明不能保证拍卖标的真伪或者品质的，不承担瑕疵担保责任。（《中国文化报》）

⑤ 为了正确适用《中华人民共和国民事诉讼法》（以下简称《民事诉讼法》），根据民事诉讼法的规定和审判实践经验，我们提出以下意见，供各级人民法院在审判工作中执行。（中国法院网）

**25. 在文章中括注引用内容的出处应该怎样加标点符号？**

答：应该用括号括注作品名、作者名和期刊号等，其中的篇名和书刊名都要使用书名号，建议按照“作者-篇名-书刊名-出版社-日期-页码”的顺序进行括注。例如：

① 他说：“马尔智，年轻一代的美国中国文化研究学者中最有希望的一位，他那种如同潮涌一般的著述，应该是已经切断了；本书付印的时候，他却去世了。”（《中国科学美术杂志》，1936年5月，第262页）（李天纲《马尔智和“兰花指”》）

② 马尔智是亚洲文会的会员，据登记资料，他是“美国学者”、隶属“燕京大学”，登记居住地在“北京”，在会时间为“一九二四至一九三三”，会员类别是“OM”（普通会员）。（王毅著《皇家亚洲文会北华支会研究》，收为上海图书馆编：《皇家亚洲文会北华支会会刊》（1858—1948），上海科学技术文献出版社2013）（李天纲《马尔智和“兰花指”）

③ 最近读汪宁生《八卦起源》一文，汪先生在文末“补记”中说：“这原是写给郭沫若先生的一封信，承他改成文章形式并推荐发表。”（汪宁生《古俗新研》，兰台网路出版商务股份有限公司 2011，第 25 页。此文原载《考古》1976 年第 4 期）（《古典学的重建》）

有时，在一篇文章结束之后，编者需要标注此文的出处，这时建议按照“作者-篇名-书刊名-出版社-日期-定价”的顺序来进行标注。例如：

④（摘自金雯《作者的诞生》，《读书》，生活·读书·新知三联书店出版 2015）

⑤（摘自《哈佛遗墨》（修订本），商务印书馆出版，定价：36.00 元）

## （八）专名号用法

**1. 什么是专名号？**

答：根据 GB4.16.1 的规定，专名号是“标号的一种，标示古籍和某些文史类著作中出现的特定类专有名词”。专名号主要用于古籍和文史类著作，但在确实需要时，也可以出现在其他类型的文本中，起到标示不常见专名的作用，如地理著作中的地名、翻译类著作中的人名等。

专名号所标示的专有名词主要包括人名、地名、国名、民族名、朝代名、年号、宗教名、官署名、组织名等。例如：

① 孙坚人马被刘表率军围得水泄不通。(人名)

② 于是聚集冀、青、幽、并四州兵马七十多万准备决一死战。(地名)

③ 加勒比海是位于南美大陆、安的列斯群岛、中美地峡之间的陆间海，是大西洋的附属海。(地名)

④ 从咸宁二年到太康十年，匈奴、鲜卑、乌桓等族人徙居塞内。(年号、民族名)

⑤ 当时乌孙及西域各国都向汉派遣了使节。(国名、朝代名)

**2. 专名号的形式是什么?**

答: GB4. 16. 2 指出，“专名号的形式是一条直线，长短与所标示的专名长短相一致”。文字横排时，专名号标在专名的下面；文字竖排时，专名号标在专名的左面。专名号只用在古籍或某些文史著作中。为了与专名号配合，这类著作中的书名号可以用浪线。例如:

① 屈原放逐，乃赋离骚，左丘失明，厥有国语。(《报任安书》)

② 又公上:“管仲以其君霸，晏子以其君显。”(《马氏文通》)

**3. 在古籍中，表示人名、姓、字、号时，应如何加专名号?**

答: 在古籍中，表示人名、姓、字、号时，应当一并加上专名号。例如:

① 司马相如者，汉蜀郡成都人也，字长卿。(《史记·司马相如列传》)

② 李隆基即史家与太宗并称的唐玄宗。

③ 嘉祐初，欧阳文忠公知太常礼院，复请续编，以姚辟、苏洵掌其事，为太常因革礼一百卷，议者病其太简。(《石林燕语·卷一》)

**4. 朝代中的“朝”“代”等字上要不要加专名号?**

答:“朝、代”不加专名号，只在朝代的名称上加专名号。另外，如“明末、清初、晚唐”等词中的“末、初、晚”等也不加专名号。但如果表示的是特定历史时段的简称，那么需将其视为整体加专名号。例如:

① 唐朝初年，(所谓“初唐”)，诗人用韵还是和六朝一样。(《汉语诗律学》)

② 五胡十六国，简称十六国，是中国历史上一段时期。

③ 君天下淑德，必当股肱蜀朝，恐不能数来也。(《蜀志·费祎传》)

**5. 年号需不需要加专名号?**

答:年号名中，只有年号需加专名号，年份不用加专名号。例如:

① a. *自咸宁二年(公元276年)到太康十年(公元289年)，匈奴、鲜卑、乌桓等族徙居塞内的有四十余万人。(误)

b. 自咸宁二年(公元276年)到太康十年(公元289年)，匈奴、鲜卑、乌桓等族徙居塞内的有四十余万人。(正)

② 太和二年，豫遣译夏舍诣比能女婿郁筑鞬部，舍为鞬所杀。(《魏志·乌丸鲜卑东夷传》)

③ 元嘉四年，将复征命，会卒，时年六十三。世号靖节先生。(《陶渊明传》)

**6. 地名与表一般行政区域的普通名词连用时，如何使用专名号?**

答:地名与“省、市、区、县、镇、村”这样的行政区域普通名词连用时，只在地名上加专名号，普通名词不需要加专名号。例如:

① 秦始皇陵兵马俑位于陕西省西安市临潼区。

② 这种语言出现在江永县江圩乡一带，在江永地区主要使用。

③ 范成大，字致能，号石湖居士，吴县（今江苏苏州市）人，进士出身，曾充赴金使带。(《宋词选》)

④ 黄山市辖黄山风景区和三区四县（屯溪区、徽州区、黄山区、歙县、休宁县、祁门县、黟县），面积 9807 平方公里，人口 145 万人。(百度百科)

**7. 地名中如何使用专名号？**

地名本身是表示一个地方名称的整体，即使其中有能独立使用的成词语素，也应该算作一个专名，整体加专名号。从语素的角度讲，“山脉、流域、平原、群岛、山、河、海、洋、洲、州”等，是可以独立地作为词来使用的成词语素，但在地名中，它们是词的一部分，需要加专名号。例如：

① 黄河发源于青海省青藏高原的巴颜喀拉山脉北麓的卡日曲。

② 嵩山、泰山、华山、衡山、恒山合称五岳。

③ 北欧地域包括欧洲北部的挪威、瑞典、芬兰、丹麦和冰岛 5 个国家，以及实行内部自治的法罗群岛。

④ 中国有三大平原，东北平原、华北平原和长江中下游平原。

⑤ 黄河流域发现了大量文化遗迹。

⑥ 太平洋是位于亚洲、大洋洲、美洲和南极洲之间的世界上最大、最深、边缘海和岛屿最多的大洋。

**8. 地名与数词、方位形容词连用时，数词或方位形容词要不要加专名号？**

答：与地名连用的数词和方位词表示某一地理范围时，不需要加专名号。

例如：

① 明宪宗成化六年，设治所位处两广交界之梧州。

② 北欧地域包括欧洲北部的挪威、瑞典、芬兰、丹麦和冰岛5个国家，以及实行内部自治的法罗群岛。

**9. 民族名中的“族”字，宗教名中的“教”字，要不要加上专名号？**

答：“族”和“教”不需要加专名号。

① 中国有56个民族，其中人口最少的是鄂伦春族。

② 唐朝时祆教、伊斯兰教、摩尼教、景教（基督教的一派）先后传入中国，但最盛行的还是佛教与道教。

**10. 组织名“××军”中的“军”和官署名“××馆”中的“馆”要加专名号吗？**

答：组织名“××军”中的“军”和官署名（从隋唐开始，对中央行政机构中的吏部、户部、礼部、兵部、刑部、工部各部的总称）“××馆”中的“馆”，一般不加专名号。例如：

① 起义军有两支，一支是南方的绿林军，另一支是北方的赤眉军。

② 唐代，弘文馆、崇文馆是专为皇亲国戚大官僚子弟设置的。

**11. 两个或多个需要加专名号的成分连着出现时，要怎样标注才能使专名号分开，不相连？**

答：如果有几个相连的成分需要加专名号，专名号必须要分开，不能连在一起。现在用电脑给作品加注专名号时，基本上都是用下划线，而下划线中间无法断开，权宜的办法是用空格把需要标注的成分和下划线一起断开。下面的例子中，“中国”和“北京”的专名号不能相连写作“中国北京”；“开元”和“天宝”是不同的年号，也不能写作“开元天宝”。若专名之间有其他符号，则专名号不能覆盖该符号。例如：

① 万里长城位于中国北京。

② 大约从开元天宝以后用韵才完全依照了韵书。

③ 刘邦、项羽先后攻入咸阳，秦最后统治权被推翻。

④ 自咸宁二年（二七六）到太康十年（二八九），匈奴、鲜卑、乌桓等族徒居塞内的有四十余万人。

## （九）分隔号用法

**1. 分隔号有什么用处？**

新国标规定，分隔号是“标号的一种，标示诗行、节拍及某些相关文字的分隔”。目前，分隔号的使用频率很高，其功能较为复杂，使用也较为混乱，而原标准中，并没有关于分隔号的规定。针对这种情况，新国标根据实际使用情况和现有研究，将分隔号的形式规范为“/”（也叫正斜线号），并将其用法分为五项。

**2. 在书写分隔号时要注意什么？**

答：分隔号又称正斜线号，其规范形式为“/”，占半个字位置，不出现在一行之首或一行之末。书写上，分隔号须与反斜线号“\”相区别（后者主要是用于计算机程序编写的专门符号）。

**3. 分隔号除了写成正斜线“/”形式外，能否写成直线“｜”呢？**

答：分隔号现在一律规范为“/”形式，不能书写为直线“｜”。这一方面是由于正斜线的使用频率远远高于直线，另一方面也是为了避免直线左右倾斜、书写不规范（如写成“/”或“\”）所带来的种种误会。但是，辞书、语法著作等特殊领域的习惯用法也应予以保留。例如：

① 规①画圆形的工具：圆～｜两脚～。②规则；成例：校～｜革除陋～

② 北京是美丽的，我知道｜因为我不但是北京人，‖而且到过欧美，‖看见过许多西方的名城。

**4. 什么情况下用分隔号？**

答：新国标规定，分隔号主要用于以下五种情况：

(1) 用于诗歌接排时分隔诗行（也可使用逗号和分号）。例如：

① 春眠不觉晓/处处闻啼鸟/夜来风雨声/花落知多少。（孟浩然《春晓》）

② 人/当有自己/沉甸甸的尊严/怎能任凭风/随意裁制/哪怕被命运的风暴/撕成一条条失败/也绝不作风的剪影/情愿像普罗米修斯/就将这“人”形钉在峭壁风干。（清子《风的剪影》）

(2) 标示诗文中的音节节拍。例如：

③ 呵，我/永远属于/“我们”：这伟大的/革命集体！（贺敬之

《放声歌唱》）

④ 飞流/直下/三千尺，疑是/银河/落九天。（李白《望庐山瀑布》）

⑤ 一切/都像是/刚睡醒的/样子/欣欣然/张开了眼。（朱自清《春》）

（3）分隔供选择或可转换的两项，表示“或”。例如：

⑥ 无论/不论/不管天气如何，我今天下午都要出去。（itaki 网站）

⑦ 北京西站等全国有售票余额屏的车站日前完成显示内容调整，由过去只显示票额“有/无”，统一更改为用具体数字显示列车剩余票额数量，方便旅客查询。（《新闻联播》中国中央电视台）

⑧ 不认为这件事/这句话是对的。（吕叔湘《熟语变形、变义》）

（4）分隔组成一对的两项，表示“和”。例如：

⑨ 2018 年申办四方分别为英格兰、荷兰/比利时、俄罗斯、西班牙/葡萄牙。（《东南早报》）

⑩“秦山核电基地周围关键居民点空气、降水、地表水及部分生物样品中氚活度浓度、大亚湾/岭澳核电厂和田湾核电厂排放口附近海域海水氚活度浓度与核电厂运行前本底值相比有所升高，但对公众造成的辐射剂量远低于国家规定的剂量限值。”（《中国环境发展报告》（2014））

⑪ 美国国会众议院在当地时间 18 日凌晨批准了向中国台湾地区出售不少于 66 架 F－16C/D 战机的修正案。（新浪新闻）

（5）分隔层级或类别。例如：

⑫ 中国行政级别采用行政五级划分为国家级/省部级/司厅局级/县处级/乡镇科级。

⑬《新华月报》2015 年 3 月号/上半月

⑭ 中文配音/原声字幕

**5. 分隔层级或类别的情况较为复杂，应该如何使用分隔号？**

答：分隔号的具体使用情况多样，但总的来说都是分隔不同的类别或是同一类型的不同层级。示例①中的分隔号用于刊物介绍中“图书种类/读者群/发行地区”等不同类别信息的分隔；示例②中的分隔号用于“作者/出版社/出版年月/价格”等类别信息的分隔；示例③中的分隔号用于书目和页数的分隔，属于不同类别的分隔；示例④中的分隔号用于分隔页数与总页数，属于同一类别下不同层级的分隔；示例⑤中的分隔号用在阿拉伯数字标示的日期中间，分隔年月日，表示同一类别下不同层级的分隔。例如：

①《老年博览》生活保健类/庞大的中老年读者群体/全国重点省市集中覆盖

《飞碟探索》科普类/读者为科学新知、宇宙探索爱好者/全国稳定发行

《故事作文》学习阅读类/针对低年级、高年级小学生/全国校园覆盖（《读者欣赏》）

② 您最近在读什么书？刘道成：《我相信中国的未来》（梁晓声/中国青年出版社/2014－11/39.00 元）；刘长勇：《怀念母亲》（乌以强/山东画报出版社/2010－11/26.00 元）；汪云：《在龙旗下》（［英］詹姆斯·艾伦/上海人民出版社/2014－8/28.00 元）……（《中外书摘》）

③ 安徽文献书目/130 八旗通志/190（高小方、顾涛编《工具书使用和文献检索》）

④“路由器配置全攻略第 1/4 页”（codesky 网站）

⑤ 2015/6/20

**6. 分隔号在分隔阿拉伯数字标示的日期时，应该如何使用？**

答：分隔号在分隔阿拉伯数字标示的日期时，通常是按照年月日的顺序依次分隔。例如：

① 1978/12/6

按照日月年的顺序依次分隔的情况也并不少见。例如：

② 27/4/1997

另外，还有按照月日年的顺序依次分隔的情况。例如：

③ 9/20/2014

如果只涉及年份和月份，那既可以按照月份/年份的顺序来分隔，也可以按照年份/月份的顺序来分隔。例如：

④ 2/2014

⑤ 2015/2

如果只涉及月份和日期，那么可以按照月份/日期或日期/月份的顺序来分隔。例如：

⑥ 2/25

⑦ 27/8

需注意的是，分隔年月日时，在阿拉伯数字后不需要加上“日、月、年”，仅用阿拉伯数字标示即可。

**7. 在引用分行的词、短语、句子或标题时，分行处可以使用分隔号来表示引用的原文是分行的吗？**

答：可以。在引用时，如果原文的词、短语、句子或标题是分行书写的，那么为了节省篇幅又不影响原意，应使用分隔号将分行的词、短语或句子隔开，标明引用的原文是分行的。例如：

① 信写完时，应写上祝颂语。比如，此致/敬礼；即颂/教安；祝/新年快乐等。（高教社版职高《语文》）

这类用法经常出现在新闻标题中，原文的标题是分行书写或空行的，引用时在同一行连续书写，用分隔号可以标明原来分行的位置。例如：

② “阿拉法特座机遇沙暴失踪/美国卫星发现抵的黎波里”，这个标题大概是报社发稿编辑所拟，与新华社原电讯稿不同。（中国出版科学研究所编《书报刊文字差错评析》）

③ 有一则报道的标题为“‘太极盾’轮胎弥合液保驾/去骑车辗铁

钉安然无恙”，“保驾”似可改“有……保护”。(中国出版科学研究所编《书报刊文字差错评析》))

④ 1992年4月9日《兰州晚报》标题“今年普通高校招生有新规定/计划招生11865人”，全国普通高校一年招生几十万人，标题所举的是甘肃省一省的招生人数，“计划”前应加“我省”。(中国出版科学研究所编《书报刊文字差错评析》)

**8. 分隔号可以用于隔开人名和与之有关的信息吗?**

答：可以。分隔号可以用于隔开人名和与之有关的信息，这些信息可以是作品名称、住地、身份等。隔开作者与作品，如示例①；隔开人名与工作，如示例②—⑤；隔开人名与身份，如示例⑥；隔开作者与住地，如示例⑦。

①“瓠”与“匏”辩/李朝虹（新浪博客）

② 小家自有大温暖　文摄/张晓然（网易新闻）

③ 新华社记者　朱立毅/文　徐鹏飞/绘

④ 河南新野县魏仁好、魏明亭等10人/口述　赵会平/整理

⑤ 中央党史研究室宣传教育办公室供稿　陈红旗/执笔

⑥ 电话采访谢先生/广州体育学院学生管理科科长

⑦ 姜春玲/北京朝阳区双桥人民法庭法官

⑧ 香港/金庸

**9. 分隔号可以用于隔开复合单位词吗?**

答：分隔号可以用于隔开复合单位词，这时应读作“每”。例如：

① 非全日制从业人员小时最低工资标准由15.2元/小时提高到

16.9元/小时；非全日制从业人员法定节假日小时最低工资标准由36.6元/小时提高到40.8元/小时。以上标准包括用人单位及劳动者本人应缴纳的养老、医疗、失业保险费。(《关于调整北京市2014年最低工资标准的通知》)

② PM2.5浓度一度超过613微克/立方米。(《中国环境发展报告》)

③ 昨天仙居荸荠杨梅预订火爆荸荠杨梅今起上市198元/箱送货上门。(《每日商报》)

**10. 隔开单位复合词时，分隔号可以连用吗？**

答：可以连用，每一个分隔号都表示“每”的含义。例如：

① 可用剂量成人为50毫升/公斤/月。(王季午《传染病学》)

② 人民币37元/月/平方米，即首年月度租金总额为人民币贰万肆仟柒佰玖拾元整（¥24,790.00)，下一租赁年度租金按上一年度加收5%，那下一租金应该是多少钱一方？（百度作业帮)

③ 仓储费体积收费2元/立方米/天。(cn-pma网站)

**11. 分隔号前后的标点应如何处理？**

答：使用分隔号时，紧贴着分隔号的前后位置可以用标号，但是通常不用点号。例如：

① 轻轻的我走了/正如我轻轻的来/我轻轻的招手/作别西天的云彩。(《再别康桥》)

② 试看郭沫若“五四”时期写的《炉中煤》：“啊！我年青的女郎/我不辜负你的殷勤/你也不要辜负了我的思量/我为心爱的人儿/燃烧到了这般模样！”（《人教版《语文》）

③“没有什么使我停留/除了目的/纵然岸旁有玫瑰、有绿阴、有宁静的港湾/我是不系（xì）之舟。”不止一次把这些诗句悄悄念给你，北大。（《人教版《语文》）

但特殊情况下，在诗文中可以使用问号、叹号、冒号等点号，以方便情感、意义的准确表达。例如：

④ 那时你欲喝水骤涨，/拼命从屋后的林里下来，/终于无益/鱼梁仍显出大半！/河水骤涨！有什么意思，/至多浸坏几块粟田，“此刻”你思想变迁了/终来此地作连续的呻吟。（李金发《雨》）

在中小学教材中，也存在大量于分隔号前后使用逗号、句号等点号的例子。这种在分隔号前后使用点号的做法，便于中小学生更好地理解文中语句的停顿和标点的使用，应该允许这种用法的存在。例如：

⑤ 树上的鸟儿成双对，/绿水青山带笑颜，/你耕田来我织布，/你挑水来我浇园，/寒窑虽破能避风雨，/夫妻恩爱苦也甜，/从今不再受那奴役苦，/夫妻双双把家还。（人教版《语文》）

⑥ 远远的街灯明了，/好像闪着无数的明星。/天上的明星现了，/好像点着无数的街灯。/我想那缥缈的空中，/定然有美丽的街市。/街市上陈列的一些物品，/定然是世上没有的珍

奇。(冀教版《语文》)

**12. 在文言文断句时，尤其是在考题中，也常会用分隔号来断句，这种用法和顿号、逗号、句号有区别吗?**

答:分隔号表示无差别的停顿，不能表示句子的结构层次，而顿号、逗号、句号涉及停顿的长短，可以表示句子的结构层次。例如:

① 而是时青宫旧奄刘瑾等八人号“八虎”/日导帝狗马/鹰兔/歌舞/角抵/不亲万几/文每退朝/对僚属语及/辄泣下(《明史·韩文传》)

② 孔子曰/夫富而能富人者/欲贫而不可得也/贵而能贵人者/欲贱而不可得也/达而能达人者/欲穷而不可得也。(《说苑·杂言》)

③ 成己/仁也/成物/知也/性之德也/合外内之道也/故时措之宜也。(《中庸》)

**13. 有少部分的诗句使用“|”来标示音节，这种用法规范吗?**

答:这一类用“|”来标示音节的做法是不规范的，新国标已经把用于标示音节的分隔号统一为“/”了。例如:

① * |天地|竟然|老朽得|这么|不堪!|
|我怕|世界|就要|吐出|他最后|
|一口|气息。|无怪|老天|要破旧,|
|唉,|白云|收尽了|向来的|灿烂,|(孙大雨《决绝》)(误)

**14. 诸如“K27/28次列车”这样的例子，在分隔车次时使用分隔号有什么特殊意义？**

答：使用分隔号来分隔的车次是往返车次，两个编号代表同一列火车，分别表示下行时的车次和上行时的车次，两个编号不能拆开。这也是分隔号隔开同属一组的两个个体的用法。例如：

① 首次开出的卧铺动车组分别为上海至北京两对，车次为D301/D302次、D305/D306次。它们分别由原来北京至上海Z1/Z2次和北京至上海Z5/Z6次提高等级而来。其中D301/D302次动车组列车沿途停靠无锡站，D305/D306次动车组列车沿途停靠南京站。《今日早报》

② 1461/1462次旅客列车的前身为北京—上海的直快列车，最早开行于1984年元旦，当时的车次为161/162次，而在此前京沪之间只有13/14次（即今北京南—上海的D313/314次）、21/22次（即今北京南—上海的D321/322次）两对特快直通旅客列车，另外还有过路的45/46次特快（福州—北京，即今K45/46次）、119/120次直快（杭州—北京，即今T31/32次）两对列车。(百度百科)

**15. 书名号中间可以使用分隔号吗？**

答：可以使用分隔号来表示“或”的意思，即分隔号前后的两个书名并行使用。例如：

① 唐代崔颢《黄鹤楼/登黄鹤楼》

② 唐代王维《九月九日忆山东兄弟/九月九忆山东兄弟》

③ 唐代孟郊《游子吟/迎母漂上作》

**16. 报刊杂志中的目录有时使用分隔号来隔开不同文章的标题，这种用法对吗？**

答：有时，因为排版需要，有些报刊杂志在目录中会使用分隔号来分隔不同文章的标题。出于美观和排版的需要，可以这样处理。例如：

① 婆媳关系二十点/食物可催眠/十四岁女孩获牛津两项学位/鲁迅是周恩来的堂叔/史泰龙的婚姻合同/共国的婚前侦察业（《家庭》）

**17. 可以用连用的分隔号“//”吗？**

答：可以。《现代汉语词典》用“//”表示离合词，如得病、开班、免税中可以插入其他成分，说成“得了重病”“开作文班”“免遗产税”。例如：

①【得病】dé//bìng 生病

②【开班】kāi//bān 进修班、培训班等第一次上课。

③【免税】miǎn//shùi 免缴税款

另外，当需要把分行书写的诗转换在一行内书写时，单个分隔号表示诗行的分隔，连用两个分隔号表示此处比一般的诗行停顿更长，通常为段与段之间的间隔。例如：

④ a. 原诗：

唯有心中念头变现，偶尔能让我喜乐

当话语不起，我打开窗
看夜空萦回的天使，宛如飞去来器

它们由我发出：我很清楚
上面有我铭刻的名字：
一个一个伤害者和被害者
如今已能平静地飞。
呵，我的倦意深，我的瞌睡沉
思想已不能令我欢乐（周伟驰《杜马档案》）

b. 分隔后：

一些比喻写得极其神妙："当话语不起，我打开窗/看夜空萦回的天使，宛如飞去来器//它们由我发出：我很清楚/上面有我铭刻的名字：/一个一个伤害者和被害者/如今已能平静地飞。"（王志军《形式的生命：读周伟驰的诗》）

分隔号还可以用于标示诗文中的音节节拍。连用两个分隔号表示的是比音步停顿时间更长的停顿，多用于对诗歌的韵律分析。例如：

⑤ 五顿体的诗行，如丁芒的《海天遗踪》中：
才别了/扬子/江心//破碎的/冷月，
又见到/罗浮/山上//飘渺的/白云。（骆寒超《20世纪新诗综论》）

**18. 划分一个年度跨越的两个历年可以使用分隔号吗？**

答：可以。财政年度一般分为日历年度制和跨日历年度制。日历年度制以一个历年为一个年度，即从每年的1月1日起算，到当年的12月31日为止。

而有时，一个年度的 12 个月跨越了两个历年（如从当年的 7 月 1 日至下一年的 6 月 30 日），这是跨日历年度制。使用跨日历年度制时，需要用分隔号来分隔两个年份。例如：

①《2011/12 年度中国民族地区财政报告》

用分隔号表示“2011/12”是一个财政年度，这个年度的财政报告所收的是上一个年度“2010/11”的财政报告完成以后至 2012 年为止一年的财政报告。

② 世界知识年鉴 1994/95

用分隔号表示“1994/95”是一个年度，这个年度的年鉴所收的是上一个年度（1993/94）的年鉴截稿以后至 1995 年 4 月为止一年的材料。

③ 世界知识年鉴 1987—1988 年

“1987—1988 年”用连接号表示该年鉴是两年的合刊。由此可见，两个年份之间用分隔号和连接号所表示的意义有时是不同的。

**19. 表示动词加趋向动词的组合情况，如“走过去/来”时，分隔号的使用有什么特殊含义？**

答：“走过来/去”中的分隔号表示“或”，即在给出的一对趋向动词“去”和“来”中，选择其一与动词“走”组合，而不是分隔“走过去”和“来”。也就是说，省略了“走过去、走过来”中相同的语素。这种省略的方法在选择成对语素的情况下被广泛使用，此类示例还有“快回来/去”“跳出来/去”“飞回来/去”等。

**20. 分隔号可以用来表示比率吗?**

答：可以。分隔号可以分隔分子与分母来表示比率，分子和分母一般用阿拉伯数字表示。例如：

① 中渡至三江营为下游入江水道，长 150 公里，地面落差 6 米，比降为 1/25000。(《中国环境发展报告》)

② 这已经是王治郅连续第三次“挽救”球队了，在此前的 1/4 决赛和半决赛中，也是依靠他关键时刻的得分和防守，中国队才化险为夷。(《工人日报》)

# 三、交叉易混标点符号

## （一）逗号与顿号

**1. 逗号与顿号在表示并列成分之间的停顿时有什么区别？**

答：逗号与顿号在表示并列成分之间的停顿时，有以下不同：

（1）GB－B.1.1提到，逗号和顿号都表示停顿，顿号的停顿短，只表示并列词语之间的停顿，不表示并列分句之间的停顿；逗号的停顿长，可以表示并列词语和并列分句之间的停顿。例如：

① 研究教育问题，需要运用哲学、政治学、经济学、社会学、心理学、生理学、卫生学等多方面的知识，才能揭示其规律，论证其原理，说明其方法，指导其实践。(CCL语料库)

② 文化的传播交流，可以通过教育、战争、贸易、移民等途径和手段来进行。(CCL语料库)

③ 为此，他利用假期和讲学的机会，到北平、上海、杭州、南京、东北、西安等地参观访问，作实地考察研究。(CCL语料库)

④ 在文学中令人感动的，是形象的魅力，是美学的享受，是作家笔下营造的世界。(CCL语料库)

（2）当并列的词和词组较长或后面有语气助词时，为了表示稍长的停顿，建议使用逗号表示停顿，停顿的长短可由行文者根据实际需要来自行选择。例如：

⑤ 他的笔下，还能使我触类旁通地联想到更具体的词组：聚散啊，离合啊，沉浮啊，跌宕啊，温馨的往事啊，难忘的旧情啊，沉重的生活啊，无可选择的归宿啊，时代风云的变幻啊，意想不到的结局啊，无可奈何的去向啊，一唱三叹的悲欢啊……（CCL 语料库）

⑥ 刘力红：诶，猫啊，老虎啊，狗啊，等等。《内经》它是这样对生物进行这样的一个划分。（CCL 语料库）

（3）从句法成分的限制来看，并列词语作为主语和宾语时，中间用顿号或逗号都很常见；作为定语、状语时，中间用顿号的情况多一些；作为谓语或补语时，中间多用逗号。例如：

⑦ 我国的思想家、教育家历来都很重视教育的政治功能。（CCL 语料库）（主语中用顿号）

⑧ 发展教育事业，提高劳动者素质，走教育兴国这条必由之路，是世界发达国家振兴经济的历史经验，也是我国社会主义建设的历史经验。（CCL 语料库）（主语中用逗号）

⑨ 让一切儿童不分贫富、贵贱、男女，不管住在城里或乡下，都能在国语学校受教育。（CCL 语料库）（宾语中用顿号）

⑩ 发展科学事业，教育事业，文学艺术事业，卫生事业。（CCL 语料库）（宾语中用逗号）

⑪ 使欧洲的教育出现了世俗化、地方化、民族语化的倾向。（CCL语料库）（定语中用顿号）

⑫ 形而上学世界观则促使人们孤立地、静止地、呆板地考察事物。（CCL语料库）（状语中用顿号）

⑬ 宴会开始了，大厅内外吹洞萧，弹琵琶，拍手唱歌，以助酒兴。（李文澄《努尔哈赤》）（谓语中用逗号）

⑭ 秦汉以后，历代开国君主莫不苦心焦虑于权力的适当分配的问题，但讲得最露骨，最情见乎辞的，要算宋太祖与其功臣在“杯酒释兵权”的悲喜剧中所留下的一段对话了。（CCL语料库）（补语中用逗号）

（4）如果并列短语是多层次的，那么用顿号表示较低层次的停顿，用逗号表示较高层次的停顿。例如：

⑮ 白色表示纯洁、神圣、清爽，紫色被看作高贵、华丽、典雅，蓝色表示秀丽、清新、宁静，等等。

**2. 并列的数字、字母、序列数字之间用顿号还是逗号？**

答：（1）并列的汉字数字之间用顿号。例如：

① 此时朱正担任两广总督，他把乾隆的诗作四万多首收编订册，分初、一、二、三、四、五集，并详加注解评述。（刘德贵《嘉庆皇帝》）

② 4月，蒋介石和冯玉祥、阎锡山、李宗仁等新军阀组成一、二、三、四军，联合对奉系作战。（沈永兴，朱贵生《二战全

景纪实》)

(2) 并列的阿拉伯数字之间用逗号。例如:

③ 这个汉字下面出现了五个英文单词,标上了1,2,3,4,5这五个号码。(CCL语料库)

④ 第一个成员是自然数。小时候扳手指头学会的1,2,3,……就是自然数。(CCL语料库)

(3) 如果并列的数字带有括号,那么无论是汉字数字还是阿拉伯数字,其间都不宜再用点号。例如:

⑤ 接着即运用大量的直邮广告,针对上述(一)(二)两个销售目标,发动攻势。(BCC语料库)

⑥ 同时符合第(1)(2)条有关情形的考生,只能取最高的一项分值作为考生的附加分,且不得超过20分。(CCL语料库)

**3. 并列成分与“等、等等”类词连用时,用逗号还是顿号?**

答:GB-B.1.2提到,并列成分之间用顿号,末尾的并列成分之后有“等、等等”类词时,“等”类词前不用顿号或其他点号;并列成分之间用逗号,末尾的并列成分之后用“等、等等”类词时,“等”类词前应用逗号。

(1) 并列成分之间用顿号。例如:

① 中国奴隶社会已有校、序、痒、学、瞽宗等学校。但是教育完全被奴隶主所垄断。(CCL语料库)

② 自然环境中的大气层、重力场、生态、植被等宏观因素，是人类生存的基本条件。(CCL 语料库)

(2) 并列成分之间用逗号。例如：

③ 亚里士多德在他的伦理学著作中，以中道为德性，以过度与不及为恶，曾试图为情感和行为的种种德性、过度、不及都找出相应的名字。譬如，鲁莽与怯懦之间是勇敢，挥霍与吝啬之间是慷慨，奉承与慢待之间是好客，等等，反映出了他对人情事理的高度关怀和深度洞察。(庞朴《中庸与三分》)

④ 如埃及尼罗河下游的金字塔群和狮身人面像，古希腊迈锡尼文化的王宫狮子门遗址，雅典卫城遗址，法国的凡尔赛宫，等等，这些有的是经过地下考古发掘才使之再现的。(CCL 语料库)

(3) 如果“等、等等”之前不是几个并列成分，而是只列举了一项，那么“等”(或“等等”) 前不用任何标点符号。例如：

⑤ 1933 年，离柔石等“左联五烈士”被杀害已整整两年，当时的报章都不敢载这事。(余世存《近代以来最重要的话语录》)

⑥ 由于街头的党徒为唐人街的非法买卖提供“保卫”，堂口亦准许他们经营副业，如经营爆竹业等。(巴图《香港洪帮》)

**4. 当多项并列成分的最后一项前有“及”或“以及”等连词时，用顿号还是逗号?**

答：GB-A. 3 提到，用顿号表示较长、较多或较复杂的并列成分之间的停顿时，最后一个成分前可用“以及（及）”进行连接，“以及（及）”之前应用逗号。因此，多个并列词和词组之间用顿号，“及”或“以及”等连词之前用逗号。例如：

① 地方学校按行政区划分设有府、州、县学，以及由私人办的乡学。(CCL 语料库)

**5. 并列词语之间是否一定要用逗号或顿号隔开？**

答：不一定。如果并列词语之间没有停顿，那么就既不用逗号，也不用顿号，尤其是当并列词语已经逐渐凝固化为一个特定词使用时，如“清华北大、中小学生、公安干警、父母”等。使用常见的联合词组，也可以不加逗号或顿号，如“干部战士、交通运输”。例如：

① 科学技术

② 文化教育

③ 报刊杂志

④ 风俗习惯

**6. 并列成分之间用逗号还是顿号，是否根据说话人停顿的时间长短决定？**

答：一般地说，在并列成分之间使用逗号还是顿号，需要根据停顿时间的长短来决定，即停顿时间较短则用顿号，停顿时间较长则用逗号。但是，停顿时间的长短受到说话人、说话场合等多种因素的制约，同一句话的停顿时间有时就会有长短之别，此时需要根据句子结构来决定书面语中使用哪一种标点符号。并列成分是词和简单词组时，一般用顿号；并列成分是复杂词组或句子时，一般用逗号或分号。

特别需要注意的是，大会发言时的几个并列称谓语，在不同情况下要使用不同的点号：

（1）在发言开场时，不同称谓语之间的停顿较长，一般要用逗号。例如：

① 校长先生，同学们，老师们：

首先，感谢奥岛康校长的邀请，使我有机会来到你们这座久负盛名的大学。（江泽民《以史为鉴开创未来——在日本早稻田大学的演讲》）

（2）在发言过程中，不同称谓语之间的停顿一般较短，用顿号。例如：

② 我们向所有的作者、读者，向所有关心人民日报的同志们、朋友们表示最诚挚的谢意！（CCL 语料库）

③ 青年朋友们、同学们、同志们，综观世纪之交的天下大势，和平与发展依然是时代的主题。（CCL 语料库）

**7. 在中英文混排时，并列成分之间的停顿用逗号还是顿号？**

答：针对这种情况，目前有两种处理办法。一种办法是中英文一律用顿号来表示并列成分之间的停顿；另一种办法则不是机械地采用一种方法来处理并列成分之间的标点符号问题，而是根据语境，在汉字后遵从汉语标点符号的使用规则，在英文后遵从英文标点符号的使用规则。例如：

① 其中 a,b,c 分别是这个长方体的长、宽、高。

我们认为，后一种处理方法更为合适。第一种办法机械地完全贯彻西文的标点方式，不仅容易引起歧义，而且不符合汉语的书写习惯和规范。按照第二种办法来处理，可以使其他中英文之间有差异的标点用法的处理保持一致。如果中英文省略号、破折号、书名号等标点符号之间也存在差异，我们不可能机械地按照中文或者西文的标点方法一以贯之，只有根据语境来分别处理才合理。

**8. 序次语之后用逗号还是顿号？**

答：(1) GB－B. 3. 1 提到，针对“第”“其”字头的序次语，或“首先”“其次”“最后”等作为序次语时，后用逗号。例如：

① 第三，全面贯彻教育方针是素质教育的根本途径。(CCL 语料库)

② 对公民肖像权的侵犯需具备两个构成要件：其一，使用公民肖像未经其同意。其二，以营利为目的进行使用。(CCL 语料库)

③ 首先，犯罪未遂应当负刑事责任。其次，由于刑法规定的是“可以”从轻或者减轻处罚，因此要确定对于犯罪未遂是否从轻或者减轻处罚。最后，在确定从轻或者减轻处罚的情况下，要进一步确定是从轻处罚还是减轻处罚。(CCL 语料库)

④ 首先，在政治上要求“广土众民”。然后，“有民此有财”的经济要求，才随社会经济的进一步发展而成为这一迷信的支柱。(CCL 语料库)

当“第、首先”等字不作为序次语时，其后与句子直接相连，可以不用标点。例如：

⑤ 即时化（immediacy），又称即时性、即刻性。它有两个含义，

第一个含义是指咨询者帮助来访者注意“此时此地”（here and now）的状况，而不要过分地注意过去和未来。(CCL 语料库)

⑥ 为了明确教育学的研究对象，首先必须明确什么是教育。(CCL 语料库)

(2) 不带括号的汉字数字或“天干地支”作为序次语时，后用顿号。例如：

⑦ 我们在评价他们的时候，应该留意这么几点：一、人物的个性特征；二、年轻时的信仰；三、走红和背运时的人生态度。(CCL 语料库)

⑧ 作者在故事中强调了几点：一、人寿长短都由命中注定；二、主人与家奴同罪，主人可不死，而奴仆则以阳寿已尽为前提而必须抵命；三、杀害飞禽走兽必受冥报；四、只有佛法可解冤孽，免受轮回之苦。(CCL 语料库)

⑨ 回避尘世的空虚，但是不应逃避：甲、国事；乙、家务；丙、友好关系；丁、经济事务。(列夫·托尔斯泰《战争与和平》)

(3) GB－B. 3. 3 提到，不带括号的阿拉伯数字、拉丁字母或罗马数字作为序次语时，后面用下脚点（该符号属于外文的标点符号）。例如：

⑩ 1. Their parents have ________ in New York for a few months.

A. come  B. arrived  C. been  D. gone

⑪ 当代西方国家的行政职能呈现出如下发展趋势：1. 行政职能逐渐扩大；2. 政治职能中的暴力职能相对减弱，而保持社会稳定

的调节职能趋于加强。(CCL 语料库)

(4) 阿拉伯数字与下脚点结合表示章节关系的序次语末尾不用任何点号。例如：

⑫ 4.3.2　形式

叹号的形式是“!”。

(5) GB-B.3.4 提到，加括号的序次语后面不用任何点号。例如：

⑬ 示例文化载体通常有三种：(1) 物质载体，如工具、建筑等；(2) 精神载体，如语言、文字、意识形态等；(3) 人的载体，如个人所拥有的知识、道德等。(CCL 语料库)

⑭ 关于什么是现代法的精神，有以下几种看法：(一) 体现社会主义自主性的精神；(二) 以理性和价值为其基本精神；(三) 现代公法和私法的组合精神；(四) 以权利为本位的精神；(五) 以人文主义为基础的精神；(六) 法律原则。(CCL 语料库)

⑮ 请你于两星期内给我一份关于应取消的管制或“命令”的全面报告，说明：(甲) 欧洲战事停止后立即实行的；(乙) 停战后两个月内实行的。(丘吉尔《第二次世界大战回忆录》)

(6) 章节、条款的序次语后，宜用空格表示停顿。例如：

⑯ 第一章　哲学及其发展规律

⑰ 第三章　心理咨询发展简史

⑱ 第二节　教育学的产生和发展

⑲ 第三条　收养不得违背计划生育的法律、法规。

（7）序次语用于句中叙述时，不用标点符号；序次简单、叙述性较强的序次语后，不用标点符号。例如：

⑳ 与家系主义相联系的有两个概念，一是男性主义，二是血统主义。（高永平《中国传统财产继承背后的文化逻辑——家系主义》）

㉑ 城邦的政治是多元的：一是指城邦林立，古希腊有数百个城邦；二是城邦政治制度的多样化。（约翰·麦克里兰《西方政治思想史》）

㉒ 我们在前面说过，讲学问有三个标准，第一个是文字，第二个是逻辑，第三个是「见」（insight）。（牟宗三《中国哲学十九讲》）

㉓ 鲁迅先生认为，人，一要生存，二要温饱，三要发展。

**9. 并列各项间含有顺逆关系时，用顿号还是逗号？**

答：GB－A. 4. 1 提到，表示含有顺序关系的并列各项间的停顿，表示含有顺逆关系、递增或递减等逻辑顺序的并列各项间的停顿，用顿号，不用逗号。例如：

① ＊〔对于〕表示人，事物，行为之间的相互对待关系。（误）

〔对于〕表示人、事物、行为之间的相互对待关系。

② 主要是使受教育者能够从广大人民的根本利益出发处理个人与自然、个人与社会的关系。(CCL 语料库)

③ 道德体现的是个人与整体、个人利益与整体利益的关系。(CCL 语料库)

④ 上个世纪，由于各地经济、文化水平的差异，使得义务教育阶段形成了地区之间、城乡之间乃至学校之间较大的发展差距。(CCL 语料库)

⑤ 过去我们中小学的教师职务序列是中、小学分设，中学的初级、中级、高级与助教、讲师和副教授相对应，而小学则达不到。(CCL 语料库)

⑥ 这种字典用的是反切法，用十二个韵母和二十个声母来拼音。十二个韵母是：一天、二人、三龙、四羊、五牛、六獒、七虎、八驼、九蛇、十马、十一豺、十二地。(CCL 语料库)

⑦ 一天、两天、一个月、两个月，乔治守候在她的身旁，渐渐地他们之间产生了爱情。(CCL 语料库)

## (二) 逗号与分号

**1. 表示分句间的停顿时，什么时候用逗号，什么时候用分号？**

答：(1) GB－B. 1. 3 提到，当复句的表述不复杂、层次不多，相连的分句语气比较紧凑，并且分句内部也没有使用逗号表示停顿时，分句间的停顿多用逗号。当用逗号不易分清多重复句内部的层次（如分句内部已有逗号），而用句号又可能割裂前后关系时，应用分号表示停顿。例如：

① 看过报纸，听了两段音乐，他心满意足地去吃饭了。(互联网)

② 每个人的认识能力有不同，兴趣爱好不一样，个性差异很大。有的长于抽象思维，有的长于形象思维；有的喜欢文学，有的爱好音乐；有的具有表演的才能，有的具有组织的才能；有的热情奔放，有的沉着冷静；有的粗疏泼辣，有的细致谨慎。(互联网)

(2) 在多重复句的并列分句之间，只能用分号，不能逗号。例如：

③ 现在的情况是，一方面，国内有广阔的市场，人民生活也需要各式各样的帽子；另一方面，我们的生产厂家却大多只限于做外销产品，商店也因为利薄不愿意做帽子生意。(CCL 语料库)

④ 在维持清朝作为政治中心的大前提之下，曾国藩的工作分两方面进行。一方面他要革新，那就是说，他要接受西洋文化的一部分；另一方面他要守旧，那就是说，恢复我国固有的美德。(蒋廷黻《中国近代史》)

注意，如果分句中没有逗号，那么不能在分句间直接用分号，而是应当用逗号。这是因为，逗号、分号虽都可以表示分句间的停顿，但停顿时间有长短之分，应该先用停顿时间短的逗号，再用停顿时间长的分号。例如：

⑤ 他们一方面为充实国库做贡献，另一方面又成为腐蚀官僚队伍的蛀虫。(CCL 语料库)

⑥ 过去国土规划权限没有理顺，越权审批且对建筑用地的使用监督不够，一方面造成了不少违章建筑，另一方面也给受拆迁的单位造成一定的经济损失。(CCL 语料库)

**2. 顿号、逗号、分号在标示层次关系时有什么区别?**

答：GB-B. 1. 4 提到，句内点号中，顿号表示的停顿最短、层次最低，通常只能表示并列词语之间的停顿；分号表示的停顿最长、层次最高，可以用来表示复句的第一层分句之间的停顿；逗号介于两者之间，既可以表示并列词语之间的停顿，又可以表示复句中分句之间的停顿。若分句内部已用逗号，则分句之间就应用分号（见 GB1. 3）。用分号隔开的几个并列分句，应该使用冒号统领，而不能由逗号统领或总结，如示例②③。

① 有的学会烤烟，自己做挺讲究的纸烟和雪茄；有的学会蔬菜加工，做的番茄酱能吃到冬天；有的学会蔬菜腌渍、窖藏，使秋菜接上春菜。

② 动物吃植物的方式多种多样：有的是把整个植物吃掉，如原生动物；有的是把植物的大部分吃掉，如鼠类；有的是吃掉植物的要害部位，如鸟类吃掉植物的嫩芽。

③ 当前，在部分青少年学生中滋长着一种好逸恶劳的不良风气：在学习上，害怕困难，缺乏兴趣，只求混一张文凭，不求增长才干；在生活上，向往高消费，讲排场，比阔气，图享受，不珍惜劳动成果；在职业选择上，追求实惠，缺乏艰苦创业精神，特别是不愿意做体力劳动者。（CCL 语料库）

## （三）句号与分号

**1. 分句之间，句号与分号怎样区别?**

答：在分项列举时，并列的两项或几项之间既可以用句号，也可以用分号，甚至还可以用逗号。具体分为以下几种情况：

（1）当分项列举前有冒号时，并列的两项或几项之间既可以用逗号，也可以用分号，但不可以用句号。至于到底是用分号还是用逗号，要看各项序列号后是否有标点符号。

如果各项序列号后是逗号，那么并列各分项之间只能用分号。例如：

① 根据伊斯兰教义，衣饰的目的无非是：第一，遮盖身体；第二，御寒和装饰。(CCL语料库)

如果各项序列号后是顿号或者没有标点符号，那么并列各分项之间既可以用逗号，也可以用分号。至于是用逗号还是用分号，要看并列各分项语法结构的复杂程度。如果并列各分项是词或者简单词组，一般就用逗号分隔；如果并列各分项是复杂词组或者句子，一般就用分号。例如：

② 职称的名与实，大抵可分以下三种情况：一是名副其实，二是名不副实，三是有实无名。(CCL语料库)

③ 专利权保护问题有三种情况：一是假冒他人专利；二是不是专利的冒充专利；三是侵犯他人专利权。(CCL语料库)

④ 认为乡村学校应培养青少年儿童具有：一、健康的体魄；二、农夫的身手；三、科学的头脑；四、艺术的兴趣；五……(CCL语料库)

（2）当分项列举前没有冒号时，并列的两项或几项之间除了可以用逗号和分号外，还可以用句号，条件是并列各项是完整的句子，且往往带有详细说明的话语。例如：

⑤ 培养大猪有两种不同的做法。一是由政府培养大猪。或者由政府出资建立特大型企业，或者政府有意地扶植一些民营企业，甚至用进入壁垒来形成一些企业的垄断地位。二是由市场培养大猪，即由各种企业在竞争中兼并，最后形成大企业。（CCL语料库）

需要注意的是，如果并列各分项之前有总括语和冒号，那么后面各项不管是什么成分，其间都不应该用句号。例如：

⑥ * 我们在评价他们的时候，应该留意这么几点：一、人物的个性特征。二、年轻时的信仰。三、走红和背运时的人生态度。（CCL语料库）（误）

示例⑥中，并列各分项前面有总括语和冒号，冒号全部管辖后面列举的三项内容，因此并列各分项之间用句号是错误的，应该改为分号。

**2. 不同点号表示停顿长短的排序是什么？**

答：GB-B.1.6提到，各种点号都表示说话时的停顿。句号、问号、叹号都表示句子完结，停顿最长。分号用于复句的分句之间，停顿时长介于句末点号和逗号之间，短于冒号。逗号表示一句话中间的停顿，停顿时间短于分号。顿号用于并列词语之间，停顿最短。通常情况下，各种点号所表示的停顿时间由长到短为：句号=问号=叹号＞冒号（指涵盖范围为一句话的冒号）＞分号＞逗号＞顿号。

## （四）逗号与冒号

**1. 有引文时，“说、道”之类词语后，如何使用逗号、冒号、句号？**

答：GB－B. 1. 5 提到，位于引文之前的“说”“道”后用冒号，如示例①②。位于引文之后的“说”“道”分两种情况：第一种情况，“说”“道”处于句末时，其后用句号，如示例③④；第二种情况，“说”“道”后还有其他成分时，其后用逗号，而插在话语中间的“说”“道”类词语后，只能用逗号表示停顿，如示例⑤⑥。例如：

① 父亲对奶奶说：“娘，咱的骡子。”（莫言《红高粱》）

② 朱八说：“侯小七，出去溜达着，有什么消息赶快来报告。”（莫言《檀香刑》）

③“还有一个双枪老太婆。”她又说。（路遥《平凡的世界》

④“部队太疲劳，敌人是偷袭。”团长解释道。（少华、大立《毛泽东与彭德怀》）

⑤“我给你冲了一杯咖啡。”她说，随即放下了灯。（伏尼契《牛虻》）

⑥“翠翠，”老马兵业已同翠翠并排一块块儿站定了，很温和的说，“你进屋里睡去吧，不要胡思乱想！”（沈从文《边城》）

**2. 提示语后用逗号还是冒号？**

答：（1）GB－A. 6. 1 规定：“冒号用在提示性话语之后引起下文。表面上类似但实际不是提示性话语的，其后用逗号。”例如：

①《晋书·石季龙载记》有明确的记载："邯郸城西石子冈上有赵简子墓，至是季龙令发之。"（CCL 语料库）

② 万历《汾州府志》卷二记载："平遥县地瘠薄，气刚劲，人多织耕少。"（余秋雨《抱愧山西》）

③ 据历史记载，周秦以后，谷帛一直是与金属货币并行的重要币种。（阴法鲁、许树安主编《中国古代文化史》）（非提示性话语）

④ 据史籍记载，我国五代时，社会上出现了"茶百戏"的表演。（CCL 语料库）（非提示性话语）

（2）不强调提示语的提示作用时，使用逗号或冒号均可，大多数情况下用逗号。例如，示例⑤—⑧用逗号，示例⑨—⑫用冒号。当停顿不明显时，甚至可以不用标点。例如：

⑤ 一般学者认为，印玺的出现和使用，始于春秋时代。（CCL 语料库）

⑥ 但是哥白尼指出，太阳是中心，是地球绕着太阳转。（CCL 语料库）

⑦ 调查研究材料表明，劳动者的受教育程度和生产的发展有密切关系。（CCL 语料库）

⑧ 它通常包括三个层次，即，遗传多样性、物种多样性和生态多样性。（CCL 语料库）

⑨ 货币主义者认为：调节货币供应量可以同时决定价格和实际产出。（CCL 语料库）

⑩ 刘鸿儒还指出：证券市场是社会主义市场经济的重要组成部

分。(CCL 语料库)

⑪ 这则消息表明：阿富汗实际上已被苏军占领。(《中国儿童百科全书》)

⑫ 国有企业建立现代企业制度，最大的难点是如何明确国有资产投资主体，即：国有股持股权的问题。(CCL 语料库)

⑬ 很多研究表明合作学习有助于学习者理解复杂的任务。(CCL 语料库)

(3) 当提示性词语后的提示内容为并列复句，且复句中的各分句间用分号时，提示性词语后用冒号，否则会导致层次关系混乱。例如：

⑮ a. 从图中可以看出：价格的降低导致需求的增加；反之，价格上升则导致需求减少。

b. *从图中可以看出，价格的降低导致需求的增加；反之，价格上升则导致需求减少。(误)

逗号虽可用来隔开谓语和宾语，但如果在示例⑮中的“看出”后用了逗号，易将宾语看成是该逗号后至分号前的内容，从而漏掉分号后的内容，并将分号前后误认为是两个并列分句，即将该句子误认为是并列复句。由于冒号的提示范围是从冒号之后至句号之前，因此用冒号可以使各句间的关系更清楚。

若并列的各分句没有用分号，则可以使用冒号、逗号、句号。例如：

⑯ 现在，广大群众最为关切的有三大问题：一个是物价涨，一个是干部特殊化，还有一个是房子紧张。(《邓小平文选》)

⑰ 他把世界分成两个：一个是上帝之城，一个是人间之城。

（CCL 语料库）

（4）“我说、你说、我想、我明白、我认为”等表示思维和感觉的提示性词语，其后若有停顿的必要，则用逗号而不用冒号。需要注意的是，这里所说的“我说、你说”是指位于句首的话语标记，起到凸显说话人的交际意图、引起听话人的注意等作用，应与（1）提到的引文前的实际性动作“说”相区别。例如：

⑱ 余静吃了一口，又放到淡青色瓷碟子里，问她，“你说，我讲的对吗？”（周而复《上海的早晨》）

⑲“咳，依你说，怎么办呢？”（茅盾《子夜》）

⑳“我并不是说她的肚子疼是假装的。可是我说，你若告诉她你决定不出国，她的肚子疼就好了。”（林语堂《京华烟云》）

㉑ 华太太又说：“我说，姚叔叔，哪儿有她都会生色不少的。”（林语堂《京华烟云》）

㉒ 我想，那就是来自我内心深处的声音了。（李开复《世界因你而不同》）

㉓ 后来我在公社医院里醒来了，连手带脚都被人捆在床上。我明白，这回不能是使蛮的了。如果再说要到海边去，就得被人加上几根绳索。（王小波《绿毛水怪》）

**3.“如、比如、例如、譬如”等表示列举、举例的词后，用冒号还是逗号？**

答：（1）点号的选择与停顿长短有关，停顿较长或者语句过长、项目过多的，一般使用冒号，如示例①—③；停顿较短、语句简短或小于句子的语言单位，一般使用逗号，如示例④—⑥；不停顿的不用标点符号，如示例⑦—⑨。例如：

① 因为女性具有一种倾向，那就是：她选择某种颜色时，内心往往具有那种颜色所代表的情绪。例如：平时很少穿白色衣服的女人，突然穿起了白色的洋装时，她很可能是隐藏起了自己的本心，希望别人把她看成清纯少女之故。(CCL 语料库)

② 譬如：美国考古学者利用热红外等技术对含水量较敏感这一特征，发现了许多印地安人进行农业生产活动的遗迹。(CCL 语料库)

③ 还有许多问题没有解决呢，比如：新随笔如何更深刻地表现出现代化社会与现代人生的哲理思考？(CCL 语料库)

④ 经济“过热”，确实带来一些问题。比如，票子发得多了一点，物价波动大了一点，重复建设比较严重，造成了一些浪费。(《邓小平文选》)

⑤ 强烈而持久的注意有时也能减轻或消除痛觉，例如，战场上的士兵往往不能觉察自身伤口的疼痛。(CCL 语料库)

⑥ 但我喝酒挺挑的，跟那些志同道合的人，才能领略酒的妙用。譬如，悲伤的时候适合独饮，狂放的时候适合众饮。(CCL 语料库)

⑦ 戈尔曼认为，认识情绪的本质是情商的基石，对人们了解自己非常重要。这也就是我们常说的，一个人对自己情绪的觉察，比如说我高兴不高兴啊，是否难受啊等等。(CCL 语料库)

⑧ 即使在成人世界，人们对故意过错行为的处罚量度也大于非故意过错行为，例如因驾车不慎撞人所得到的惩罚要低于故意杀

人。(CCL 语料库)

⑨ 当时全国田赋收入是大宗，由大司农管。工商业的税收，譬如海边的盐，山里的矿，原来收入很少，由少府管。( (CCL 语料库)

(2) 一般情况下，如果表示举例、列举的词后的内容另起一行，那么建议在其后添加冒号。例如：

⑩ 表示胳膊和手部动作的词如：

拿、取、抓、摸、摘

(3) 表示举例的词和冒号如果同时出现，冒号只能用于其后，不能出现在其前，例如：

⑪ a. *研究课题涉及广阔的领域：如编辑活动的性质、特征、社会功能及编辑管理、编辑队伍等。(误)

b. 研究课题涉及广阔的领域，如：编辑活动的性质、特征、社会功能及编辑管理、编辑队伍等。

c. 研究课题涉及广阔的领域：编辑活动的性质、特征、社会功能及编辑管理、编辑队伍等。

⑫ 对于中国历史上的农民起义领袖，如：陈胜、吴广、朱元璋、李自成、洪秀全等，毛泽东则倾注着更大的热情关注。(CCL 语料库)

⑬ 眉山有难以计数的特色乡、专业村，如：白鹅之乡、鱼腥草之乡、西瓜之乡、养猪村、养蜂村、桑蚕村等等，规模种养覆盖

了眉山的山山水水、村村落落。(CCL语料库)

## (五) 冒号与破折号

**1. 冒号与破折号都有提示下文和总结上文的作用，如何区分?**

答：GB4.7.1提到，冒号表示语段中提示下文或总结上文的停顿。GB4.10.3.3提到，破折号可以标示总结上文或提示下文。

用于提示下文时，从意义上来看，破折号表注释内容，不是句子的主干部分，删去后，句子仍然是完整的。如示例①在删去注释部分后，句子就变成“‘三农’问题是全党工作的重中之重”。而冒号表示总说分说，分说的部分不能省去，否则句子就不完整。如示例②在删去冒号后面的部分后，句子就变成“今天的晚会有如下节目”，不构成一个完整的句子。例如：

① “三农”问题——农业、农村和农民问题是全党工作的重中之重。

② 今天的晚会有如下节目：舞蹈、独唱、相声、杂技。

③ 其实，这只是人类生而有之的本能——爱财、贪财，而不是现代意义的尊重财富。(CCL语料库)

④ 解决问题的过程可分为四个阶段：理解问题、探索研究、解决问题、自主反思。(CCL语料库)

从形式上看，冒号的特点是一直管到句末，因此“今天晚会的节目：舞蹈、独唱、相声都很精彩”是错误的。此句中，“舞蹈、独唱、相声”才是对上文的分说，而冒号一管到底的特点，使得它后面所有的内容都成为对上文的分说，与文意不符，冒号应改为破折号。例如：

⑤ a. ＊今天晚会的节目：舞蹈、独唱、相声都很精彩。(误)

b. 今天晚会的节目——舞蹈、独唱、相声都很精彩。

另外，破折号与冒号都有总结上文的作用，如果前面的分说部分是用分号标示的几个分句，那么只能用冒号。如果前面的分说部分不是用分号标示的分句，那么破折号与冒号都可以使用。例如：

⑥ 他问道，既然人们都称赞苏珊的这种行为，如果苏珊用自己的一个肾换取儿子免费上医学院（作为学费），或者为她儿子用肾换一辆凌志汽车，是否也应该得到称赞呢？用自己的肾为儿子换得治病、上医学院和豪华汽车在本质上是相同的——都是伟大的母爱。(CCL 语料库)

⑦ 今天晚上指挥演唱《黄河大合唱》，他着装潇洒，神态从容；眼光、手势配合和谐：好一派指挥家的风度。(互联网)

**2. 在分隔正副级标题时，用冒号还是破折号？**

答：分隔正副级标题时，破折号与冒号均可以使用。如示例①—③使用的是破折号，示例④—⑥使用的是冒号。例如：

①《县域政治中的公民诉求——回应模式研究》

②《激荡三十年——中国企业史 1978 — 2008》

③《乌合之众：大众心理研究》

④《在中国发现历史：中国中心观在美国的兴起》

⑤《回首“文革”：中国十年“文革”分析与反思》

⑥《叫魂：1768 年中国妖术大恐慌》

在英文的正副标题中，也有类似用法。如：

⑦ *Henda Guwu — More on the Type Matching Constraint on Modification*

⑧ *The Bio linguistic Program*：*Where does it stand today*?

使用冒号原本是英语中的做法，汉语在早期用的是破折号。然而，在发展的过程中，汉语也逐渐地采用了冒号这一用法。所以，中文中更多的是使用破折号，而英文中则应使用冒号标示分隔。

**3. 在书名号的里面，应该怎么使用冒号、破折号、分隔号、括号？**

答：(1) 书名号里面分隔号的用法。分隔号是“或”的意思，表示分隔号前后的两个书名都是正确的，并行使用。例如：

① 唐代崔颢《黄鹤楼/登黄鹤楼》

② 唐代王维《九月九日忆山东兄弟/九月九忆山东兄弟》

③ 唐代孟郊《游子吟/迎母漂上作》

(2) 在书名号中间分隔正书名和副书名时，用冒号或破折号。例如：

④《追寻一己之福：中國古代的信仰世界》

⑤《现代新儒学与自由主义：徐复观殷海政治哲学比较研究》

⑤《墓葬與生死——中國古代宗教之省思》

⑥《卓越媒体的成功之道——对话美国顶尖杂志总编》

在表示并行的书名时，为避免歧义，以防读者将正副级标题误认为是并行书名，书名号里面不能使用分隔号。例如：

⑦ *《马达加斯加/马尔加什民族史》(误)

⑧《马达加斯加——马尔加什民族史》(正)

⑨《马达加斯加：马尔加什民族史》(正)

## (六) 引号与书名号

**1. 引号与书名号在“题为……”“以……为题”格式中使用时有什么区别?**

答：GB-B.1.8提到，“题为……”“以……为题”中的“题”应根据其类别，分别按书名号和引号的用法处理。“题为……”“以……为题”中的“题”，如果是诗文、图书、文章、社论、演讲、报告或其他作品，可作为篇名、书名看待时，用书名号；如果是科研、会议、论坛、辩论、谈话的主题，以及题词、写作题目等非特定作品的标题，应用引号。

用书名号的示例，例如：

① 例如1964年美国的心理学家布卢姆发表了题为《人类特征的梳顶性与变化》的研究报告。(CCL语料库)

② 就在这时，有人从北京请来某报记者，以《法律不会哭泣》为题发表了一篇调查文章。(CCL语料库)

③ 在这次会议上，蒋介石作了题为《于艰苦中磨练才能志气》和《致胜的要件》的训词。(《蒋氏家族全传》)

④ 中国专利局在会上作了题为《中国为什么加入PCT》的发言，

受到了WIPO官员和与会代表的一致好评。(CCL语料库)

⑤《人民日报》还发表了题为《前车之鉴》的社论。(CCL语料库)

⑥ 在采访中，他送给我们一本题为《中国居民收入分配研究》的书，这是该合作课题的研究成果。(CCL语料库)

⑦ 胡锦涛代表中央发表了题为《努力培养和造就一支宏大的青年人才大军》的重要讲话。(CCL语料库)

⑧ 为了表达我的这种追求，我写了一首题为《诗与人民》的诗，发表在《奔流》杂志上。(CCL语料库)

用引号的示例，例如：

⑨ 近日，中国社会科学院马列主义毛泽东思想研究所召开了题为“马克思主义与建设有中国特色社会主义”的座谈会。(CCL语料库)

⑩ 近百名美国、欧洲的CEO组成的大型代表团将出席主题为“中国与世界互动”的论坛，并参加项目交流与洽谈。(CCL语料库)

⑪ 全国科学大会以后，王永民放弃了轻松的机关工作，带病承担了“汉字编码”的科研任务。(CCL语料库)

⑫ 中国旅游文化学会于8月中旬在河北省秦皇岛市南戴河召开了以“民俗与旅游”为主题的第二次中国旅游文化学术研讨会。(CCL语料库)

⑬ 10月1日的中秋之夜，北京八达岭长城风景区将举办主题为“天圆中国”的赏月活动。(CCL语料库)

**2. 会议、竞赛、展览、主题活动等名称，用引号还是书名号？**

答：书名号的滥用和误用情况较为常见，以下对这些现象进行分类说明：

(1) 展览会、主题活动、社会组织、会议、称号、题词、竞赛、奖杯等名称不能使用书名号，可以加引号来标示特殊含义或特别指出的内容。

不使用书名号、引号的示例，例如：

> ① 11日，第八届中国吉林·东北亚投资贸易博览会圆满落幕。(互联网)(展览会)
>
> ② 广州首个互助式民间医疗救助组织在南沙成立。(互联网)(社会组织)
>
> ③ 盖茨上次来到中国是2001年在上海举行的APEC会议。(CCL语料库)(会议)
>
> ④ 贝克学者是哈佛MBA的最高荣誉称号，每个毕业班中约有5%的学生获得此项殊荣。(CCL语料库)(称号)
>
> ⑤ 中共中央政治局委员、国务院副总理李岚清为大会题词：人民教师无尚光荣。(CCL语料库)(题词)
>
> ⑥ 中国的职业技能竞赛分为国家、省和市三级竞赛。国家级技能竞赛一般每两年举办一次。(竞赛)
>
> ⑦ 国家体委主任伍绍祖给马俊仁、阚福林、王魁颁发了最佳教练员奖杯。(奖杯)

使用引号来标示的示例，例如：

> ⑧ 为配合中非合作论坛的后续行动，中国举办“面向非洲的中国环保”主题活动，推动中非在环保领域的交流与合作。(主题

活动)

⑨ 同年，民政部邀请国家教委官员、高等院校的社会学者召开了著名的“马甸会议”。(会议)

⑩ 入演艺界近20年的刘德华,1999年获得“香港十大杰出青年”称号。(称号)

⑪ 省长和志强同志赴该公司视察工作时，欣然挥笔为公司写下了“争创一流产品，大步走向世界”的题词。(CCL语料库)(题词)

⑫ 澳门特区行政长官何厚铧为第二回合开赛主持开跑仪式，并于赛后向获得前三名的车手赠送了“金莲花”奖杯。(CCL语料库)(奖杯)

(2) 证书(如毕业证、学位证等)、证件(如生产许可证、营业执照、驾驶证、身份证、准考证、学生证等)、物质产品名、产品型号、商标、牌号等名称不能使用书名号，使用时或者什么都不加，或者加引号。例如：

⑬ 学员毕业考试合格后，由市劳动局发给高级技工毕业证书。(CCL语料库)

⑭ 据统计,1964年，全美国仅颁发了六千个企业管理硕士学位证明书。(CCL语料库)

⑮ 目前全国白酒获证企业共计8472家，且白酒生产许可证已基本停止发放。(CCL语料库)

⑯ 地方车辆不得挂军车牌证，地方驾驶员不得持军队驾驶证从事运输。(CCL语料库)

⑰ 现在平均每10个上海市民中就有1个拥有机动车驾驶证，其

中男性占80%，女性占20%。(CCL语料库)

⑱ 目前，该装置运行平稳，产品型号为2200J。(CCL语料库)

⑲ 据乘客回忆，这辆车的牌号是：安徽02－02964。(CCL语料库)

需要注意的是，部分管理办法、条例、规定等文件对颁发、管理、发放、吊销证书的规定，有使用书名号的情况。例如：

⑳ 第七条　酒类生产者，必须持有《酒类生产许可证》。(《深圳经济特区酒类管理条例》)

㉑ 第七条　凡从事烟花爆竹生产的企业，必须符合国家规定的安全条件，并领取《烟花爆竹安全生产许可证》和营业执照后方可生产。(《河北省烟花爆竹安全管理条例》)

针对此种情况，建议与上文的说法保持一致，即不使用书名号。

(3) 培训班、课程名称等不能用书名号标注。如果发生课程名称与教材名称重名的现象，那么教材名称用书名号，课程名称不用书名号。为了突出课程名称，可以使用引号。

不使用书名号、引号的示例，例如：

㉓ 为了尽快适应这一新形势，近两年来，大庆油田共举办了有120多人次参加的技术质量监督培训班。(CCL语料库)(培训班)

㉔ 在新疆也建立了各级民族干部学校和民族干部培训班，培养了大批从事政治、经济和文化等各个领域工作的少数民族行政和

专业技术干部。《中国政府白皮书·新疆的历史与发展》（培训班）

㉕ UBC大学规定的经济学、财政学、组织行为学、商业交际学、管理策略学、文学、数学、统计学、信息学等必修课程，以及哲学和逻辑学等选修课程，既开阔了女儿的视野，也拓宽了她的思维空间。（土一族《从普通女孩到银行家》）（课程名）

㉖ 近年来他主持了南京大学基础学科教学强化部的工作，并承担了其中大学物理学的教学任务，致力于基础物理学课程的教学改革。（CCL语料库）（课程名）

用引号标示的示例，例如：

㉗ 据初步统计，全省参加各类“一技一训”培训班的人数达5000多万人次。（CCL语料库）（培训班）

㉘ 诚如白寿彝等许多先生谈过的，“史学概论”这门学科和课程，涉及了史学理论、史学史、历史文献学和历史研究法等几门学科与课程的内容。（CCL语料库）（课程名）

㉙ 例如芝加哥大学社会学系的“社会变迁”课程近两年都是以中国的变革为主要案例，并将之一方面与苏东欧改革相比较。（CCL语料库）（课程名）

课程名与教材名重名的示例，例如：

㉚ 中国政治制度史这门课程的参考书目有：张鸣的《中国政治制度史导论》、韦庆远的《中国政治制度史》和《中国官制史》。

**3. 电视节目（包括栏目）、报刊（报纸、杂志）及其专栏，用引号还是书名号？**

答：《标点符号用法解读》(2012) 提到，引号的基本用法是标示语段中直接引用的内容，标示需要着重论述或强调的内容，以及标示语段中具有特殊含义而需要特别指出的成分，如别称、简称、反语等具体的电影作品、电视节目(包括单元环节)，以及报刊等传媒的不同层次的结构单位，包括报刊名、专刊专版名、栏目名、文章消息报道标题，既不是引语，也不是需要着重论述的对象或具有特殊含义而需要特别指出的词语，因此不应当使用引号标引，而应当统一使用书名号。

另外，刊物名和刊物所领属的专栏、专版、专刊、副刊等一起使用时，中间用间隔号分隔开。需要注意的是，如果这些名称是在文中的不同位置出现，那么要分别用书名号标示。

用书名号的示例，例如：

① 中央电视台四套《海峡两岸》栏目录制了6集李敖访谈。(《李敖对话录》)

② 为了宣传中国文明，他还与中央电视台合作拍摄大型系列片《中华文化五千年》。(CCL语料库)

③《北京日报》在10月7日的第二版《社会新闻》专栏上刊出了题为“这是不明飞行物吗?”的文章（CCL语料库)

④ 一九八六年，程前到广州在公安部门担任《法制教育》节目的主持人。(CCL语料库)

⑤ 为迎接泰戈尔来访，当时颇有影响的《小说月报》，出了《泰戈尔号》专刊，专刊分上下两卷。(张清平《林徽因》)

用间隔号分开的示例，例如：

⑥《法制晚报·今日声音》

⑦《新民晚报·民生速递》

⑧《朝闻天下·国际新闻》

分别使用书名号的示例，例如：

⑨ 1942 年 4 月，他负责编辑《解放日报》的《学习》副刊，撰写了《从实际出发》等比较有影响的文章。(CCL 语料库)

**4. 在表述期刊、报纸以及书中的篇、章、节时，用引号还是书名号？**

答：不一定，要看具体表述，主要分两种情况：

第一种情况，当单纯地提及书、报刊中的某篇文章时，用书名号。例如：

① 我并未在中央档案馆查阅这一会议记录，而是转引自“张闻天研究组”成员程中原著《张闻天论稿》(河海大学出版社 1990 年出版）一书中《张闻天对建立抗日民族统一战线的历史贡献》一文。(CCL 语料库)

② 1984 年，黎澍在《历史研究》第 5 期上发表《论历史的创造者及其它》一文。(CCL 语料库)

③ 1975 年，当“文革动乱”已近尾声，国内基础理论研究处在整顿复苏的前夕，《数学学报》上发表了一篇署名为“顾今用”的文章：《中国古代数学对世界文化的伟大贡献》。

④ 这年 7 月 13 日，中国社会科学院工业经济研究所所长周叔莲

在《光明日报》撰文《关于国有企业产权的两个问题》。(吴晓波《激荡三十年——中国企业史1978—2008》)

⑤ 1995年9月,《人民日报》刊登了长篇经济分析文章《来自“八五”(1991～1995)的报告》,用极大的篇幅谈论了国有企业面临的三大困境。(吴晓波《激荡三十年——中国企业史1978—2008》)

第二种情况,当提及书、报刊、文章中的某一具体部分,且该部分在文中是引语或着重论述的对象或具有特殊含义而需要特别指出时,用引号。例如:

⑥ 陈云同志亲自主持全体干部集体学习《共产党宣言》,念一段,讨论一段。在讨论中有争论,有质疑,陈云同志有时也亲自向辅导员提问题。接着学习《反杜林论》里“社会主义从空想到科学的发展”这一部分,也是读一段,议一段,从头到尾学了一遍。(CCL语料库)

⑦ 英国作家柯林·威尔逊说,倘若把《荒原狼》中的插曲“论荒原狼”这一部分内容独立出来,那么便完全可以把它称为“一篇关于局外人的论著”。(CCL语料库)

⑧ 但我个人以为全书最精彩的,是作者在“往事漫忆”这一部分文章中表现出的对传统文化与民族生活的眷恋。(CCL语料库)

需要指出的是,如果提及的这一部分是独立的文章,那么也可以用书名号,如示例⑨。建议与上文所提及的做法保持一致,即统一使用引号来标示。

⑨ 柳如是的最后是一个悲剧的结局。这也即是著者所谓钱柳姻缘中的第三死。但是《别传》这一部分没有从悲剧的意义上来阐释。(CCL 语料库)

**5.“编者按”用引号还是书名号?**

答:当“编者按”是文中需要特别指出的内容时,用引号来标示。其他情况下,“编者按”大都不加标点符号,不用书名号。

以下是用引号标示的示例。例如:

① 为了让读者和我一样珍视这一宝贵的史料,我特意为它加了一段“编者按”,为它取了一个醒目的题目:“文明与野蛮”,置于头条位置并贯以毛笔手写标题。(CCL 语料库)

② 4 月 10 日,《学术研究》推出两版《吴晗同志反党反社会主义反马克思主义的政治思想和学术观点》,在这份外来的汇编材料前边加了大字“编者按”。(CCL 语料库)

③ 文章刊出时,编辑又在文前加了“编者按”,请读者讨论“如何全面、准确理解价格放开这一改革举措”。(CCL 语料库)

以下是不用标点的示例。例如:

④ 陈耀邦同志于 6 月 1 日批示:建议通过《农民日报》等报刊,登载专家来信,可附编者按语,引起社会注意。(CCL 语料库)

⑤ 新华社就此案发表编者按指出,姜巍身为省计划厅厅长,握有审批全省立项、资金和生产资料大权,本应用好这些权力为人

民服务，但他却把权力视为个人谋取私利的手段。（CCL语料库）

⑥ 读者来信和编者按语表现出的对现状的关切、对未来的思虑，引发了广大市民的共鸣，引起了各级领导机关的重视。（CCL语料库）

**6. 丛书文集等名称用引号还是书名号？“丛书”二字放在书名号之内还是之外？**

答：(1) 当上下文提到了丛书下属的书名、卷名等，并且书名、卷名是用书名号表示的，那么为了便于区分，最好用引号。例如：

① 一九三七年十月，上海杂志出版公司出版的“大时代丛书”之一《日本在华间谍网》，亦为林克多所编写。（CCL语料库）

②《白叶杂记》作为“幻洲丛书”之一种由上海光华书局于一九二七年九月出版。这是叶灵凤的第一本散文集。（CCL语料库）

③ 近日，新世界出版社推出了一套长篇纪实文学“中国文化史探秘丛书”中的第一辑：《万世法门——法门寺地宫佛骨再世之谜》（商成勇、岳南著）、《复活的军团——秦始皇陵兵马俑发现之谜》（岳南著）、《风雪定陵——地下玄宫洞开之谜》（杨仕、岳南著）。（CCL语料库）

(2) 当丛书名称既不是直接引用的话，又不是需要着重论述的对象或具有特殊含义的词语时，丛书以及丛书内部的不同层次的结构单位，包括书名、篇名等，均用书名号。例如：

④《民国丛书》

⑤《国外经济管理名著丛书》

⑥《中国民族民间舞蹈集成·西藏卷》

⑦ 1971 年，普鲁斯特其他作品的评注本在《七星丛书》中出版，其中包括《让·桑德伊》一卷（附《欢乐与时日》）、《驳圣伯夫》一卷（附《什锦与杂记》及《随笔和文章》）。（普鲁斯特《追忆似水年华》）

需要注意的是，如果提到“丛书、文集”中的某一卷，其不作为书名的一部分，那么“第几卷”放在书名号外面。例如：

⑧《马克思恩格斯选集》第一卷

⑨《蒙田随笔全集》第三卷

（3）如果“丛书”二字是原书名的一部分，那么就放在书名号之内，如示例⑩；如果原书名没有“丛书”二字，是行文时为说明图书的性质而临时加上去的，那么就放在书名号之外，如示例⑪；其他表示系列出版物名称的词，如“丛书”“丛刊”“论丛”“译丛”“文库”“诗库”“画库”“书系”“系列”“大系”“文集”“选集”“全集”“报告集”“汇编”“文选”“名录”“大全”“著作选”等，处理原则也大致相同，如示例⑫⑬。例如：

⑩《民国丛书》

⑪《东方文化集成》丛书

⑫《国学研究丛刊》

⑬《道家文化研究》丛刊

## （七）其他易混标点

**1. 标示解释说明有哪些标点，有什么区别？**

答：有破折号和括号。GB4.9.3.1 规定，括号标示注释内容或补充说明。GB4.10.1 规定，破折号标示语段中某些成分的注释、补充说明。GB－B.1.7 解释了破折号与括号标示注释或补充说明时的区别：破折号用于标示比较重要的解释说明，这种补充是正文的一部分，可与前后文连读；而括号标示比较一般的解释说明，只是注释而非正文，可不与前后文连读。破折号标示的说明不可以删去，括号标示的说明删去后则不影响文字的意思。

以下是使用破折号的示例。例如：

① 在这片土地上他们建立了一个强大的政权——骑士团国，普鲁士是骑士团国的中心。（《普鲁士历史简述》）

②《诗·小雅·北山》称，“普天之下，莫非王土；率土之滨，莫非王臣”，此即是后来所谓的——“家天下”。（倪方六《中国人盗墓史》）

③ 当时许多当地媒体不约而同地用到了这样一个形容词——“沸腾”，足见巨人的影响已经开始辐射开来！（成杰《史玉柱传奇》）

④“青”字，金文从生从丹或从丹省成井，本义为代表东方的颜色——木色，即绿色。（CCL 语料库）

以下是使用括号的示例。例如：

⑤ 例如，在我国古代从奴隶社会向封建社会过渡的时期，孔子（前 551—前 479）和孟子（约前 372—前 289）把教育当作实行他们的“德治”“仁政”的工具。(CCL 语料库)

⑥ 从特性方面讲，尽管历史学或多或少地具有其他社会科学甚至人文学科（如文学、艺术）的某些一般特性，但它之所以成为一门独立的科学，不在于这些一般特性，而在于它根源于自己的研究对象和任务。(CCL 语料库)

⑦ 就人类历史发展的五种形态看，有些民族（如欧洲历史上的日尔曼人和斯拉夫人）就没有经历奴隶社会的历史阶段，而径直地由原始社会过渡到封建社会。(CCL 语料库)

⑧ 另外，刻或铸在大量商周青铜器上的文字，即金文（亦称“钟鼎文”“铭文”），其数量也不算少。(CCL 语料库)

**2. 标示注释和解释有哪些标点，有什么区别?**

有圆括号、六角括号和方括号。GB4. 9. 3. 1 规定，标示注释内容或补充说明时用圆括号；标示被注释的词语时，可以用六角括号或方头括号。两者的区别在于，圆括号用于句中解释，六角括号和方头括号用于解释词语。例如：

①《大公报》,1902 年 6 月（清光绪二十八年五月）创刊于天津。(CCL 语料库)

② 那时许多的俄国人反对他，尤其是首都莫司哥（即莫斯科，下同）的国粹党。(蒋廷黻《中国近代史》)

③ 假如他们应许了您什么，只管伸手向他们要好了！他们会给的，一定会给的，我知道，现在的德国人有的是钱……（哄堂大笑，鼓掌）因为，联邦德国是一个工业发达的国家。(《读

者》合刊）

④〔奇观〕异常美丽；风姿奇丽；辉煌。

⑤【霍金】著名物理学家、宇宙学家、数学家。物理学家。代表作品有《时间简史》《果壳中的宇宙》《大设计》等。

**3. 着重号和引号有什么区别？**

答：着重号和引号都可以表示需要着重指出的内容。GB4. 12. 3 规定，着重号标示语段中某些重要的或需要指明的文字。GB4. 8. 3 规定，引号标示需要着重论述或强调的内容，标示语段中具有特殊含义而需要特别指出的成分，如别称、简称、反语等。例如：

① 大种子带有更多的营养物质，就像一位装备精良的旅行家。

② 给加点的字注音。

（1）匀称　（2）蹲踞

③ 这里所谓的“文”，并不是指文字，而是指文采。（CCL 语料库）

④ 七夕节又称为“乞巧节”，是中国传统节日中最具浪漫色彩的节日。(CCL 语料库)

⑤ 因此，后世的历史学家就把这种屋大维式的个人独裁统治，称为“奥古斯都的元首统治”，简称为“元首制”。(《中国少儿百科全书》)

⑥ 音韵，文字，训诂，这三门学科在中国古代合称为“小学”。(CCL 语料库)

⑦ 千万不要被面试官“慈祥”的外表所迷惑，自始至终地保持警觉。(CCL 语料库)

示例③中的引号标示需要着重论述或强调的内容，示例④中的引号标示别称，示例⑤中的引号标示简称，示例⑥中的引号标示合称，示例⑦中的引号标示反语。

总体而言，引号的使用范围更广，示例①中需要着重指出的“装备精良”，也可以用引号标示。例如：

⑧ 大种子带有更多的营养物质，就像一位“装备精良”的旅行家。

标示需要特别指出的成分，如别称、简称、反语等，只能用引号，不能用着重号。一般来说，在表示着重指出时，都可以用引号，使用着重号来标示的重要文字，也可以用引号标示。着重号多用于试题中，以标示特殊的文字，如示例②，这种情况不用引号。

另外，着重号与引号的区别还在于：第一，引用别人的话时，引用者可以根据需要，在引文下面加上着重号，引号则只能表示引用原文；第二，使用着重号的部分常常要求重读，引号则不要求重读；第三，引号多强调个别字词，着重号则可以强调字、词、句。例如：

⑨ 门开了，迎接我的是一张笑脸，这让我警惕地想起了李敖说过的“我不像鲁迅，我是笑面虎”的名言。(《李敖谈话录》

⑩ 这回通了，阿咪接了电话听是我的声音，便冷冰冰地说，“对不起啊，我很忙，不是跟你说过我要赶下午的飞机吗?”(卞庆奎《中国北漂艺人生存实录》)

⑪ 最重要的一点是要注意自己所点的菜肴的分量，不能在盘子里留下剩菜。(土一族《从普通女孩到银行家》)

⑫ 正是这些“先驱者”的思想和活动，极大地加速了俄国社会民主主义革命的进程。(CCL 语料库)

⑬ 人类社会的历史却不是那样“简单”，它在受着历史规律支配的同时，还受着有意识的人的牵动。(CCL 语料库)

⑭ 其他动物无法掌握人类的语言，那么，它们内部能不能相互进行交际呢？回答是肯定的。现在发现好多种动物内部都有特定的交际方式，这就是一般所谓的动物“语言”。把人类语言和这些动物“语言”加以比较，可以进一步认识人类语言的特点。(CCL 语料库)

**4. 着重号和间隔号有什么区别？**

答：首先是位置不同，着重号处于文字的下方，而间隔号处于文字之中。其次是功能不同，着重号的作用是标示文中某些重要的、需要指明的或需要重读的字、词、句，而间隔号的作用是标示某些相关联成分的分界。例如：

① 当商未央携着厚厚一叠写生稿回到家时，他惊呆了。(CCL 语料库)

② 选出下面解释不正确的一项。

③《水调歌头·明月几时有》

④《诗经·国风》

**5. 顿号与间隔号有什么区别？**

答：(1) 顿号是点号，标示语段中并列词语之间或某些序次语之后的停顿；间隔号是标号，标示某些相关联成分的分界。在普通的句子中，并列词语之间只能用顿号，不能用间隔号。例如：

① a. 教育既受社会生产方式的制约，同时也对生产力和政治、经济的发展起积极的促进作用。(CCL 语料库)

b. ＊教育既受社会生产方式的制约，同时也对生产力和政治·经济的发展起积极的促进作用。(误)

② a. 这样，培养、训练劳动者的任务，开始从劳动实践转到主要由学校教育来承担了。(CCL 语料库)

b. ＊这样，培养·训练劳动者的任务，开始从劳动实践转到主要由学校教育来承担了。(误)

(2) 在标题或栏目的并列词语之间表示分界时，只能用间隔号，不能用顿号。例如：

③《史记·项羽本纪》

④《卜算子·咏梅》

其中，示例③中的间隔号标示书名、卷名、篇名之间的界限，示例④中的间隔号标示词牌名和词名的界限。

(3) 标题中的并列词语之间，既能用间隔号，也能用顿号。用间隔号不仅可以表示标题是由几个并列成分有机构成的整体，而不仅仅是几个成分的单纯并列，还可以表示成分之间有逐层深入的关系。例如：

⑤《坚强·勇敢·互助·感恩——灾区儿童“六一”节的特殊馈赠》

⑥《古镇·文化·渐入佳境》

⑦《古镇、文化、渐入佳境》

**6. 在对话中用省略号和破折号的区别是什么?**

答：GB4. 11. 3 提到，省略号标示语意未尽；GB4. 11. 3. 4 提到，省略号标示说话时断断续续；GB4. 11. 3. 5 提到，省略号标示对话中的沉默不语。

(1) 标示语意未尽。例如：

① 没想到万山大惊失色，指着旧社长说："我不在你们……雨翔这个人他太……!"要看由雨翔编的报纸，看过后平静了些。(《韩寒全集》)

② 他大声说。"难道我真的是……"他停了停，"难道我真的是无赖吗? 如果我不是无赖，那还有谁是呢?"他自问自答。(托尔斯泰《复活》)

③"习惯是习惯，只是……"老人迟疑地说。(CCL 语料库)

④"等待，等待。等着我们回国以后……"宋美龄喃喃地自语着。(程广、叶思《宋氏家族全传》)

⑤ 可是她喘了一阵后，又重复了两遍："如果我发生问题……"她在急喘中挣扎着想再说下去。(程广、叶思《宋氏家族全传》)

(2) 标示说话断断续续。例如：

⑥ 一撮毛显然不想痛快地回答。"这……这……这人是我们县卧佛寺的……一个和尚……和……和尚。"一撮毛好像是现编现说。(曲波《林海雪原》)

⑦ 红脸孔的汉子也跟看跪下，抖生生的道："这……这……儿，不……这姑娘不是小的们要害他……是宗香主的谕令……小的

们做不得主……”（柳残阳《荡魔志》）

（3）标示对话中的沉默不语。例如：

⑧“……”宋子文没有说话，显然也在思索。（程广、叶思《宋氏家族全传》）

⑨“听说中国人太多，只好往山上住，是吧？”“你会功夫吗？”另一个问。“针灸是真的吗？”一个问。

“……”七嘴八舌，我简直不知道该回答哪个。（朱邦复《巴西狂欢节》）

GB4.10.3.6提到，破折号标示话语的中断或间隔。例如：

⑩“班长他牺——”小马话没说完就大哭起来。

⑪“亲爱的妈妈，你不知道我多爱您。——还有你，我的孩子！”

⑫记者说：“你出去以后必须换一个生活环境，远远地离开那个有毒品诱惑的地方。——你不可以回四川老家吗？”（CCL语料库）

⑬“你们写信，让他——”他指了指坐在一边的秘书“盖章！”（《作家文摘》）

⑭“我不知——”没等严慰冰答完这一句，就听那河北汉子一声令下：“搜身！”（《作家文摘》）

⑮“你们——”他气得两眼发黑，扑过去抓那个男子。（彭荆风《绿月亮》）

示例⑩表示话语戛然而止，不是断断续续，因此使用破折号而不是省略号。示例⑪⑫⑬表示说话的间隔，只能用破折号，不能用省略号。

由此概括，标示说话断断续续和对话中的沉默不语只能用省略号，标示说话的戛然而止、说话的间隔以及话题的转换只能用破折号。

省略号标示语义未尽也有中断的意味，容易与破折号标示话语的中断发生混淆。当说话人主观地省略语意，或说话声音逐渐变小、消失时，用省略号，如示例①②③是主观省略部分语意，示例④⑤是说话声音逐渐变小、消失。

如果是说话人因情绪爆发而无法说下去或非自愿地被打断，那么用破折号，如示例⑩与示例⑮是因情绪激动而无法说下去，示例⑭是非自愿地被打断。

**7. 标示对话中说话人的转换时，怎样使用破折号和引号？**

答：GB4.10.3.7 提到，破折号可以标示引出对话。例如：

① ——你长大后想成为科学家吗？

——当然想了！

② ——这么说你胜利在握？

——不行，外贸价格不明朗！

——什么时候明朗？

——明朗时什么都晚了！

引号也可以标示对话的转换。例如：

③ 这时我十分惊奇地看到我的这位小评判员喜笑颜开。他说：“这正是我想要的，……你说这只羊需要很多草吗？”

“为什么问这个呢？”

“因为我那里地方非常小……”

“我给你画的是一只很小的小羊，地方小也够喂养它的。”

他把脑袋靠近这张画。

“并不像你说的那么小……瞧！它睡着了……”

就这样，我认识了小王子。（安东尼·德·圣·埃克苏佩里《小王子》）

破折号引出的对话，只能是短对话，长对话使用破折号非常不协调。而引号则既可以标示长对话，也可以标示短对话，没有限制。

一般来说，文章或作品中使用引号更为常见，更符合人们的使用习惯，使用破折号的情况较少。鉴于以上原因，我们建议在标示对话中说话人的转换时，统一使用引号。

**8. 称呼语后用冒号、逗号和叹号有什么区别？**

答：当称呼语用于谈话、致辞、大会上的讲话、公开信、演讲稿等中作为开头时，称呼语后用冒号，不用叹号，如示例①②；当称呼语用于文章段落中作为叙述性成分时，叙述语后用逗号或者叹号，如示例③④。用叹号表示更强烈、更激昂的情绪。例如：

① 亲爱的代表同志们：

中国新民主主义青年团从一九四九年成立以来，到这次第三次全国代表大会的召开，已经八年了。（《邓小平文选》）

② 同志们、朋友们：

半个世纪前，中国人民经过八年艰苦卓绝的浴血奋战，赢

得了抗日战争的伟大胜利。(洪学智在纪念抗日战争暨世界反法西斯战争胜利50周年座谈会上的讲话)

③ 同学们，让我们用爱国之情，点燃璀璨的圣火，让它照亮世界的东方，熊熊不熄。(《人民日报》)

④ 青年朋友们、同学们！二十一世纪在召唤你们。(《人民日报》)

当称呼语在句中充当语法成分时，其后不用标点。例如：

⑤ 同志们还有什么话没有？如果没有，我们就宣布第六次中央全会胜利闭幕。(《邓小平文选》)

⑥ 在船上，同学们一边欣赏四周的美景，一边三五成群地聊起天儿来。(土一族《从普通女孩到银行家》)

**9. 标示作者国籍或朝代用什么标点？**

答：GB4. 9. 3. 2 提到，标示作者国籍或所属朝代时，可以用方括号或六角括号。在标示作者国籍或所属朝代时，方括号和六角括号没有区别。例如：

①［美］赫伯特《美国总统经济》

②［唐］白居易《长恨歌》

③《国富论》〔英〕亚当·斯密著

④《秋词》〔唐〕刘禹锡著

**10. 表示年月日时如何使用标点？**

答：GB4. 17. 3. 5 提到，分隔号表示分隔层级或类别。GB－A. 4. 2 提到，用阿拉伯数字表示年月日的简写形式时，用短横线连接号，不用顿号。此种情况下，使用顿号、间隔号为错误做法。所以，除了用汉字直接叙述日期（如2015年1月20日）外，还可以使用分隔号、连接号、下脚点来表示日期。具体有以下几种形式：

① 2012/12/07（分隔号）

② 2010-12-05（连接号）

③ 2001.12.01（下脚点）

④ *2015、11、08（误）

⑤ *2015·02·07（误）

**11. 文言断句时，除了用分隔号，还可以用哪些标点？**

答：文言断句就是为未加标点的文段标出停顿，多出现在试题中，一般使用分隔号，不使用句号、逗号、顿号等其他标点。GB4.17.1 指出，分隔号标示诗行、节拍及某些相关文字的分隔。文言断句只表示无差别的停顿，因此用分隔号表示。句号、逗号和顿号表示停顿时，有时间长短的区别：句号用于句子末尾表示有较长的停顿，逗号表示句子或语段内部的一般性停顿，顿号表示语段中并列词语之间或某些序次语之后的停顿。例如：

① 家富良马/其子好骑/堕而折其髀（《塞翁失马》）

② 晚云在暮天上散锦/溪水在残日里流金/我瘦长的影子飘在地上/像山间古树底寂寞的幽灵（戴望舒《夕阳下》）

③ *故福之为祸、祸之为福、化不可极、深不可测也（《塞翁失马》）（误）

当断句要求标出原文应有的标点时，应根据原文来使用标点。例如：

④ 给下面文段加上合适的标点。

汝心之固固不可彻曾不若孀妻弱子虽我之死有子存焉子又生孙孙又生子子又有子子又有孙子子孙孙无穷匮也。《愚公移山》

答：汝心之固，固不可彻，曾不若孀妻弱子。虽我之死，有子存焉；子又生孙，孙又生子，子又有子，子又有孙，子子孙孙，无穷匮也。

**12. 人名中如何使用间隔号、下脚点、半字线？**

答：这个问题可以分两个方面来说明：

(1) 当外国人名或少数民族人名中既有外文字母缩写，又有中文译名时，如何使用间隔号？

《标点符号用法解读》(2012) 规定，间隔号用于外国人名或少数民族人名的姓与名之间，以避免混淆，如“班禅额尔德尼·确吉坚赞”“达·芬奇”。当外国人名中的外文缩写字母与中文译名并用时，外文缩写字母后面不是用中文间隔号，而是用下脚点（齐线小圆点），如“E. 策勒尔”“D. H. 劳伦斯”。

使用下脚点源于西方的标点惯例，如“J. D. 贝尔纳”原名为“J. D. Bernal”。西文人名缩略字母在使用下脚点时，必须用空格分隔开。在翻译的人名中，当缩略字母前后都有汉字名字时，缩略字母与前面的汉字之间用间隔号，缩略字母与后面的汉字之间用下脚点。例如：

① 达·芬奇

② J. D. 贝尔纳（J. D. Bernal）

③ 迈克尔·D. 贝勒斯（Michael D. Bayles）

(2) 外国人的姓名中出现复姓或双名时，如何使用标号？

目前较为普遍的做法是，姓与名之间用间隔号，复姓或双名之间用短横线。例如：

④ 弗雷德里克·约里奥-居里（Frédéric Joliot-Curie）

⑤ 让-皮埃尔·阿尔芒（Jean-Pierre Armand）

示例④中的“弗雷德里克”是名，“约里奥-居里”是复姓；示例⑤中的“让-皮埃尔”是双名，“阿尔芒”是姓。以上两例中的半字线均是直接从外文进入译名的。外文中的姓与名之间没有符号，只有空格，翻译为中文后，我们可以在中间加入间隔号；复姓或双名之间有半字线，翻译为中文后，我们可以直接沿用半字线。

**13. 逗号与千分撇有哪些地方容易误用？**

答：逗号与千分撇在标示数字时容易误用。千分撇用于分隔数字，这种情况下不能使用逗号。GB4. 4. 1 提到，逗号表示句子或语段内部的一般性停顿。例如：

① a. 5,000,000（正）

b. *5，000，000（误）

# 四、标点符号的连用

## （一）引号内外

**1. 行文中表示引用的引号内外之标点应如何处理？**

答：GB－B. 2. 1 规定：“当引文完整且独立使用，或虽不独立使用但带有问号或叹号时，引号内句末点号应保留。除此之外，引号内不用句末点号。当引文处于句子停顿处时（包括句子末尾）且引号内未使用点号时，引号外应使用点号；当引文位于非停顿处或引号内已使用句末点号时，引号外不用点号。”

因此，引号内外标点的使用可根据两条标准来判断，即是否独立、是否完整。引文独立是指引文前后都有停顿，可以与其他成分用点号隔开，反之则不独立。不独立会产生三种情况，即前后皆无停顿、前无停顿后有停顿、前有停顿后无停顿。引文完整是指引用时将整个句子或句群原样引用出来，以句子的完结作为引文完整的界限，反之则不完整。有鉴于此，引号内外标点的使用有以下八种情况：

（1）引文独立且完整。此时，引号内用点号，引号外无点号。在这种情况下，引文单独成句，直接引用的内容一定是完整的句子或句群。例如：

① 而中国最有智慧的圣人孔子也只是说：“未知生，焉知死？”

“知之为知之，不知为不知，是知也。”（何怀宏《心存敬畏》）

② 一到这些名山大川异地胜景，总会有一种奇怪的力量震荡着我，几乎忍不住要呼喊起来：“这是我伟大的、亲爱的祖国——”（宗璞《西湖漫笔》）

③“良辰美景奈何天，赏心乐事谁家院，朝飞暮卷、云霞翠轩……”“小燕子，穿花衣，年年春天来这里……”若非亲眼所见，很难相信这意蕴悠远、唱腔缠绵的中国昆曲经典选段和充满至纯童趣的民谣，竟出自一群英国北爱尔兰孔子课堂的小学生之口。（《人民日报》）

（2）引文独立但不完整。此时，引号内不用标点号，引号外有点号。在这种情况下，需要依靠上下文来表达意义。例如：

④“看花苦为译秦名”，我也就不译了。因而也就不分什么花什么花，只是眼花缭乱而已。（季羡林《海棠花》）

⑤“耻于做真诚状的自我表白”，或许是我和同龄人的通病。（戴锦华《去而复归》）

⑥ 富岁子弟多赖（即懒），凶岁子弟多暴，“非天之降才而殊也”。（林语堂《孟子说才志气欲》）

（3）引文不独立，前无停顿，后有停顿，不完整。此时，引号内不用点号，引号外有点号。例如：

⑦ 可是说来更加惭愧，是多年来，虽然歪诗里曾写“愁看并刀割鲤鱼”，却始终未能发慈悲心，上馆子只吃小葱拌豆腐，不吃

烤鹅。(张中行《关于信佛》)

⑧ 又想请梁之儿媳妇林徽因“写梁先生的最后多少天”，同时也担心“不知她在热孝中能有此心情否”，故要胡适见面时代询。(夏晓虹《寂寞身后事》)

⑨ 这也许侮辱了女人。但我确是个不辨方向的动物，往往“欲往城南望城北”。(杨绛《冒险记幸》)

(4) 引文不独立，前无停顿，后有停顿，完整。此时，引号内不用点号(问号、叹号保留)，引号外有点号。例如：

⑩ 荆轲入秦刺秦王，燕太子丹饯荆轲于易水之上，临行荆轲歌“风萧萧兮易水寒，壮士一去兮不复还”。(黄拔荆选注《元明清词一百首》)

⑪ 因此，所谓利用语库基于统计的研究策略，具体说就是“由计算机对语料（一般是熟语料）进行统计得到语言知识（一般表现为参数)，再利用得到的参数对语料进行分析，根据分析得到的反馈结果来调整已有的参数，从而提高分析能力”。(陆俭明《现代汉语语法研究教程》)

⑪ 而跳槽又有可能碰到的尴尬，真是“进亦忧，退亦忧，然则何时而乐焉?”。(CCL语料库)

⑬ 在剧院内，人们疯狂地高呼“胜利万岁!”，在剧场外，在街道上，人们却几乎安静得可怕——这是个吓人的对比。(约翰·托兰《从乞丐到元首》)

(5) 引文不独立，前后都无停顿，不完整。此时，引号内外均不使用点号。例如：

⑭ 情绪低沉，音调哀伤，体现了“亡国之音哀以思”的特点。（王充闾《土囊吟》）

⑮ 每当想起鲁迅夫子“以窗下为活人的坟墓”一语，就有几分不自在，对自己的生活方式有刹那的怀疑，尽管“刹那”之后，仍安坐床下——早已知自己的无药可救，也从未认真地打算自救。（赵园《窗下》）

⑯ 曹魏时的子健写“洛灵感焉”的姿致，用了“神光离合乍阴乍阳”这样八个字。（俞平伯《湖楼小撷》）

（6）引文不独立，前后都无停顿，完整。此时，引号内无点号（问号、叹号保留），引号外亦无点号。例如：

⑰ 碑阴处刻着郭老赞颂大寨“凶年夺大熟”的诗，中有“红旗毛泽东，红遍天一角”云云。（李书磊《山西访旧》）

⑱ 此时再追问“人生果为何来?”或“我为何来?”已经晚了。（梁漱溟《人生的意义》）

⑲ 你可说有“虽千万人，吾往矣!”的气概，也有“杀身成仁，舍身取义”的精神，这又该怎样说呢？（李敖《李敖对话录》）

（7）引文不完整，不独立，前有停顿，后无停顿。此时，引号内外均无点号。例如：

⑳ 国际法是国家间通过平等的协议制定的，国家的善意履行是国

际法有效性和国际法律关系稳定性的根本基础。因此，“约定必守”是国际法的最基础的规范之一。(CCL 语料库)

㉑ 可是，“廉价劳动力优势”让投资者不愿更新技术、不愿投入研发，没有人工成本压力自然也就没有发展前进动力，这走的是一个恶性循环。(中国青年网)

(8) 引文完整，不独立，前有停顿，后无停顿。此时，引号内无点号（叹号和问号保留)，引号外无点号。例如：

㉒“多美啊，黄山！”是感叹句特定的主语和谓语倒装的形式。(贺阳、沈阳主编《语言学概论》)

㉓“如何使今天的孩子感动？”这一命题的提出，等于先承认了一个前提：今天的孩子是一个一个的“现在”，他们不同于往日的孩子，是一个新形成的群体。(曹文轩《追随永恒》)

㉔ 因此，“大雅久不作，天下多小品”（笔者曾有此一叹！）的局面其来有自，原本是不足为怪的。（朱正琳《读小品而识大雅》）

**2. 为何当引号表示引用且引文完整时，不论是否独立使用，都要保留句末的问号和叹号？**

答：GB - B. 2. 1 规定：“当引文完整且独立使用时，或虽不独立使用但带有问号或叹号时，引号内句末点号应保留。”首先，既然引文是完整的句子或句群，那么其一定有句末点号。其次，句末点号中的问号和叹号不同于句号，问号和叹号往往表示强烈的感情，如果去掉会在一定程度上影响文意的表达。因此，当引文本身带有问号或叹号时，不论是否独立使用，理论上对这两种标点符号都应当予以保留。

以引文作为修饰语为例。当引文本身完整带有问号与叹号，或有多个句子连用问号与叹号时，建议保留问号与叹号。例如：

① 她的作品之感人心腑多半归功于作者善于处理这种“孩子们遭到什么啦?”的焦急情绪。(《读书》)

② 鹿苑镇巨桥村在70多名党员中开展“当初入党为什么？现在为党干什么？今后为党留什么?”的讨论，增强了党组织的凝聚力和战斗力。(《人民日报》)

③ 正冒着大雨奋战在安润江拦河坝上的志愿军战士们，忽然听到“救命啊!”的喊声，青年团员谢培彦抬头一看，一个大浪打翻了正在江中划行的小舟,9名朝鲜农民落入江水中，落水的老乡被大浪抛出来又卷进去，情况危急。(洪学智《抗美援朝战争风云录》)

④ 在论坛闭幕式上，一些外国妇女打出了“世界妇女万岁！中国妇女万岁!”的横幅。(《人民日报》)

**3. 当引号不表示引用，引号内容作修饰语时，要保留问号和叹号吗?**

答：不需要。当引号不表示引用，而是表示强调时，引号内的成分属于纯粹的修饰语，本身并不表现句子的停顿、语气和语调，不带有句末点号，不保留问号和叹号。例如：

① 先是蹲机关里的“牛棚”，接受无休止的批斗，后来是送往郊县一处海边盐碱地上参加被监督的“劳动改造”，从心存壮志的壮年到白发苍苍的老年，受尽了肉体的痛楚和精神的折磨。

"为什么"的疑问也一直盘旋在我的心头，无法消除。(CCL语料库)

② 而营销工作的实施则是要解决"由谁去做"、"在什么地方做"、"在什么时候做"和"怎样做"的问题。(《哈佛管理培训系列全集》)

③ 例如"(我)有点不舒服""你看过(这本书)吗"等。(贺阳、沈阳《语言学概论》)

**4. 引号内外的括号如何使用?**

答：主要可以分为五种情况：

(1) 当引号表示引用，括号内指明出处，或注释所引用的内容，或作补充说明时，括号都放在引号外。例如：

① 如海克尔(Louis M. Hacker)在最近出版的《美国资本主义的胜利》中就说："在极权国家里面，国家已将全(社会经济)领域控制在手，无论企业经济或私人行动，都变成官僚政治的关切对象。至于美国方面，虽则官僚政治在羽毛未丰时代，尚能响应民主主义的过程，然而国家资本主义的势力，亦在日趋雄厚。"(见陈译本，第十八页)(出处)

② 就是解放以后，在50年代，仍然有些人把专事考据的史学文章、著述，捧得极高，认为这才是"真正的学问"，而把运用马克思主义理论分析史料的文章，贬为"流感"(即流行性感冒，一阵子即消失的意思)，不是"真学问"。(注释)

③ 移情说的一个重要代表立普斯反对从生理学观点来解释移情现象，主张要专用心理学观点，运用英国经验主义派的"观念联

想”（特别是其中的“类似联想”）来解释。（补充说明）

(2) 引号表示强调，出现中外对译的情况。

此时，如果被翻译的词语或句子需要强调，或者是尚未普及的词语，翻译不属于被注释的一部分，那么被翻译的词语用双引号标注，括号中的译文紧跟在引号后面，例如：

④ 伊根（G. Egan）把共情分为两种类型。一种是“初级共情”（primary empathy），其含义接近于罗杰斯提出的共情定义，它往往与咨询技巧中的参与技巧有关；第二种是所谓“高级的准确的共情”（advanced accurate empathy），这对咨询者有更高的要求，需要运用咨询技巧中的影响技巧来直接影响来访者。（CCL 语料库）

⑤ JPL 报告在三座山谷中发现了或许是“直线或曲线”的形状，埃尔金斯将它们标注为 T1、T2 和 T3，T 的意思为“目标”（target）。（《华夏地理》）

⑥ 比较经典的是“群策群力”（work-out）管理模式，work-out 模式起源于杰克·韦尔奇的时代。

(3) GB4. 9. 3. 1 提到，括号本就有标注汉语拼音的功能。当引号内是被标注拼音的字时，括号放在引号内。例如：

⑦ 我的那些昔日一块套过牛，砍过柴，偷过红苕蔓子和豌豆的伙伴会坐满我家旧院子，我们吃纸烟，喝烧酒，唱秦腔，全晕了头，相互称“哥哥”，棣花街人把“哥哥（gē）”发音为“哥

哥（guǒ）”，热闹得像一窝鸟叫。（贾平凹《秦腔》）

⑧ 有些词通过内部屈折改变词类，例如，“好（hǎo）球”——“好（hào）打球”、“长（cháng）短”——“生长（zhǎng）”、“作恶（è）——可恶（wù）”。

（4）当括号内的文字属于省略的成分，在添加内容后，与引号内的其他成分形成整体时，括号应放在引号内。例如：

⑨ 从人类语言的共性看，与时间概念关系最密切的莫过于空间—视觉概念。例如汉语的“日”“月”“天”“周”“钟”“头（天）”“（岁）尾”“上（周）”“下（周）”“中（旬）”“前（天）”“后（天）”“白（天）”“长（夜）”“大（前天）”“来（年）”“去（年）”“过去”“将来”“现在”等等。（CCL语料库）

⑩ 绝大多数动词需要原材料，如“盖（房子）、做（衣服）”等。（CCL语料库）

（5）当括号内与引号内的成分存在同位关系时，即括号内与引号内的成分之所指相同，括号应置于引号内。例如：

⑪ 还有一些药物煎法比较特殊，取药时往往单独成包：或因其质重、质坚不易出味，而必须“先煎”；或因其气味芳香，容易走味，而必须“后下”；或混煎后药汁混浊，刺激咽喉，而采取“包煎”；或药物昂贵，煎后易造成浪费，而采取单独“炖服”或“另煎”；或药物是胶质，黏性大，而进行“烊化（熔

化）”；或药物为汁、末、丸、丹，无须煎煮，而要求“冲服”等。(温长路《民谣谚语话养生》)

⑫ 卜辞中“每（悔）”用为动词，指加祸，“弗每（悔）”为“若”的同义复述，是占验术文的惯用句式。(CCL 语料库)

## (二) 括号内外

**1. 行文中括号内的标点应如何处理?**

答：括号内点号的用法可以分为句内括号内标点和句外括号内标点两种。

(1) 句内括号内标点又分为两种情况，即句末标点和起着标号功能的点号。

第一，句内括号中的内容末尾通常不使用标点符号。如果句内括号中的内容不止一个句子，在行文中已经用到了句号，那么其末尾也不使用任何点号，但建议过长的句子不要出现在括号中。例如：

① 大家都等待着，不耐烦地拾起火钳在石头上轻敲（因为这个火炉实际是几个石头砌成的圈子）。(何其芳《路边夜话》)

② 姑母由我父亲资助，在苏州景海女中上学。我亲戚家有一位小姐和她同学。那姑娘有点“着三不着两”，无锡土话称为“开盖”（略似上海人所谓“十三点”，北方人所谓“二百五”）。(杨绛《回忆我的姑母》)

③ 你得用足生命来读。慢一点儿，再慢一点儿。每一句话都不能放过（就像你的文字仅仅属于深夜和拧成结的经历一样。你不会有得好的时候。什么都别记住也得记住这一点）。（刘烨园《榫》）

GB－B. 2. 2 规定："括号内行文末尾需要时可用问号、叹号和省略号。除此之外，句内括号行文末尾通常不用标点符号。"因此，根据行文的需要，句内括号中的内容末尾可以使用问号、叹号或省略号。例如：

④ 那还是有些闷热的季节（夏天吗？秋天吗?），当他背着一捆大大的刺蓬菜走在沙滩上，流着汗水，突然遇到这么一片有着广阔荫凉的大树林时，他几乎要欢叫起来……（张炜《秋天的愤怒》）

⑤ 在北方的农民的传说里，灶王爷是有名有姓的，他姓张，名叫张三（你听听这名字!），而且这人是没出息的，他因为做了什么见不得人的事（什么事，我忘了）钻进了灶火里，弄得一身一脸乌漆墨黑，这才成了灶王。（汪曾祺《水母、葵·薤》）

⑥ 总之，是靠自己双手劳动生活，而且令堂和您也都靠她（唉，见鬼，您又皱眉了……），于是我决定把我的钱（当时我可以拿得出三万卢布来）都送给她，让她跟我一起私奔，哪怕逃到这里，逃到彼得堡来也行。（陀思妥耶夫斯基《罪与罚》）

第二，问号和叹号插入句中，紧跟其所强调的某一成分，表达作者某种强烈的震惊或存疑。这种特殊的用法并不表示特定的句末语气和停顿，点号起着标号的作用。例如：

⑦ 应该说这是一个独特的地方，一块具有鲜明特色的土地，这块土地上繁衍着一个排泄无臭大便的家族（?）种族（?），优秀的（?），劣等的（?）……（莫言《红蝗》）

⑧ 落第考生的这些道听途说被一位官员听到了，就到顺治皇帝那里

奏了一本，顺治皇帝闻奏后立即（!）下旨，正副主考一并革职，把那位考生方章钺捉来严审。(余秋雨《流放者的土地》)

(2) 句外括号中的行文末尾可以使用句号、问号和叹号。GB－B.2.2 规定："句外括号行文末尾是否用句号由括号内的语段结构决定：若语段较长、内容复杂，应用句号。"可见，是否使用句号，应根据括号内话语的结构来决定：如果括号中的内容为句子或句群，那么末尾应使用句号；如果括号中的内容是词语，那么末尾就不用句号。例如：

⑨ 他们带着的这些东西，已经是他们财产的全部了，不是因为锅里等着米去煮饭，他们未必就肯送进当铺，永远不能再见面。(他们当了以后永远不能取赎，这也许就是当下当铺营业没有利益的一个原因吧?)(茅盾《故乡杂记》)

⑩ 只有嘲弄的笑声从窗户传来，这声音使他永远蒙受羞辱。(等一等！多么奇特的警句！毕竟，自杀成功与否都是同样的行为，出于同样的动机，需要同样的勇气！那么，怎样区别悲剧和可笑呢？仅仅靠偶然的成功？到底怎样区别渺小和伟大呢？告诉我们，莱蒙托夫！仅仅靠舞台道具吗？手枪还是裤子上的一脚？仅仅靠历史把布景推到舞台上吗?)(《生活在别处》)

⑪ 1943 年 2 月 18 日，应美国国会邀请，我曾在美国参众两院发表演讲。那时我说过，我在儿童时代便来到美国，在这里读完大学，度过了我的青年时代，所以我把美国当作第二故乡。今天再来到这里感到非常高兴。(掌声)(陈廷一《宋氏家族全传》)

⑫ 念的是焰口施食开十六本经，一边念一边撒米撒小馒头。(拍

手）（郭德纲《相声集》）

**2. 行文中括号外的标点应如何处理？**

答：括号外点号的用法可以分为句内括号外点号和句外括号外点号两种情况。

（1）GB－B. 2. 2 规定："句内括号外是否使用点号取决于括号所处位置。"如果句内括号处于句子停顿处，那么应用点号；反之，则不使用点号。例如：

① 替一个判定犯有通奸罪的人呼冤叫屈——即便此人不是杀人犯（这个有谁知道呢？），在教会里能这么乱来一气吗？（西奥多·德莱塞《美国悲剧》）

② 阳光很快就把蓝色的头巾晒热，她的脸在蓝头巾下感受到了太阳的温暖，呼出的气流把头巾吹得轻轻翕动，尽管她紧闭着眼，还是感觉到无数个绿色光点在蓝头巾上跳动（那天她坐在窗下纺纱，头插一朵石榴花）。（莫言《金发婴儿》）

③ 当年"铁人"王进喜的这一形象早已成为人们心目中劳模的"标准像"，人们对劳模还有一些不成文的理解，如应该是不超过兵头将尾的工人（当年的王进喜是钻井队队长，时传祥是清洁队长，倪志福是工人技术小组组长……）。（CCL 语料库）

（2）当句外括号整体作为对上文的解释时，不是上文的一部分，括号外不再使用点号。例如：

④ 这一带人民对于这个野草的叫名，其音正是读如"潜麻"，不是读如"寻麻"的。（四川有些地区也叫"蕁麻"，"蕁"字音

蝥。这个野草枝叶上有许多刺毛，触人皮肤，痛如蜂子蜇了似的，所以叫“蝥麻”。“蝥”就是“蜇”的意思。）（语言研究所方言组《方言调查词汇表》）

⑤ 什么叫作双声、叠韵？用现在的名词来解释，双声就是两个字的声母相同，叠韵就是两个字的韵母和声调都相同。（如果不是完全相同，而只是相近，就只能叫作准双声，准叠韵。也有人不加分别。）（吕叔湘《语文常谈》）

⑥ 可是，看吧，警察分队长，宪兵分队长，检查站站长，出恭入敬的时候，都有人向他们敬礼，敬礼是这样的，两个鞋后跟用力相碰，身子笔直，双目注视，把右手放在眉毛旁边。（这是一种学问，深恐大家不晓得，所以本大官稍加说明。）（老舍《民主世界》）

**3. 括号处于句子停顿处时，为什么有的句内括号内已经保留了点号，括号外仍应使用点号？**

答：行文中的句内括号一般只保留问号、叹号、省略号和破折号，因为它们有表示特殊语气的作用，省略会造成表达效果的减弱或缺失。因此，此时应保留括号内的点号，括号外使用恰当的点号。例如：

① 而对企业家来讲他要考虑的事情就有很多，他要考虑到公司员工，要考虑市场、顾客，他没有别的选择，他只能去管理更多的资源，也许有时他不一定喜欢的各种各样资源他都要去管理（人力、机器……）。（CCL 语料库）

② 李大爷正准备出门的时候，突然有双熟悉的手蒙住了他的眼睛（这，这难道是——），他笑道：“小毛孩，别闹了，我知道是

你。”（CCL 语料库）

③ 结果非党干部称党为“最高当局”（这是最严酷的讽刺，不幸竟有人闻之沾沾自喜!），有的消极不敢讲话，有的脱离我们以至反对我们，进步分子则反为我忧虑。（邓小平《邓小平文选》）

④ 昔有婆子，搭了一个庵子，供养一位僧人在庵子里面修行达二十年之久，常教二八妙龄女子给他送饭（将饭与人吃，报恩有分乎?）。(元音老人《佛法修正心要》）

⑤ 西湖和古诗实为一体（删去了诗词曲赋的西湖还是西湖吗?），那么，用现代词曲写这一泓西湖，难就难在这就相当于用现代诗去写一首古诗!（陈东东《只言片语来自写作》）

## （三）破折号前后

**1. 破折号之前可以用标点符号吗?**

答：破折号的前面一般是不用标点的，因为破折号本身有语音停顿的作用。当读到破折号时，语音上自然停顿，所以省略它前面的点号不会影响意义的理解。但是，GB－B. 2. 3 规定：“破折号之前通常不用点号，但根据句子结构和行文需要，有时也可使用句内点号或句末点号。”因此，破折号在标示话题转换或者补充、总结上文时，前面可以加上句内点号或句末点号，且以句末点号更为常见，显示出破折号所解释说明的是前面整个句子。例如：

① 任你选一个方向，任你上一条通道，顺着这带着草味的和风，放轮远去，保管你这半天的逍遥是你性灵的补剂。——这道上有的是清荫和美草，随地都可以供你休憩。（徐志摩《我所知

道的康桥》)

② 荀子学问虽好，却反对人欲；主张制礼节欲，以性为恶，以善为“伪”。——这一脉思想戕贼人以为仁义，如戕贼杞柳以为桮棬，与告子一样，故必流于虚伪冷酷。(林语堂《孟子说才志气欲》)

尤其是当破折号前面是叹号或问号时，点号不能省去，不然前面句子的语气不能表现出来。例如：

③ 我已经咽下肚了，反正迟早要杀头，还怕打？——人到了这一步，说什么也多余的了。(余秋雨《历史的暗角》)

④ 清香还在，母亲走了！——窗内窗外，互相辉映的，只有月光，星光，泪光。(冰心《超人》)

**2. 破折号之后需不需要用标点？**

答：GB-B. 2. 3规定：“破折号之后通常不会紧跟着使用其他点号；但当破折号表示语音的停顿和延长时，根据语气表达的需要，其后可紧接问号或叹号。”因此，在疑问句中，当破折号用在最后一个词后面表示声音的停顿或延长时，其后应该加上问号，以同一般陈述句相区别。同理，在感叹句中，当破折号用在最后一个词后面表示声音的延长，以及表达强烈的感情色彩时，可以在破折号之后加叹号。例如：

① 胡雪岩试探着问：“大人的意思是——?”(高阳《红顶商人胡雪岩》)

② 顺便问一句，黑兹先生，她母亲是——? 噢，我懂了。(纳博

科夫《洛丽塔》)

③ 他用令人厌恶同时又令人开心的醉鬼腔调大吼了一声:“娘——!”(莫言《丰乳肥臀》)

④“噢,请吧,快请里边坐。”女掌柜边忙着将母子三人让到靠暖气的第二张桌子旁,边向柜台后面大声吆喝,“清汤荞麦面一碗——!”当家人探头望着母子,也连忙应道:“好咧,一碗清汤荞麦面——!”(CCL语料库)

## (四)省略号前后

**1. 省略号前的标点应如何处理?**

答:省略号前一般不使用点号,但有两种关系除外。GB-B.2.4提到,“省略号前的句子表示强烈语气、句末使用问号或叹号时;省略号前不用点号就无法表示停顿或表明结构关系时”,应当使用点号。下面对这两种情况分别举例说明。

(1)省略号之前不用点号就无法表明结构关系或停顿时,应用句号或逗号。在这种情况下,省略号表示的不是前面成分本身的省略,而是前面成分之后的省略或语意未尽。如果句末不用句号,就无法标明前一句子的完整和独立;如果句中不用逗号,就容易让人产生“省略号到底表现的是前面内容还是后面内容”的疑惑。例如:

① 他说:“夫正史尚直笔,小说尚曲笔,体裁原是不同,而世人之厌阅正史,乐观小说,亦即于此处分之。……文以载事,即以道情,……是即历史小说之特长也。”(CCL语料库)

② 徽因走到车厢门口,极力向窗外望去,窗外只有望不透的黑

夜。志摩的诗句蹦了出来："……火车噙着轨，在黑夜里奔，过山，过水，……就凭那精窄的两道，驮着这份重，梦一般的累赘！……"（张清平《林徽因》）

③ 卖柴的："不能怪你呀，……如今的世界，凡是人都不能不怀疑他啊。……惭愧的是我，……我自己就摸不清自己的心眼。"（黑泽明《罗生门》）

（2）当省略号前的句子表示强烈语气，句末使用问号或叹号时，应保留句末点号。例如：

④ 众大臣哭灵以后，左右四顾，不见皇长子。大臣刘一璟问道："皇长子在哪里？皇长子在哪里？……"问了好几声，没有人回答。（李文澄《努尔哈赤》）

⑤ 天气愈冷了，我不知道柔石在那里有被褥不？我们是有的。洋铁碗可曾收到了没有？……但忽然得到一个可靠的消息，说柔石和其他二十三人，已于二月七日夜或八日晨，在龙华警备司令部被枪毙了，他的身上中了十弹。（鲁迅《为了忘却的纪念》）

⑥ 等了半天王德转了念头："隐士也许死了，这是他的孤儿寡妻，那就太可怜了！……人们都要死的，不过隐士许死的更快，因为他未到死期，先把心情死了！……人是奇怪东西，生来还死。死了还用小木匣抬着在大街上示威。……"（老舍《老张的哲学》）

⑦ 他们全都是贼，他妈的，没有一个不是贼！……他们从我们送给蒋的38亿美元中，偷了7亿5千万美元。（陈廷一《蒋氏家

族全传》)

**2. 省略号后的标点应如何处理?**

答:省略号之后一般不使用点号,但以下情况除外:

(1)为了表达一种强烈的语气或感情,省略号之后可以使用叹号或问号。例如:

① 送走马玉鸣之后回到家里,妈妈就是那样坐在她房间里等着她,对她说:“说心里话,海涛,我很失望……!”说这话时妈妈的眼睛里竟然是含着泪水的。(CCL 语料库)

② 高尔基是正面地肯定了人。他通过一个人物的口说:“人——这就是真理……!一切属于人,一切都为人!”(曾卓《作家与战士》)

③“你怎么啦?”那男人停住了手中切肉的刀子。“我……?”乌日娜出了一身冷汗。(郑万隆《空山》)

(2)省略号后有停顿,表明前文已结束。此时,为了清楚地标明上下文的结构关系,应当在省略号后面使用点号。例如:

④ 她用感激的泪眼,盯着柯汝洞,断断续续地说:“你……你……不要为俺……。你自己……好好保重……”话还没有说完,就歪头靠在柯汝洞怀里,咽气了。(李文澄《努尔哈赤》)

⑤ 根据《搜神记》、梁陶弘景《真诰》等书的记载,赵公明原是道教中冥神、瘟神一类的神灵。但元明之后,道书及民间相传

赵公明因护张天师丹炉有功，封正一玄坛元帅，“驱雷役电，唤雨呼风，除瘟翦虐，保病禳灾……。至如讼冤伸抑，公能使之解释公平；买卖求财，公能使之宜利和合。”（阴法鲁、许树安主编《中国古代文化史》）

(3) 在特定的格式下表示特定虚缺时，省略号之后可以使用点号。例如：

⑥ 一边……，一边……

⑦ 既……，又……

⑧ 因为……，所以……

**3. 省略号的前后能否出现顿号？**

省略号的前后不能出现顿号。也就是说，省略号不能用于顿号之间，二者同时使用是冗余的。例如：

① a. *从4月18日早上八点十五分（舰上时间，下同）开始，杜立特的飞机（#1）首先起飞，依次为#2、#3、……、#16，到九点十六分，十六架B25全部起飞完毕。(误)

b. 从4月18日早上八点十五分（舰上时间，下同）开始，杜立特的飞机（#1）首先起飞，依次为#2、#3……#16，到九点十六分，十六架B25全部起飞完毕。(浙江新闻网)(正)

② a. *因此在进行七级像差校正，可以格偏转线圈由前至后（枪端）分为七个区，分别是二、六、……、十四分量起作

用。(误)

b. 因此在进行七级像差校正，可以格偏转线圈由前至后（枪端）分为七个区，分别是二、六……十四分量起作用。(BCC 语料库)(正)

## (五) 分隔号前后

**1. 分隔号前后的标点该如何处理？**

答：GB－A. 14 规定：“使用分隔号时，紧贴着分隔号的前后通常不用点号。”实际上，分隔号与点号可以连用，只是它们的连用需要分情况而言，具体有下面两种情况：

(1) 分隔号用于隔开诗行时，当分行的诗句改写为不分行的分隔形式后，如果原诗本身带有标点符号，那么分隔号可以与标点连用，反之不连用。而且，在这种情况下，单个分隔号表示诗行的分隔，连用两个分隔号表示此处比一般的诗行停顿更长，通常为段与段之间的间隔。例如，示例①是原诗，示例②是用分隔号对诗句与诗句之间进行分隔。

① 说——
却不要从里挑错，
给你的言说以感觉，
给它以阴影
给它足够的阴影，
给它这样多
好像你已知在午夜与正午与午夜之间
怎样给自己分配。

看看四周：
看它多么活跃地围绕着——
死亡！活跃！
唯有那言说阴影，说着真实。
但是现在收缩你所在之地：
此时去哪里，脱去阴影者，你将何往？（保罗·策兰《你也说》）

② 在《你也说》一诗中，这“阴影”反复现身：“给你的言说以感觉，/给它以阴影//给它足够的阴影/……/唯有那言说阴影，/说着真实。//但是现在收缩你所在之地：/此时去哪里，脱去阴影者，你将何往？”（任绪军《“作品弄空了自己”——对策兰诗歌〈作品〉的解读》）

（2）分隔号用于标示诗文中的音节节拍，当原诗句本身有标点符号时，分隔号便可与标点连用，反之则不连用。分隔号隔开的是诗行内部的音节，表示诗句内的节奏停顿，一个分隔号表示一个音步，连用两个分隔号表示比音步时间更长的停顿，多用于对诗歌的韵律分析。例如：

③ 我已早早地收拾好谋生的工具，回到
她在纳匝勒的火炉边；给锯片松了弦，
把墨线晾干，旋回墨盒，小心地放好，
不担心斧头或凿子会生锈，任其自然。（李建春《圣诞之旅》）

④ 从第一节开始，每行大致定为六个音步，如：我已/早早地/收拾好/谋生的/工具，/回到//她在/纳匝勒的/火炉边；/给锯片/松了/弦，//把墨线/晾干，/旋回/墨盒，/小心地/放好，//

不担心/斧头/或凿子/会生锈，/任其自然。（周伟驰《当代中国基督教诗歌及其思想史脉络》）

**2. 古诗使用分隔号时，分隔号应该与其他标点连用吗？**

答：在划分诗句的音节节奏时，建议分隔号不连用标点符号，仅用于划分诗句内部的停顿节奏。例如：

③ 秋风/萧瑟//天气凉，草木/摇落//露为霜。
群燕/辞归//雁南翔，念君/客游//思断肠。（曹丕《燕歌行》）

## （六）书名号内外

**1. 书名、篇名末尾可以加问号、叹号和省略号吗？**

答：可以。GB－A. 13. 5 规定："书名、篇名末尾如有叹号或问号，应放在书名号之内。"如果书名或篇名末尾本身带有问号或叹号，那么应该放入书名号之内。这是因为在标题中使用问号或叹号，可以突出疑问或感叹的语气，让标题更为醒目。在实际运用中，省略号也能在书名、篇名末尾出现，其位于书名号内。例如：

①《俄土"战机门"，危机还是契机?》（《解放日报》）
②《北京，你早!》（中新社）
③《今生，我欠母亲的……》（周修鸿《南方文学》）
④《等待啊，追寻啊……》（吕剑《诗刊》）

**2. 书名号内外的括号在使用上有何不同？**

答：书名或篇名有时带有括注。GB－A. 13. 4 规定：“如果括注是书名、篇名等的一部分，应该放在书名号之内，反之则应放在书名号之外。”下面举例说明。

（1）当括注表示的是文件的性质或类别，且为文件名称的一部分时，括号内的成分不可灵活移动，括注应放在书名号之内。例如：

①2003 年 12 月，中共中央颁发《中国共产党党内监督条例（试行）》，第一次以党内法规形式对党内监督重点、途径和办法等重大问题作出全面规定，明确提出党内监督的重点对象是各级领导机关、领导干部，特别是各级领导班子的主要负责人。（《中国的民主政治建设》白皮书）

②《四川大学学报（哲学社会科学版）》

③应市人大常委会邀请，部分委员参与了对修改《中华人民共和国国家勋章和国家荣誉称号法（草案）》和《国家赔偿法（草案）》的讨论，提出了意见和建议。（CCL 语料库）

④《现代汉语（上）》

⑤由中国标准出版社与西安大东国际数据有限公司合作出版的《中国国家标准文本数据库光盘（农业卷）》将于明年第一季度推出。（CCL 语料库）

（2）当括注表示不同版本、包装、纸张的说明时，如书籍的“修订本”“重排本”“精装本”，又如刊物的“合订本”、报纸的“海外版”等，都不属于书报名本身，括注建议放在书名号之外。例如：

⑥ 我上回寄过《归去来辞》(复印件) 给你吧?(张昌华《文人的风度》)

⑦ 1990年以后，藏文《中华大藏经·丹珠尔》(对勘本)、《藏汉对照西藏大藏经总目录》等陆续整理出版。(《西藏的民族区域自治》白皮书)

⑧ 据《胡适的日记》(手稿本) 所记,1933年3月3日，因热河危机，胡适约丁文江、翁文灏致电蒋介石，望蒋能亲临指挥、挽救热河；3月13日，胡适与丁文江、翁文灏、刘子楷等去见蒋介石。(CCL语料库)

⑨《她的中国心》在《人民日报》(海外版) 发表后，我国留日学生将载有该文的报纸剪下来贴在墙上。(CCL语料库)

⑩ 正如王力先生主编的《古代汉语》(修订本) 第一册在谈到“隙克伤于矢”这类被动句时所指出的：当说话人有必要运用被动句时，一般在动词后面加用“于”字以引进行为的主动者……(谢质彬《古代汉语反宾为主的句法及外动词的被动用法》)

⑪ 比如黄伯荣、廖序东主编的《现代汉语》(增订版) 中，是在说明动态助词“着、了、过”的时候才介绍由它们表达的几种体。(左思明《现代汉语的“体”概念》)

(3) 当括注为编著者、年代、地点、翻译或发行出处的说明时，其同样也不属于书名、篇名本身，括注也应放在书名号之外。其中，示例⑫是著者，示例⑬是发行说明，示例⑭是翻译，示例⑮是年代，示例⑯是出处，示例⑰是作者。例如：

⑫ 会议的中心议题是：道教与科学。主要论文有：《道教与科学》（席文）、《刘一明的哲学——道教精神修炼之研究》（宫川尚志）、《道教与中国历史上的反迷信运动》（酒井忠夫）……（卿希泰《中国道教》）

⑬ 按照《黑龙江省会计从业资格管理实施办法（试行）》（黑财会〔2005〕7号）规定，县级以上财政部门负责本行政区域内的会计从业资格考试、证书颁发和管理，各地不得违规受理非本行政区域内的考生报名和考试。（黑龙江省财政厅办公室公告）

⑭ 2007年发表在《毒理学评论》（Critical Reviewsin Toxicology）上的综述指出：迄今为止，没有证据表明阿斯巴甜有安全性的问题。（云无心《吃的真相》）

⑮ 我检查《百孝图》和《二百册孝图》，画师都很聪明，所画的是曹娥还未跳入江中，只在江干啼哭。但吴友如画的《女二十四孝图》（1892）却正是两尸一同浮出的这一幕，而且也正画作“背对背”，如第一图的上方。我想，他大约也知道我所听到的那故事的。（鲁迅《朝花夕拾》后记）

⑯ 读《庚子梨园恨》（苏立群著，中国文学出版社）为一代红妓名伶的沉浮感慨，也使我联想到了当前京剧的困境。（CCL语料库）

## （七）同一标点符号的连用

**1. 问号可以连用吗？连用有什么规则？**

答：可以连用。GB4. 2. 3. 3 规定：“在多个问句连用或表达疑问语气加重时，可叠用问号，通常应先单用，再叠用，最多叠用三个问号。在没有异常强烈的情感表达需要时不宜叠用问号。”也就是说，问号的连用一般出现于疑问语气循序渐进加重的过程中。例如：

① 比如说宰予说父母死了为什么要三年丧呢？三年的时间太久了，短一点行不行呢？一年行不行呢??这个行不行没有科学根据呀，也没有逻辑的证明的。(CCL语料库)

② 霍守谦笑：“杜青云会不会这么不小心？这么天真??”(梁凤仪《九重恩怨》)

③“站住！找谁？证件??听见没有???”……高个子的门卫向我走来。(梁贵《十七八岁的人生》)

为了表现特别强烈的疑问语气，也可以将两个或三个问号叠用，但是使用需要慎重。只有在若不叠用叹号，会影响句子强烈的情感表达时，才可叠用。例如：

④“就在我家开个宴会。雉子彦你也要来的吧??”(大江健三郎《日常生活的冒险》)

⑤ 苓：(自长条柜上取酒一瓶，酒杯一只）要是你现在又喝醉了，要是我又告诉你我表哥说的都是真话，那你会不会又像昨天一样??(张爱玲《情场如战场》)

⑥ 没人知道，其实，赵子龙气喘吁吁地说——“张飞这个×××的！先把当阳桥吼断了，让我殿后又不给张地图……这长坂坡到底在哪里呀???”(李承鹏《寻人启事》)

**2. 叹号可以连用吗？连用有什么规则？**

答：可以连用。GB4.3.3.3 规定：“表示声音巨大或声音不断加大时，可叠用叹号；表达强烈语气时，也可叠用叹号，最多叠用 3 个叹号。在没有异常强烈的情感表达需要时不宜叠用叹号。”叹号的连用一般出现于声音或语气不断加大的过程中。例如：

① 长江告急！黄河告急！！母亲河告急！！！（CCL 语料库）

② 我首先收到信息是你们文明的幸运。警告你们：不要回答！不要回答！！不要回答！！！（刘慈欣《三体》）

③ 他用沙哑的嗓子冲店内吃饭的人高叫：“行个好，出趟车，救人！救人！！救人！！！”（CCL 语料库）

为了表现特别强烈的感情，也可以将两个或三个叹号叠用，但是使用需要慎重。只有在若不叠用叹号，会影响句子强烈的情感表达时，才可叠用。例如：

④ 有一天，三峰禅师到后院去，听到劈竹子的声音，“啪！！”一下子就打开了。（元音老人《佛法修正心要》）

⑤ 知道发射程序的我，一看起飞时间已过，竟忍不住冲着电视机就是一声吼：“紧急关机！！！”（李鸣生《澳星风险发射》）

⑥ 如果是自己参加并亲身投之于其中，该是何等的美事！！！（张平《十面埋伏》）

**3. 问号和叹号连用的形式是怎样的？**

答：问号和叹号的连用形式宜为“问号在前，叹号在后”。问号和叹号表示的是两种不同的语气，真正需要连用的情况并不多。只有在需要同时表达这两种语气，而且这两种语气都比较强烈时，才用连用的形式。GB4. 3. 3. 4 规定："当句子包含疑问、感叹两种语气且都比较强烈时（如带有强烈感情的反问句和带有惊愕语气的疑问句），可在问号后面加上叹号（问号、叹号各一）。"虽然也有"叹号在前，问号在后"的用法，但是在多数情况下，这类句子的疑问语气多于感叹语气，因此建议统一形式为"问号在前，叹号在后"。例如：

① 你说话既然还有人听，你为什么不出面去制止这场灾祸?!（邓友梅《荒寺》）

② 这种政策上不公平、机会上不均等的竞争，怎能调动各方面的积极性，怎能使竞争不扭曲和变形呢?!（CCL 语料库）

③ 科学家经过苦苦思索，想出了一个好主意：音乐号称"世界语言"，不需翻译就能被全世界人民所理解，如果把它的功能扩展一下，不是可以成为"宇宙语言"吗?!（《中国儿童百科全书》）

可以发现，以上问号和叹号连用的句子，都突出地表现了或者愤慨、或者吃惊、或者谴责的思想感情，并带有强烈的疑问语气。如果单用问号或叹号，不能产生这种突出的表达效果。

**4. 省略号连用的规则是什么？**

答：在标示段落或诗行的省略时，可以连用两个省略号（12 个连点），另起一行，不顶格。GB4. 11. 3. 7 规定："在标示诗行、段落的省略时，可连用两个省略号（即相当于十二连点）。"GB－A. 9. 1 则规定："不能用多于两个省略号（多于 12 个点）连在一起表示省略。"例如：

① 但她成功了，铁饼平稳飞旋出 25.96 米，打破了世界纪录，摘取了一块血染的金牌。比赛时，甩开双臂一转，身体转动了，假肢却牢牢钉在地面上，残腿在假肢上一拧，生生拧下一层皮，鲜血淋漓。“三铁公主”刘玉坤为了提高成绩，从站立不动投掷改为旋转投掷。

…………

我们的残疾人运动员都是普通的劳动者。他们吃着并不丰盛的饭菜，在简陋的场地上训练，买不起昂贵的器材，有人甚至要为请教练、买跑鞋发愁，有的人没有一份养家糊口的工作。他们真是“挤出来的是奶，吃的是草”。(CCL 语料库)

② *大堰河曾做了一个不能对人说的梦：

在梦里，她吃着她的乳儿的婚酒，

坐在辉煌的结彩的堂上，

而她的娇美的媳妇亲切的叫她“婆婆”

………………（误）

**5. 标有引号、书名号的并列成分之间要用顿号吗？**

答：GB4.5.3.5 明确规定：“标有引号的并列成分之间、标有书名号的并列成分之间通常不用顿号。若有其他成分插在并列的引号之间或并列的书名号之间（如引语或书名号之后还有括注），宜用顿号。”这样规定是因为，标有引号的并列成分之间、标有书名号的并列成分之间不使用顿号，并不影响对并列关系的理解。此外，当引号内的文字较多或所引内容本身带有标点时，不用顿号在形式上显得更为简洁美观，并且提高了标点的表达效率，因为引号也有一定的分隔作用。例如：

① 中国的文人，对于人生，——至少是对于社会现象，向来就多没有正视的勇气。我们的圣贤，本来早已教人“非礼勿视”的了；而这“礼”又非常之严，不但“正视”，连“平视”“斜视”也不许。(鲁迅《论睁了眼看》)

②“万物化”“万物育”“天下功”相对为文，是“功”为成也。(孙良明《王念孙的句式类比分析法》)

③ 可是，渐渐的他已把事情的经过想出个大致。渐渐的，他已能够一想起其中的任何一事件，就马上左右逢源的找到与它有关的情节来，好象幼时背诵《大学》《中庸》那样，不论先生抽提哪一句，他都能立刻接答下去。(老舍《四世同堂》)

④ 宋教仁在日本期间，翻译了《英国制度要览》《俄国制度要览》《美国制度要览》《德国官制》《各国警察制度》等工具书，为宪政民主政治做知识准备。(《策马入林：林思云、马悲鸣对话中国近代史》)

若书名号和引号的前后还有其他词语或括注，如说明、附注、连词等，则书名号之间、引号之间要用顿号。例如：

⑤ 否定之中，又见识过《活动变人形》(王蒙)、《慈航》(诗，昌耀)、《边城》(沈从文)；艾依特玛托夫（苏联）、斯坦贝克（美国）和冈林信康（日本）的各式艺术，以及有篇仅一页的兼论毛泽东和鲁迅的李新华的小文——因此，我同样不能否认他人的潜力。(张承志《致先生书》)

⑥ 蒋廷黻在《独立评论》上共发表了 9 篇《欧游随笔》，其中《经过“满洲国”》(第 123 期)、《车窗中所看见的西比利亚》

（第 124 期）、《观莫斯科》（第 125 期）、《观列宁格勒》（第 128 期）、《赤都的娱乐》（第 132 期）、《出苏俄境》（第 138 期）、《俄德的异同》（第 139 期）等 8 篇，收入由李敖主编的《蒋廷黻选集》，台北文星书店 1965 年版。（沈渭滨《蒋廷黻〈中国近代史〉导读》）

⑦ 荀子还把“名”分为“刑名”（刑罚的名称）、“爵名”（爵位名）、“文名”（礼仪之名）、“散名”（一般事物之名），这是从意义内容上所作的分类。（符淮青《汉语词汇学史》）

⑧ 依上表看来，上古人称代词具有相当整齐的系统，歌词都有对应关系：“吾”、“余”、“予”和“汝”相配；“我”和“尔”相配；“卬”和“若”相配；“台”和“而”相配；“朕”和“戎”相配。（王力《汉语史稿》）

当并列的成分较短，且并列数目较多时，为了排版的美观，我们建议用一个引号将所有并列成分标示出来，并用顿号将引号一一隔开。例如：

⑨ a. 单纯的趋向动词有“上、下、进、出、回、过、起”和“来、去”等九个。（北大中文系编《现代汉语》）（正）

b. ？单纯的趋向动词有“上”“下”“进”“出”“回”“过”“起”和“来”“去”等九个。（不建议）

⑩ 此外，大运会大学生彩虹志愿者服务团已于去年 5 月成立。志愿者将在运动会期间佩带“赤、橙、黄、绿、青、蓝、紫”七种颜色的胸标，分别负责机场迎送服务、驻地服务、场馆服务、翻译服务、交通疏导服务、车辆随行及导游服务。（新华社）

# 五、特殊情况下标点符号的使用

## （一）中英混排时标点符号的使用

**1. 中文文本夹用英文时（以下简称中英文混排）是否需要加注标点？**

答：中文文本夹用英文的，一般需要在英文部分的前后，用中文引号标示，例如：

①“克腊”这词其实来自英语“colour”，表示着那个殖民地文化的时代特征。（王安忆《长恨歌》）

②英文“humor”曾有多种译法，王国维将它音译为“欧穆亚”，李青崖意译为“语妙”，陈望道译为“油滑”，易培基译为“优骂”，唐桐侯译为“谐稽”，林语堂译为“幽默”。（余世存《近代以来最重要的话语录》）

③昨天就出了这种事，我兜里出现了一张纸条，上面写着“I love you!”，连写法都和书上一模一样，足见看《1984》入了迷。（王小波《2010》）

④对重音语言来说，词重音是词层面最重要的超音质特征，例如英语的“subject”（名词：主题）和“subject”（动词：提出）

是通过重音位置的不同来区别词性和词义的。（沈阳、郭锐《现代汉语》）

在下面三种情况中，英文部分不必加引号。

第一，人名、书名及相关的学术引用，例如：

⑤ 休谟（David Hume，1711—1776）是英国经验主义的集大成者。（朱光潜《西方美学史》）

⑥ 通常认为这类歧义句无法从表层结构上找到解释，两种不同的意思只能在 Chomsky 所谓的“深层结构”里去找解释。（朱德熙《语法分析讲稿》）

⑦ 在上海，他还编辑了传教刊物《使者》（The Messenger）多年，出版了十几部英文著作。（汪晓勤《艾约瑟：致力于中西科技交流的传教士和学者》）

第二，词典、教材、教辅读物的注释，例如：

⑧ 有的语法，如夸克语法，按一种非常狭窄的意思使用 disjunct 这个术语，指状语的一个小类。（克里斯特尔《现代语言学词典》）

⑨ 比如他所举的下面例子中的 act 与 acts 所指的“行为”都不是一时的简单动作，而是连续的复杂动作，与 action 并没有什么区别。（魏焕华《“行为”的不同含义》）

⑩ 如果亲友们感到 terrible 和 afraid，作者就不会 sat stunned，A、B 与原文矛盾，不能选。（刘绍龙《英语专业 8 级标准阅读 180

篇》）

第三，专业论文论著中的单独编排英文例句，例如：

⑪ 如果有相对应的名词形式的话，那么，做主语的一定只能是这个名词形式。试比较：

a. * Destroy the city was carried out by the Nazi soldiers.

b. The destruction of the city was carried out by the Nazi soldiers.

（程工《语言共性论》）

⑫ 下面各组句式虽然表面相似，但进一步观察之后可以发现许多系统性差异：

a. John tried to be honest.

b. John seemed to be honest. （黄正德《题元理论与汉语动词题元结构研究》）

第四，专业论文论著中的字母缩略词和英文专名，例如：

⑬ S 表示句子，VP 表示动词词组，V 表示动词，NP 表示名词词组，N 表示名词，AP 表示形容词短语，A 表示形容词，PP 表示介词短语，P 表示介词，D 表示冠词。（崔启亮等《译后编辑错误类型研究》）

⑭ 汉语偏正结构中，修饰语 NP1 是参照体，中心语 NP2 是目标体；汉语主谓结构里，也可以说主语 NP1 是参照体，谓语 NP2 是目标体。（张伯江《汉语句法的观察角度》）

⑮ 无线 Mesh 网络的配置和其他网管功能与传统的 WLAN 相同，

用户使用 WLAN 的经验可以很容易应用到 Mesh 网络上。（杨丽雯等《基于 Wi-Fi Mesh 网络构件区域通信平台问题研究》）

另外，学术论文所列出的中文专业术语后辅以英文学名的，英文学名出现在括号里并紧随中文术语后，这时也不需要再加引号，例如：

⑯ 为了解决上面遇到的难题，我们把“句”的概念分为两类：“句子”（sentence）和“小句”（clause）。（邓思颖《形式汉语句法学》）

⑰ 基于内容的图像搜索（Content-Based Image Retrieval，CBIR）近年来已成为提高图像搜索的有效手段。（孙琦龙等《基于颜色特征的藏毯图像检索研究与实现》）

⑱ 模拟出来的计算机即虚拟机（Virtual Machine，简称 VM）。（曹闪《虚拟化在民航气象领域的应用前景分析》）

**2. 中英文混排时句号用什么形式?**

答：中文句号为空心小圆圈“。”，占两个字节；英文句号为实心小圆点“.”，占一个字节。中文陈述内夹用英文词或词组时，句末以中文句号结尾，例如：

① 今年无疑是网文 IP 大热之年，从年初的多方抢夺作品 IP 到以《何以笙箫默》《花千骨》《琅琊榜》等作品为代表的影视作品成为现象级话题，对 IP 未来趋势的讨论也越来越深入。（郑周明《2016：重新认识网文 IP 之年》）

② 就如李白诗第四行“对影”二字，宇文译成 face my shadow（面对影子），许译却是 The moon who blends her light with my shadow

（月下光影迷离）。（许渊冲《诗词英译可以走向世界》）

③ 如果我们将“营业员的表情立刻由微笑变凝重”译为 the shop assistant's facial expressions quickly changed from smile to seriousness（solemnness），表面上看，好像很忠实，损失很少；其实这句英文是中式英语，英美人看了会不舒服，隐性损失很大。（蒋骁华《在原文和译文之间》）

中文句子内夹用英文句子时，为避免句中出现冗余点号，英文陈述句末尾的句号可以省略，例如：

④ 只有一行“I love you”是我从所学的英语“我热爱毛主席”的句子里懂得其含义的。（周海亮《他们曾相互守望》）

⑤ 设想一下，当约翰在看以前的录像时，说道：“The little boy saw Bill”（那个小孩看见了比尔），而没有意识到录像中的那个小孩其实就是约翰本人。（黄正德《汉语句法学》）

⑥ 莎士比亚剧中写情人欢会，女曰：“天尚未明（It is not yet near day）；此时莺啼，非云雀鸣也。”（钱钟书《管锥编》）

⑦ 再如“I had a book stolen”这个句子也是一样的。（司富珍《语言论题》）

如果英文陈述句出现在句末，或者中文句子内夹用的英文句子超过一句，那么英文句号不宜删去，例如：

⑧ 在赴欧途中，作者描写道：“She was never sick. She used to sit perpetually at the side of the vessel with her hands crossed that way，looking at the eastward horizon.”（金圣华《言行举止》）

⑨ 例如，随手翻阅大陆某公司发布的英文年报，不难见到诸如此类的句子：Color TV business，including 3D TV，intelligent TV，LED TV，has developed differentiated products to improve product structure. The operation efficiency and profitability have improved steadily compared that in the corresponding period of 2011.（鲁伟等《财经金融翻译研究在中国：回顾与展望》）

⑩ 其间，一位美国参议员对一位中国官员说：“I would like to invite you to testify in our committee. You should tell the American people through the media what is happening here.”（冯建中《口译实例与技巧》）

如果英文句号用于标记缩略语，那么也不宜删去，例如：

⑪ 所以拥立某人为帝，可以说 raise sb. to the purple。（陈建平等《应用翻译研究》）

⑫ 在文中和参考文献中，引用多位作者的文章使用 et al.，不能用“等物”的 etc.。（从丛、王文宇《学术交流英语教程》）

⑬ 例如，馒头（Steamed Bun/Bread）、盖浇面（Chinese-style Spaghetti）、肉夹馍（Chinese Hamburger）、蜜汁叉烧（B. B. Q. Pork）。（陈建平等《应用翻译研究》）

**3. 中英文混排时问号用什么形式？**

答：中文问号曲度较小“？”，占两个字节；英文问号曲度较大“?”，占一个字节。中文疑问句内夹用英文单词或词组时，句末以中文问号结尾，例如：

① 不料，话音刚落，能操一口流利英语的周总理连连摆手，夹着英语大声“抗议”：“No! No! 我和邓颖超女士结婚都快50年了，怎么能说是‘lover’呢？……”（冯建中《口译实例与技巧》）

② 实例②这句话里的“knock on wood”是什么意思？一般人可能不见得知道。（冯建中《口译实例与技巧》）

③ 你知道汉语怎么说“AMERICAN DOLLAR”吗？（Wu Wang，Starting Out in Chinese）

④ 采访部翻译成英文的“acquisition department”合适吗？（邵仰东《关于高校图书馆文献选择若干问题之探讨》）

中文句子内夹用了英文疑问句时，在删除后不影响句子解读的情况下，英文问号可以省略，如示例⑤—⑦。有时，为了确保句子意义及疑问语义的正确表达，也可以保留英文问号，如示例⑧—⑩。例如：

⑤ 第一句看似简单，却有陷阱：一个是“where was she”如何处理，另一个就是如何安排几个小句的位置。（金·爱德华兹《留存记忆者的女儿》）

⑥“what do you mean”和“你这话什么意思”的含义差之千里。（新浪微博）

⑦ 扎克伯格清华授课：创业不问 how，要问 why。（新浪微博）

⑧ 出自佛的说话则有：“我不入地狱，谁入地狱？”（If I do not enter Hell，who will?）。（陈善伟《哲学翻译》）

⑨ 原文有一项：“What will happen if you have accumulated up to 10 points?”这一项只要略通英文的人总会一看就明白的。（金圣

华《公文不能死译》）

⑩ 同样，在宴请结束时，中方主人常常会客气地问候客人："吃饱了吗?" 显然，这句话也不能译为"Are you full?"（冯建中《口译实例与技巧》）

英文标题中的问号必须保留，例如：

⑪ 名剧"Who's Afraid of Virginia Woolf?"的标题明显是套用儿歌"Who's Afraid of the Big Bad Wolf?"。(CCL语料库)

⑫ *Why Agree? Why Move?* 是一本很厉害的书。(新浪微博)

**4. 中英文混排时叹号用什么形式?**

答：中文叹号的形式为"！"，占两个字节；英文问号的形式为"!"，占一个字节。中文感叹句内夹用英文词句时，句末以中文叹号结尾，例如：

① 我做任何事都想靠自己，我会自己赚钱养baby一世！不会想要人家帮我。(程永康《成龙——风流本色》）

② 谁他妈的规定了我只能做圣徒做傻冒做教主做自虐狂自恋狂自大狂傲诗痴诗昏诗癫秃和尚脏牧师，fuck，fuck，fuck哟！（王蒙《郑重的故事》）

③ "The Big Apple"以及"The Big Orange"分别为New York与Miami的绰号！(金圣华《苹果、香蕉、橙》）

④ 卢省长也是一个外语高手，能使用英语和日语，他饶有兴趣地和翻译小组成员交流起翻译经验来，还对仲伟合竖起大拇指，连说了好几个"Excellent"，他们真的太棒了！（冯建中《口译

实例与技巧》)

中文句子内夹用了英文感叹句时，如需确保其意义及感叹语气的正确表达，则应保留英文叹号，例如：

⑤ Oh dear! 这小子是 ugly 丑陋的。(韩寒《三重门》)

⑥ 如：What a piece of work is a man! . . . The beauty of the world! The paragon of animals! (Hamlet II - 2) 英文原句，从字面上看，似较平易，朱译作："人类是一件多么了不起的杰作！……宇宙的精华！万物的灵长！"(罗新璋《莎译中之杰出者》)

⑦ "My Goodness!"的意思是"天啊"，因此，"My Goodness! My Guinness!"仿佛告诉人们在品尝了吉尼斯黑啤酒后对它的美味发出由衷的赞叹，"我的天啊！吉尼斯啤酒！"(汪敏飞《广告仿拟语的前景化特征及翻译研究》)

⑧ 而当你吞吞吐吐地将 suite (与 sweet 同音) 念成 suit 的时候，老外就会说：报应啊！It seems that the chickens have come home to roost. Suite was a mumblenym for you! (观澜斋主《"土豪"身负多重含义》)

英文标题中的叹号必须保留，例如：

⑨《啊，船长，我的船长！》一诗开头便是"O Captain! My Captain!"的呼唤。(CCL 语料库)

⑩ "Look at the blinking cat!"一上市便极为畅销。(CCL 语料库)

**5. 中英文混排时逗号用什么形式?**

答：中文逗号的圆点饱满，尾端与底线平面有一点距离，形式为“，”，占两个字符；英文逗号的圆点较小，尾端接触底线，形式为“,”，占一个字符。中英混排时，如逗号在英文语句内，则使用英文逗号，如示例①—③，否则使用中文逗号，如示例④—⑥。例如：

① “山头”或“山顶”（hilltop, mountain, top of the hill/mountain）是山的顶部，对应于人的“头顶”（top of the head）。（王逢鑫《人体部位的隐喻》）

② 院训或其他口号，可能有官方译法，如翻译“臻善存德，居高怀仁”为“excellence with a soul, leadership with a heart”。（陈善伟《序言的翻译》）

③ 近来时兴的“醉了”，要表达的是说话者无奈、失望之情、不解之意，可以用 speechless, can't help it, beyond one's understanding/imagination 来表达。（沈子灵《“你这么任性，我也是醉了”英文怎么说》）

④ 翻译历史人物，适当用词非常重要，例如古代的“政治家”，很少以带有政党政治含义的 politician 来译，statesman 较为合适。（陈善伟《历史人物的翻译》）

⑤ 在英语里，“问题”有好几个对应词，既可以是“problem”，也可以是“question”，还可以是“issue”。（冯建中《口译实例与技巧》）

⑥ 第三，现在只要对普通的被动转换稍作概括就可能对这样一些“假被动式”作出说明：“the proposal was vehemently argued against”（提议在辩论中遭到强烈反对），“the new course of action was agreed on”（对新的行动方向取得了一致意见），“John is looked up to by everyone”（约翰受到每个人的尊敬）。（诺姆·乔姆斯基《句法理论的若干问题》）

**6. 中英文混排时顿号如何使用？**

答：英文中没有顿号，表示并列成分之间的停顿时，一律使用逗号。因此，在中英文混排时，如果遇到两个或两个以上的并列成分，有两种处理办法：一种办法是中文并列成分用中文标点，英文并列成分用英文逗号，如示例①—③；另一种办法是中英文的并列成分一律用顿号，如示例④—⑦。《标点符号用法解读》（2012）采用的是前一种处理办法。我们认为前一种办法是比较好的，但是在出现了汉语列举项和相关标记“和、等”的情况下，也可以使用后一种处理办法。例如：

① 其中 a,b,c 分别是这个长方体的长、宽、高。

② 中国文革初期有的大学外语教学中还把它列为“资产阶级的腐朽语言”，现在它却早已代替 all correct，all-right，agree，approve，assent，confirm，satisfactory or satisfactorily 等词，代表“好；不错；同意；批准；仍同；满意”等而被广而接受。（魏焕华《法律英语中的俚语》）

③ 例如 civil engineering，hydraulic engineering，electrical engineering，在我国通常被翻译成土木工程（学），水利工程（学）和电气工程（学），但是其内涵并不能完全包括工程建设的所有相关活动及最终形成的道路、桥梁和大坝等建筑物。（金海《水利工程技术标准术语和常用词翻译的一致性管理》）

④ 英文里元音字母有 a、e、i、o 和 u。

⑤ MSN、QQ、Twitter、Facebook、微博、微信等社交方式及其功能的多元化足以说明。(梁林歆等《基于语料库的网络词汇接受性分析及翻译策略》)

⑥ 同样是 80 年代后期，有人（Abney 1987）将英语的 this、that、these 之类的指示词从名词里分出来，与冠词 a、an 和 the 归为一类。(石定栩《名词和名词性成分》)

⑦ invite 这样的用法，多贬义，宾语可以是 criticism、hostility、ridicule、trouble 等。(文渊阁大学士《少量多餐学英语》)

**7. 中英文混排时分号用什么形式？**

答：中文分号的圆点饱满“；”，占两个字符；英文分号的圆点较小“;”，占一个字符。中文句子内夹用英文句子或语段时，应保留该英文句子或语段内部的英文分号。例如：

① 季节更替，时光流转，“曾经的爱人，已经离开；长长的思念，还在”(Love was here; not; missing, love was there)，春去春会回，爱人却不会回来。（卡罗尔·安·达菲《一个看不见的》）

② 也有可能需要另行翻译，例如银禧口号“心系逸夫，仁德修，胸怀中大，薪火传”的翻译是“for the love of Shaw, we cultivate benevolence and virtue; with out pride in CUHK, we spread its eternal flame”。(陈善伟《序言的翻译》)

③ 笔者建议的译文与第二种译文类似，“四个全面”译法不变，后面翻译如下：Realize the goal of building a moderately prosperous society; purse an expander reform agenda; improve public governance on the basis of rule of law; and strengthen Party discipline. (蔡力坚《政府公文英译赏析》)

中文句子内夹用英文单词或词组时，使用中文分号。例如：

④ 譬如说：一般译者见到被动式必须搬出“被”字；看到“one of”必须译成“其中”；一见“to have”就是“拥有”；遇上“to share”就非得“分享”不可。(金圣华《桥畔译谈新编》)

⑤ 根据《美国国防部军事及相关术语词典》的解释，“absolute altitude”指以飞机正下方的地表平面为基准的高度，即“真实高度”；“true altitude”则指以海平面为基准面的高度，即“绝对高度”。(王萌《直升机飞行术语的特征及翻译策略》)

⑥“sheep”在英语里指“绵羊”，“a grass-eating farm that is kept for its wool and its meat”；“goat”指山羊，“an animal a little like a sheep that can climb steep hills and rocks”。(李绍青《羊年说“羊”》)

**8. 中英文混排时冒号用什么形式？**

答：中文冒号的圆点饱满“：”，占两个字符；英文冒号的圆点较小“:”，占一个字符。中英文部分如相互引用为示例或说明，中间使用中文冒号，例如：

① English courses 当时包括四门课程：Reading，Writing，Listening，Speaking。(CCL 语料库)

② 除了指人的年龄外，youth 还可以指“初期”，如：the youth of the world 世界的初期，即太古时期。(魏焕华《中英文有关年龄的表述》)

③ 另外可添加些不多的解释词，本例中“宰予昼寝”译为：Zai Yu Zhou Qin (Zai Yu sleeps by day)，采用上述音译辅之以适当注释的异化翻译策略，有利于西方读者固化对中国的论语文化词汇含义的理解。(杜召苓等《电视字幕汉英翻译研究》)

④ 但最活灵活现的却数末句的 valiantly pushing the tinker into the background：某译旨意为“英勇地把补锅匠推到后面去”，已够清楚利索。(袁锦翔《夜读林纾〈贼史〉译段有感》)

在夹用英文的中文句子中，英文词组或句子等结构内的英文冒号可以保留，例如：

⑤ 今天我给宝贝念的床边故事是 Teddy Bears: The Heart of a Century。(CCL 语料库)

⑥ 杂志的版权页上写着：“Editor in Chief: Christopher Preston”。(CCL 语料库)

⑦ 自拍照的范围也不断扩大，社交媒体出现了各式各样的自拍照和相应的专门词汇，包括发型自拍照（helfie: hairstyle + selfie)、腿部自拍照（legsie: leg + selfie)、臀部自拍照（belfie: bum/butt + selfie)、健身自拍照（welfie: workout + selfie)、醉酒自拍照（drelfie: drunken + selfie)、书柜自拍照（shelfie/bookshelfie: bookshelf + selfie)、裸体自拍照（nude/naked selfie)，甚至垃圾自拍照（rubbish selfie)。(王逢鑫《自拍》)

**9. 中英文混排时引号用什么形式？**

答：中文引号分为双引号（“ ”）和单引号（‘ ’），其前后引号各占两个字节；英文引号也分为双引号（“”）和单引号（‘’），其前后引号都只占一个字节。中文句子内夹用英文词句时，该英文词句外一般要用中文引号，如示例①—②。例外情况参见本节问题 1。例如：

① 如果我们把“党内法规”翻译成英文，一定是“party regulations”或者“party rules”，而不会翻译成“law”或者“act”（法律）。（王振明《党内法规制度体系建设的基本理论问题》）

② 在一封英文求职信中，应征者可以历数自己的长处，说自己具备“excellent command of both English and Chinese”，并说“I can show you some excellent qualifications”，这样的话，雇主看了大概不会起反感。（金圣华《自谦与吹嘘》）

中文句子内如出现中文与英文的组合结构，用中文引号标示，例如：

③ 各种完成进行时态都由“have been + 现在分词”构成，时间、人称由 have 的形态变化表现出来。（CCL 语料库）

④ 连续合并结论可能存在的好处：一是体现了“Chomsky 五问”的精神，坚持了普遍语法生物学属性的探讨。（宁春岩《普通语法的合并理论与汉语句法研究》）

中文句子内夹用了英文句子时，如该英文句子内部需用引号，则应保留英文引号，例如：

⑤ 令人不解的是下面这句：The hostess said，“I shall no longer be here.”（CCL 语料库）

⑥ a Christian term 一个基督教术语指“the ‘last things’”。（文渊阁大学士《少量多餐学英语》）

**10. 中英文混排时括号用什么形式？**

答：中文圆括号的形式为“（ ）”，前括号和后括号各占两个字节；英文圆括号的形式为“()”，前括号和后括号各占一个字节。中文句子内所夹用的英文句子或语段内部在需用括号加以注释、补充或说明时，应以英文括号标示，例如：

① 其次是“根性文化”这一概念的译法，多数实例均采用（our）root culture（s）或 theroot of（Chinese 或 our）culture，少数译者使用了 root-based culture 或 root-bound culture，只有极少数译者采用 culture roots 的译法。（杨成虎等《得体译文的“信”“达”辩证》）

② 有一次，他跟中国有关负责经济计划的官员和专家举行会谈，其间，他说了这么一句话：“To secure a certain percentage of GDP，say 6%，there should be a growing C（consumption），and E（export and sales），in circumstances of lowering working capital and investment.”（冯建中《口译实例与技巧》）

其他情况下，如需用括号来标示注释、补充或说明，则用中文括号，例如：

③“一穷二白”（poor and blank）就是一无所有，“白费力气”（waste one's breath）就是徒劳无功，“白吃”（have a free meal）意为不付钱的吃喝。(陈建平等《应用翻译研究》)

④ 如果有人要坚持在这个问题上讨一个明确的答案，只好说汉学犹如十六世纪布鲁诺（Giordano Bruno）构想的宇宙，其中心无所不在，其边缘无所不在（Its center is everywhere，its periphery nowhere）。(张伯伟《读南大中文系的人》)

**11. 中英文混排时破折号用什么形式？**

答：中文破折号的形式为“——”，相当于两个中文汉字的长度；英文破折号的形式为“—”，长度相当于字母 m。中英文之间若因解释、引入、话题转变、声音延长等事由需要使用破折号，则一律使用中文破折号，例如：

① 这个符号表示暂停——pause。(CCL 语料库)

② 想想吧，那美国导游竟然向我推荐了——Greyhound！(BCC 语料库)

③ 实际上，英语里有一个较为对应的成语——“penny-wise and pound-foolish”，与汉语的“丢了西瓜拣芝麻”有异曲同工之妙。(冯建中《口译实例与技巧》)

④ 有些说法，中文原本没有，如逻辑——logic，幽默——humour，于是不得不译制新词，久而久之，受到大众的接受，已经成为现代汉语的一部分，丰富了我们原有的词汇。(金圣华《译制新词》)

夹用英文的中文句子里，英文间使用英文破折号，例如：

⑤“I’ d love to，but you know—eh，I mean—”是他一成不变的拒绝方式。(CCL 语料库)

⑥ 那些西装革履手提皮箱的外籍教员见了，却高叫道：李太大——！fucking—good！(王小波《他们的故事》)

在汉英双语文本中，可以用中文破折号来表示两句或两句以上的对话，例如：

⑦ ——Frank，这就是我的寝室。

——Oh，what a mess！(BCC 语料库)

⑧ ——那个贱女人还在作妖呢！

——What?！Are you kidding me?（新浪微博)

**12. 中英文混排时省略号用什么形式?**

答：中文省略号的形式为“……”,6 个居中小圆点，占 4 个字节；英文省略号的形式为“. . .”,3 个沉底小圆点，占 2 个字节。在夹用英文的中文句子内，英文部分的省略，使用英文省略号，如示例①—③；中文部分的省略，使用中文省略号，如示例④—⑥。例如：

① 对于汉语的并列结构，学生首先会想起“both . . . and . . .”。(杨国华《汉英翻译学习中的“回译法”》)

② 冷清的送别场面，士兵们“如此悄无声息地离去”(So secretly . . . they went)，似乎他们的行为并非正大光明，而“像是要将恶行掩蔽”(like wrongs hushed-up)。(威尔弗雷德·欧文《送别》)

③ 根据故事情节我们觉得将军是要倾囊相助，顺此意故有现译文，或译为“the general withdrew almost all his savings from his bank account”“. . . withdrew the lion’s share of his savings . . .”等。(袁炳发《身后的人》)

④ 三个“不……乎”结构均以 whether... 表之，清楚明了，尤足称道。(袁锦翔《J · Legge 英译〈论语〉简析》)

⑤ 她披头散发地跪在地上，口中念念有词“I miss you”“我真的错了”“我不能没有你”……却只得到了几个白眼。(新浪微博)

⑥ 这就是说，它们都是［NP V R NP］的句法格式，……这一句法格式不能保证由此生成的句子都合法。(潘秋平《语法分析的取向和范畴再谈》)

**13. 中英文混排时书名号如何使用?**

答：英文中没有书名号，中文行文中出现英文书名、报刊名、歌曲、电影名时，不加书名号或双引号，直接以斜体字来表示，例如：

① 1973 年，《红楼梦》(*The Story of the Stone*) 英译本第一卷 (前 26 回)《金色年华》(*The Golden Days*) 面世。(张婷《霍克斯的翻译成就》)

② 林语堂创作 *The Importance of Living* 的目的，就是用英语把中国的文化传统和生活艺术介绍给英语世界。(任东升《林语堂的“字神”说及其散文翻译》)

③ 美国《图书馆杂志》(*Library Journal*) 曾评价道：“不必细究切尔诺夫诗歌的韵律与逻辑，只消品读体味，你定将大有收

获。”（陈心怡等《音乐声里》）

④ 似英国摇滚歌手罗德·斯图尔特（Rod Stewart）曾写过题为 *Three-Time Loser* 的歌曲，生动地描写了一个三次入狱囚犯的窘相。（王逢鑫《奇妙的“三”》）

与中文不同，英语文章的篇名要用双引号标引，例如：

⑤ 他写过一篇文章讨论语言起源“The first Formation of Languages”。（陈国华《亚当·斯密〈各国财富论〉选》）

⑥ 2011 年 5 月 11 日，在白宫举行的“诗歌之夜”（The Poetry Evening）晚会上，达夫当众朗诵了《枫之谷分馆》（“Maple Valley Branch Library”）和《心连心》（“Heart to Heart”）两首诗歌。（丽塔·达夫《心连心》）

⑦ 二十世纪上半叶，英国有位著名的散文家 Hilaire Belloc，他写文章时，常常喜欢选用不定词为题目，例如“On Nothing”，“On Anything”，“On Something”，“On Everything”，“This and That and the Other”，或者干脆用个前置词“On”。（金圣华《谈天说地》）

当中文书名后需要用英文、数字等加以注释时，在中文书名后用括号括注英文书名，其中的英文书名仍用斜体表示，不加书名号。例如：

⑧ 无论是在哪个领域，乔姆斯基都坚持一种特立独行、绝不从众的特征：一本关于他的访谈录就命名为《异议者的传记》（*Chronicles of Dissent*）（1992b），还有一本由巴尔斯基撰写的

政治传记所用的题目是《异议者的一生》(*A life of Dissent*)(1997)。(尼尔·史密斯《乔姆斯基：思想与理想》)

**14. 中文文本夹用拼音时标点如何使用?**

答：当拼音没有和所标注的字词连续出现时，拼音外一般需加上中文引号，例如：

① 常常把需要用舌根的不送气塞音“g”“k”，发成舌尖音“d”“t”，从而出现把“哥哥”说成“得得”的现象。(《幼儿心理学》)

词典、语音语言类论著的拼音也可以不加引号。例如：

③ 例如北京话中和 an 有组合关系的有 b，p，m，f，d，t，n，l，z,c，s……(叶蜚声、徐通锵《语言学纲要》)

④ 例如音高，在汉语里就有它的特殊重要性，“妈 mā”，“麻 má”，“马 mǎ”，“骂 mà”的音质成分相同，区别主要在于音高，这种音高的区别传统称为“声调”。(王理嘉、林焘《语音学教程》)

当拼音紧承所标注的字词出现时，可直接用括号括起来，例如：

⑤ 监(jiàn)生：国子监生员的简称，指明清两代在国子监(我国封建时代的最高学府)读书的人。(人教版《语文》)

⑥ 不容：不被容纳。不中(zhòng)：不合，不成。下文“事魏不

中”同。(黄德宽《古代汉语》)

## (二) 图表说明文字的标点符号问题

**1. 图表中的说明文字指哪些?**

答:这里的图表指著作、期刊、报纸、网络新闻等载体中插入的,带有解释、示例等作用的图片或表格;而图表中的说明文字就是指位于这些图表上方、下方等位置上的,带有解释说明或提示性作用的文字。我们根据实例,将这些文字划分为图表编号、标题以及注释说明三个部分。在实例中,不是所有的图表都同时具有这三个部分,也有一些图表的说明文字会因作者表达、版面设计的需要而有所省略或扩充。因格式变化而造成标点使用方式改变的情况,我们会进一步加以说明。例如:

① 图 5

② 表 1 动词与趋向动词搭配表

③ 三星堆出土的面具

④ 图 9 爱的阴影桑迪(Anthony Frederick Sandys,1829—1904)所作

⑤ 图 4 清光绪点石斋石印本《镜花缘》第 31 回插图

⑥ 美国帕罗·阿图“中央地带”大街 945 号托马斯·科茨、珍·科茨和鲁西克等心理分析师的诊所

**2. 图表编号“图 1、图 2……”中的数字是否需要加括号?分图的编号应如何表示?**

答:图表编号的“图 1、图 2……”中的“1、2……”不需要加括号,并且

数字后可不用加顿号、逗号或脚点，建议使用空格来分隔图表编号与标题或注释说明。例如：

① 图 25

② 图 9　简易函数曲线图的构成要素

③ 图 2　明容与堂刊本《李卓吾先生批评忠义水浒传》中“武松斗杀西孟庆”插图

另外，作为分图或分表的编号不能省略，也不宜采用拉丁字母“a，b，c……”式的字母码。为了表现相关联的或位置较近的多个图表间的次序，宜按章节标示的方式，用阿拉伯数字连续编码，数字之间用短横线连接号“-”或英文状态下的小圆点“.”分隔，不能使用间隔号“·”或顿号“、”等。例如：

④ 图 6-4　数星星的孩子

⑤ 图 3.2　纵横坐标尺寸比例不同时曲线形状和直线斜率变化（正）

⑥ ＊表 4、1　2001 版人教版小学语文教材插图数量（误）

⑦ ＊图 1·9　世界书局《国语读本》第一册（误）

**3. 图表的编号与标题之间是否要加标点？**

答：由于图表的编号与标题之间没有相互依赖关系，因此图表的编号与标题之间建议不加任何标点，只需空适当距离即可，一般为一个英文字符或一个中文字符。图表所占篇幅较大，通常单独出现，所以在标注其编号时，应考虑与一般示例标注法的区别，不能使用间隔号、破折号等。例如：

① 图 8　HTML5 的发展历程

② 表 2　动词位移特征强弱程度分类表（动趋搭配测试选择 22 个常用趋向动词）

③ 图 6　遍地“黄金”（黄金周里，游客在景区里随意丢弃的垃圾）

④ *图 7·抽象工厂类图（误）

⑤ *图 4——柱状图绘制（误）

当插入的图表只有标题文字或编号时，只需将标题或编号列出，不用在其前后加任何标点。例如：

⑥ 偏正复句特征比较表

⑦ 图 1

⑧ 表 2

⑨ 荣格祖父的照片

**4. 图表的标题应怎样使用标点？**

当图表的标题后没有后注性文字时，无论标题长短，均不需要加标点。例如：

① 地球的内部构造

② 表 9　大学生日常消费统计表

③ 表 2-3　中华书局《新制单级国文教科书》九册教材插图数量统计表

**5. 图表的标题是否要加书名号?**

答:书名号是标号的一种,用于标示语段中出现的各种作品的名称。插入的表格或图片之标题一般不加书名号,使用时只需列出标题即可。例如:

① 表 7　ADO 对象名称及功能表

② 表 1-1　美国近年来物流成本占 GDP 的比重

③ 图 5　圣母玛利亚

④ 图 9-9　配置类文档结构图

⑤ 南唐文会图

但是,这并不是说表格或图片的标题不能出现书名号。在标题内部涉及需要使用书名号的情况时,应正常使用书名号。例如:

⑥《红皮书》的封面

⑦ 荣格《红皮书》154 页的插图

⑧ 莫诺(Moreau)的画作《特洛伊墙上的海伦》

⑨ 图 12　卢卡斯(Lucas Cranach)的油画《“伊甸园”中的夏娃》

⑩ 图 19　赵元任的《语言问题》

**6. 图表的标题中可以加破折号吗?**

答:可以。破折号一般是用于标示语段中某些成分的注释、补充说明,或者语音、意义的变化。图表标题中的破折号,其前后成分之间通常有着抽象与具体、个体与整体、总述与分说等关系。例如:

① 图3　日本著名画家岩崎贺都彰的太空画——地球

② 土卫六——表面被橙色雾气所笼罩，它是太阳系中唯一拥有浓密大气的卫星

③ 21时的天空——流星雨

**7. 图表的标题中可以用括号吗？括号内如何使用标点？**

答：可以。括号可以“标示语段中的注释内容、补充说明或其他特定意义的语句”。除了上文说明过的单位或时间可以加括号外，一些重要的补充性内容也可用括号加注说明。但需要注意的是，括号内作为标题补充的内容不宜过长，并且其作为标题的一部分，不宜再在句末加标点。例如：

① 图1－13　“嘉庆御览之宝”的宋版巾箱本《礼记》书影（分藏于北京市文物局与沈阳故宫博物院）

② 图7　抗战时期飞虎队成员照片（为抗战老兵捐赠）

③ 表11　疑问句情况统计（均为百分数%）

**8. 表格标题中的单位应如何标注？**

答：有些表格标题中必须标明单位，以下分两种情况加以说明：

(1) 当表格内的单位一致时，我们在标题后加括号“（　）”，在括号内注明单位，或者在表格的右上角用“单位：××”的形式注明。例如：

① 表7　生产效率（均为百分数%）

② 表5－7　1949年大公报社股份有限公司股东姓名及股权情况

单位：股

（2）当表格内的单位不统一时，我们在表格内的相关行列的条目后加括号“（ ）”，并在括号内注明单位。例如：

③ 表5-6　1946年大公报增加资本各股东认股书

股东姓名认股数（股）金额（元）补足旧股额（股）共缴（元）

**9. 图表的标题与注释说明文字之间是否要加标点？**

答：不加标点。图表标题与注释说明的文字可以通过以下几种办法来处理：

（1）标题和注释说明都较为简短，为单个词或短语时，中间不用加标点，空一个中文字符即可。此种情况下，注释说明的文字末尾也不必加点号。例如：

① 时光共舞　商业类铜质收藏

② 曼荼罗　创作的转折

（2）当注释文字过长，为长句或由几个句子组成的一段话时，标题与注释说明文字之间空一个字符，注释说明的文字末尾要加点号。需要注意的是，此时在排版上要进行一下技术处理，即注释说明类文字不是紧跟标题而是另起一行，或者不另起一行但用小一号字体。例如：

③ 波林根石刻的提灯人

这是荣格在其波林根石刻上刻的小人，依稀有那梦中提灯者的身影……

④ 图8　帕玛所画的阿波罗在此画作中，阿波罗似乎综合了智慧与本能以

及年轻与成熟；他不像小爱神那样淘气，但同样具有那种爱神的灵气。

**10. 图表的注释说明末尾是否需要加点号？**

答：图表中的注释说明与图表标题不同，多是一句话或一段话，所以我们建议图表中的注释说明应该正常使用标点符号。例如：

① a. 图 3.7　商务印书馆《新学制国语教科书》第一册有着丰富的内容。

b. 图 3.7　商务印书馆《新学制国语教科书》第一册有着丰富的内容（不宜）

② a. 城市早高峰下熙熙攘攘的人流，不会有驻足思考，只有向前。

b. 城市早高峰下熙熙攘攘的人流，不会有驻足思考，只有向前（不宜）

c. 城市早高峰下熙熙攘攘的人流　不会有驻足思考　只有向前（不建议）

③ 南京总统府

南京总统府位于南京市玄武区长江路 292 号，是中国近代建筑遗存中规模最大、保存最完整的建筑群，也是南京民国建筑的主要代表之一，中国近代历史的重要遗址，现已辟为中国近代史博物馆。

④《滑动门》　剧照在这个镜头中，幸好海伦是短发，我们才能区分……

**11. 当插入的图片要标示特定的时间时，时间要加括号吗？**

答：插图说明文字中出现的时间往往表示多种含义，图片内容或注释文字的格式也会影响到时间是否要加标点。我们应从以下几个角度加以考虑：

（1）当需要标明事件发生的时间、照片的拍摄时间或者时间起止，并且时间在标题后单独出现时，应用加括号的方式把它放在标题后，不应该用加逗号“，”或顿号“、”的形式。例如：

① 爱诺思圆桌研讨会（1936）

② 图 20　西格蒙德·弗洛伊德（1856—1939）

③ *皮埃尔·让内，1930 年（误）

④ *中学生课外阅读统计表、2011（误）

当图表标题后有用括号标注的简短说明时，时间应放入括号内的结尾处，不用另加括号。例如：

⑤ 图 15　西格蒙德·弗洛伊德（Sigmund Freud，1910）

⑥ 图 10　汉武帝（刘彻，公元前 156 年—公元前 87 年）

但是，当图表标题后已经有了表示时间的数字时，不宜再使用上面的方法。为避免混淆，建议将事件时间放在括号外，用“拍摄于、创作于”等词连接。这部分内容已属于对标题的解释说明，与带括号的标题间应保持适当距离，空 1 至 2 字符。例如：

⑦ a. 图 15　西格蒙德·弗洛伊德（Sigmund Freud，1856—1939）　拍摄于 1910

b. 图 15　西格蒙德·弗洛伊德（Sigmund Freud，1856—1939，1910）（不建议）

c. 图 15　西格蒙德·弗洛伊德（Sigmund Freud，1856—1939）（1910）（不建议）

（2）当时间词出现在标题的前面，或者由“在、所作、作于”等词连接而出现在标题的后面时，通常不用加括号。后者相当于是简短的注释说明文字，末尾也不必加点号。例如：

⑧ 图 9　1911 年维也纳精神分析会议

⑨ 加歇医生　作于 1890 年

**12. “仿黄子久笔意（清）王原祁 1702 年”中，表示年代时加括号是否正确？**

答：正确。当朝代和作者名字同时出现在说明文字中时，作者名字通常都是紧跟在年代之后的，这时年代应加括号。但是，应注意以下两种情况：

（1）当朝代单独出现，没有作者名字时，不用加括号。

① 南唐　文会图（30.4 厘米×29.6 厘米故宫博物院藏）

② 清　墨竹图

（2）当说明文字中既有朝代又有数字时间时，如果数字时间之前的朝代已经加了括号，那么数字时间就不要加括号，用空格间隔或用“作于”等词引出。

③（清）龚贤　翠嶂飞泉图　作于 1650 年

④ 古梅图　（清）朱耷　1682 年

**13. 在表述多个带有编号、标题和说明的图表时，应怎样合理使用标点符号？**

答：当出现多图并存，且均带有编号、标题和说明的情况，可以采用竖向并列排法。这样不仅可以避免混淆，而且可以使解说更为明了。例如：

① 左图 1　海王星
右上图 2　海王星及其卫星
右中图 3　海卫一旅行者 2 号拍摄的海王星卫星
右下图 4　彗星　当接近太阳时，它的形状在不断地变化；越接近太阳，彗星的尾巴越长；远离太阳时，形状的改变与接近时相反。

**14. “左图 15、右上图 16、下图 17”中，表图片位置的“左、右上、下”可以改为“←、→、↓”吗？**

答：不建议。“←、→、↓”属于特殊符号，在图表内部有表示指示方向的作用。在指示插图位置时，这样的表示容易造成阅读混乱，特别是当插入的图片较多且并排时，不能很好地起到标明位置的作用。因此，建议采用为图片插入编号，并用“左上、左下、右上、右下”等文字进行叙述的方式来标明位置。例如：

① 左上图 7　宾娜死去
左下图 8　宾娜冲过守卫的防线
右　图 9　宾娜追赶卡车
② 上图 12　歼-20 试飞
下图 13　F-15 挂弹近照

**15. 图片中的人物与相应位置应如何标注？**

答：如果插图中只有两个人，那么只需加顿号或用“和”“与”等字连接，从而在形式上对二者加以区分，位置信息通过姓名排布便可获知。例如：

① 诺依曼、艾礼德

诺依曼和艾礼德

如果有三个或更多人，那么可以在每个人的姓名后加入方位词“左、中、右”，也可以在左起第一个人的姓名前加入“左起”。例如：

② 谢有顺（左）、贾平凹（中）、孙绍振（右）

③（左起）谢有顺、贾平凹、孙绍振

**16. 图表的说明文字中可以使用省略号吗？**

答：省略号是标号的一种，用于标示语段中某些内容的省略及意义的断续等，其作用之一是“标示语意未尽”。图表的说明文字本身就是一种解释说明，应尽量避免“语意未尽”。但是，因其具有复杂性，以下进行分类说明：

(1) 图表的标题一般都以最简洁明了的方式说明该图表的含义，因此标题一般不用省略号。例如：

① a. 水星上的一年等于两年（正）

b. *水星上的一年等于两年……（误）

② a. 表 3　动词“位移特征”分类简表（正）

b. *表 3　动词“位移特征”分类简表……（误）

（2）当有后注说明性文字时，基于后注文字本身的复杂性，往往会在以下的情况中使用省略号：

A. 当图片为电影的截图，用以说明电影情节中的某个片段或表现手法时，在这段说明文字之后可以加省略号。例如：

③ 一切都还没开始，伴随着缓慢忧森的曲调，这看似平常的一切……

④ 帷幕慢慢拉开，魔术师的背影在光影变幻下轻挥手中的魔术棒……

B. 在某些抽象或表意性的画作中，往往通过加省略号的方式来营造发人深思、引人思考的效果。例如：

⑤ 梦中的场景通常可以解释为愿望的满足，不管是美好的、邪恶的……

⑥ 图7　远方　积极想象中的画面，草地、远山……

**17. 图片新闻中的标点应如何使用？**

答：这里所说的图片新闻是指现在网络中较为普遍的，运用单幅或多幅新闻照片组接，在图片下方配上简短的介绍性文字的一种新闻传播方式。这种新的新闻传播方式是图文并重的，图片不再是文字的附属品。但是，这种图片新闻中的介绍性解说文字在标点的运用方面较为混乱。因此，我们在此建议：

（1）图片新闻多以组图形式出现，对于图片新闻中的图片次序编号，我们建议用“数字/数字”的形式表示。其中，前一个数字表示当前为第几张图，后一个数字则表示该组图片总计多少张。通常，这样的次序表达形式往往会运用放大等技术手段来营造引人注意的效果。例如：

① 8/9 该塔顶端也有一个类似“边缘极限漫步”的项目，距离地面 192 米，游客在约 1.2 米宽的步道上可以饱览奥克兰市区美景。

② 11/12 除了枯枝落叶，桃大胆还善于利用生活中的东西。纸箱剪出一块长方形，粘上一朵干花，便是一本别具一格的咖啡菜单。

(2) 当位于组图末尾的最后一张图片是有标题性质的简短文字时，可以将其看作标题，只要列出即可，不宜使用标点，如示例③—⑤。如果不是组图的最后一张图片，那么不论标题长短如何，都要在结尾加标点，如示例⑥⑦。

③ 图为选手候场（末图）

④ 一名女孩与吉尼斯世界纪录认证官合影（末图）

⑤ 习近平、马英九进行历史性握手（末图）

⑥ 18441 名广场舞大妈跳《控烟小苹果》现场。(首图)

⑦ 下午 3 时，习近平、马英九同时步入会见大厅。在数百名中外媒体记者的瞩目下，在响成一片的快门声中，两岸领导人的手紧紧握在一起，共同翻开两岸关系历史性的一页。这一刻将载入两岸关系史册。图为习近平、马英九进行历史性握手。这一握，跨越了 66 年。(首图)

(3) 当图片非本作者原创，需要标明来源时，应用冒号注明“图片来源：×××”，并且在“图片来源：×××”前用句号结尾。如果只有一张图片，那么只需在该图后注明；如果是整组图片，那么应在每张图片后注明，并且标明来源的信息应放在括号内。例如：

⑧ 该活动获颁吉尼斯世界纪录证书，创造世界最大规模排舞纪录。（图片来源：京华时报）

（4）当需要注明图片或文字的作者、单位等信息时，应在图后用括号“（ ）”加注说明，而作者姓名与单位等信息的分隔可以用“：”或“/”。例如：

⑨ 2015 年 9 月 13 日，这一天是媛媛来到这个世界第 100 天的日子，看她正点醒来，抻着懒腰开始了她一天的生活……（图/赵志强文/张丽娟）

⑩ 11 月 7 日上午，18441 人在河北香河跳起改编版的广场舞《控烟小苹果》，创造世界最大规模排舞纪录，打破 2007 年美国亚特兰大 17200 人的最大规模编排舞纪录。（本组摄影：董大路）

## （三）竖排文稿中的标点符号问题

**1. 竖排文稿中，标点符号怎么放置？标点符号的书写形式有变化吗？**

答：按照《标点符号用法》（GB/T15834—2011））的规定，17 种常用标点符号在竖排文稿中的位置与书写方式需要遵循以下要求：

（1）句号、问号、叹号、逗号、顿号、分号和冒号均置于相应文字之下偏右，占一个汉字位置，形式不变。

（2）破折号、省略号、间隔号和分隔号置于相应文字之下，居中，上下方向排列，形式不变。其中，破折号占据两个字的位置；省略号占据两个字的位置，两个省略号连用时占四个字位置，而且单独占一行；间隔号和分隔号都占据半个字的位置。

(3) 连接号保持原有的三种形式。一种是短横线，占半个字位置；一种是一字线，占一个字位置；一种是浪纹线，占一个字位置。上下方向排列，标在相应项目中间。

(4) 括号占两个字的位置，标在相应项目的上下，书写形式不变。

(5) 着重号标在相应文字的右侧，专名号标在相应文字的左侧。不占格，上下方向排列，书写形式不变。

(6) 书名号在竖排文稿中同样有两种形式：一种是使用“︽”“︾”或者“︿”“﹀”，标在相应项目的上下，占两个字的位置；另一种是在古籍或某些文史著作中，为与专名号配合，书名号改用浪线式“﹏”，标在相应文字的左侧，上下方向排列。

(7) 在竖排文稿中，引号的形式发生改变，双引号改用“﹃”“﹄”，单引号改用“﹁”“﹂”。前引号写在引文前一格的下半边，后引号写在引文后面一格的上半边，占两个字的位置。

(8) 横排文稿中的关于某些标点不能居行首或行末的要求，同样适用于竖排文稿。

**2. 竖排文稿中，引号的使用顺序是怎样的？**

答：按照《标点符号用法》（GB/T15834—2011））的规定，竖排文稿中的引号用法与横排文稿相同。但是，实际上，大部分的竖排古籍在一般情况下只用单引号，单引号内再用引号时，才用双引号。如图所示：

史記·白起王翦列傳（節選）

王翦既至關，使使還請善田者五輩。【一】或曰：「將軍之乞貸，亦已甚矣。」

【一】集解徐廣曰：「善，一作『蓄』。」

事实上，这种做法是不符合国家标准规范的，但是考虑到竖排古籍的标点使用传统，并且为了协调标点使用的规范性与灵活性之间的关系，现阶段可以允许这种作法。但是，随着时间的推移，竖排引号的使用应该逐渐向国家标准靠拢。

**3. 在竖排书中，有时会看到“「　」、『　』”，这是标点符号吗？有什么功能？**

答：“『　』”为直角双引号，“「　」”为直角单引号，新国标已经取消了这种形式。

直角引号是一种早期的书写形式，早期的竖排书籍多使用这种形式，并流行于港澳台等地区。随着简体字和横排文稿的流行，直角引号在今天已经不多见。所以，除了特殊情况，不再推荐使用直角引号。

**4. 夹注注文以及正文后面的注解中的标点使用有什么规范？**

答：夹注注文以及正文后面的注解中的标点使用要求与正文相同。

夹注注文夹排在正文中间，紧接在它所注释的正文后面，这在竖排古籍中的运用较为普遍。一般来说，夹注注文的字号比正文要小，但是标点符号使用规范与正文部分相同。正文后面的注释中的标点使用规范也与正文相同。

**5. 除了新国标规定的 17 种标点符号，竖排文稿还会用到哪些符号？又有什么使用要求？**

答：除了《标点符号用法》（GB/T15834—2011）规定的 17 种标点符号外，另外还存在一些符号，如虚缺号、标示号、代替号、示亡号、隐讳号、趋向号、千分撇等。这些符号虽然没有纳入国家标准，但是在横排文稿和竖排文稿中都经常见到。目前，这些符号的用法还没有明确规定，甚至有些符号的使用带有很大的随意性。下面就针对竖排文稿的情况进行说明，以供参考。

（1）虚缺号（□）

虚缺号是方框“□”，标明缺漏、删除或无法辨认的字，1 个方框代替 1 个汉字。例如：

卷一《赠汤公牧》『
浩歌动秋□』
卷二《寄里中同怀诸
子》『□□起中夜』

（2）标示号（＊●△□◇☆★○）

标示号用在分条列举的文字前面，起分列和提示的作用，或者用在作者姓名前，以引起读者的注意。标示号的形式繁多，没有固定的选用要求。

(3) 代替号（～）

在字典、词典中，代替号经常被用来代替重复的字或词。文字竖排时，代替号上下方向排列，占一个字的位置。虽然代替号在形式上与浪纹线连接号相同，但是它们所具备的功能不同，这点需要注意。

(4) 示亡号（□）

示亡号是长方框，套在姓名外面，表示此人近期已去世，借以表示纪念哀悼之意。如果作者去世已久，一般人都已知道，那么作者姓名上不必加示亡号。在竖排文稿中，示亡号呈上下方向排列。

(5) 隐讳号（×）

隐讳号是“×”，用于表示不便写出来的文字。被代替的常常是人名、单位名称、日期、数字及特殊的字眼。1个叉代替1个字，可以读作“某”。例如：

| ××是菩薩淨土 |
|---|

(6) 趋向号（▲）

趋向号用箭头或三角号表示，标明方向、顺序或发展趋势等。例如：

關於壇經早期傳承的兩種記載，列表如下：

「（敦煌本）法海→道濟→悟真

（惠昕本）法海→志道→彼岸→悟真→圓會」

(7) 方框（□）

在竖排古籍中，有些文字会外加边框以示突出，或者表示与其他文字相区别。目前，这种符号还没有固定的名称。例如：

[索引] [集解] [正义]

(8) 千分撇（，/,）

在竖排数字之间使用的千分撇，一般与中文逗号（，）同形。例如：

壇經校釋（節選）

胡適在對敦煌本（一二，〇〇〇字）、惠昕本（一四，〇〇〇字）、和明藏本（按即契松本，二一，〇〇〇字）三本壇經的字數做了一個統計比較之後說：「這可見……禪宗和尚妄改古書的大膽真可令人駭怪了。」

在横排数字之间的千分撇（,），一般与西文逗号同形。国家标准 GB/T 6835－1995《出版物上数字用法的规定》有所变通，其规定：“非专业性科技出版物如排版留四分空有困难，可仍采用传统的以千分撇‘,’分节的办法。小数部分不分节。四位以内的整数也可不分节。”例如“92,300,000”。

# 后记

与理论性著述相比，工具书虽看似浅白明了，但这恰恰是工具书的追求所在。这本书成书不易，涉及四百余个条目，其中包含的具体用例林林总总，不胜枚举。在此感谢贲程程、陈颖、方艳、高晶晶、顾华飞、何亚运、孔庆霞、李丽、刘安然、刘凡、刘康、刘依婷、罗璐新、吕新娣、钱唯唯、秦雪姣、孙碧泽、汪大娟、王艾琳、王满满、王思程、魏晨、杨洎缘、杨茜、张思琪、周金雷等老师、同学们在资料搜集和编撰上的帮助。条目之间要相互呼应，其中的分析与规范化建议不能有所纰漏和冲突，在此特别感谢史红改老师在条目呼应与校对上的辛勤付出。

**图书在版编目（CIP）数据**

新国标标点符号用法问答例析/吕娜著. —上海：上海三联书店，2022. 8
ISBN 978 - 7 - 5426 - 7734 - 1

Ⅰ. ①新… Ⅱ. ①吕… Ⅲ. ①汉语—标点符号—使用方法—问题解答 Ⅳ. ①H155 - 44

中国版本图书馆 CIP 数据核字（2022）第 109119 号

新国标标点符号用法问答例析

著　　者 / 吕　娜

责任编辑 / 宋寅悦
装帧设计 / 一本好书
监　　制 / 姚　军
责任校对 / 张大伟　王凌霄

出版发行 / 上海三联书店
（200030）中国上海市漕溪北路 331 号 A 座 6 楼
邮　　箱 / sdxsanlian@sina. com
邮购电话 / 021 - 22895540
印　　刷 / 上海惠敦印务科技有限公司

版　　次 / 2022 年 8 月第 1 版
印　　次 / 2022 年 8 月第 1 次印刷
开　　本 / 710mm × 1000mm　1/16
字　　数 / 440 千字
印　　张 / 30
书　　号 / ISBN 978 - 7 - 5426 - 7734 - 1/H · 113
定　　价 / 98. 00 元